LABORA

__and__

WORKBOOK
to accompany

A SHORT COURSE

Fourth Edition

Zenia Sacks Da Silva
Hofstra University

HarperCollins*Publishers*

Laboratory Manual and Workbook to accompany Spanish: A Short Course, Fourth Edition

ISBN: 0-06-041543-6

90 91 92 93   9 8 7 6 5 4 3 2 1

Contents

About the Tapes and the Laboratory Manual

Why do we need tapes at all?

Our tapes have been recorded by native speakers from many parts of the
Hispanic world so they can show you better than anything else what Spanish
really sounds like. They introduce dialogues and "scenes" that could happen to
you -- well, with a little stretch of the imagination and a bit of tongue-in-cheek.
Hearing them as you read them gives your aural comprehension a boost.
Participating in them, or even repeating segments after our speakers, helps your
pronunciation. Answering questions about them gives you practice in both
controlled and free response. And most of all, listening to them acted out by
professionals, with all kinds of sound effects and music, can actually be fun.   As for
the word games, the grammar reviews and the many kinds of exercises --most of
them situational --, those speak for themselves. With them you can work
independently, achieving proficiency at your own pace, in your own way.

Why do we need a Laboratory Manual/Workbook?

The lab program does not repeat, but supplements the text. In all, the program
consists of 27 tapes, each about 25 minutes long. Five tapes correspond to the
mini-lessons of the Primera Parte. Eighteen tapes correspond to the eighteen
regular lessons of the Segunda Parte.   And four are comprehension testing tapes
that go with the Repasos (*Review lessons*).

As you would expect, each chapter of the Manual represents one tape, with its
illustrated vocabulary-building activities, its far out, funny "scenes" (wait till you
get to the fortune teller and to the robot newscaster!), and its question-answer and
pronunciation drills, its brief grammar explanations (all in simple Spanish),
and its self-help communicative exercises.

The Manual follows along with the tapes, telling you when to listen, when to
answer, when to repeat --watch for that everpresent // sign! -- and gives you
ample space for writing, should you want to have the correct answers for future
reference.   It also supplies most of the casual comments that our speakers will
be making to you --that is, as long as you need them. And when you no longer do,
the (. . .) sign means that you should perk up your ears and listen, because
someone is saying something that you will surely understand.

Incidentally, when one of our speakers asks you a question, sometimes the Manual
gives you the whole question. But more often than not, it offers only some helpful
clues. For example: ¿ . . . en el invierno o . . . ? And you figure the rest out for
yourself. In other cases -- the really easy ones -- it leaves you entirely on your
own: ¿ . . . ?   Now what happens if you didn't quite catch it all? No problem!
You can find just about everything you might have missed in our Keys to the Tapes
at the end of this volume.

One more thing: Although the recorded exercises do not repeat those in the hard-
cover text, they are so closely correlated with them that you'll find the laboratory
sessions a great help in preparing your assignments. Most of the answers to the
"Uso activo" sections are given on the tapes. Those answers that are not given--
plus their lead-ins or "clues" -- can be found in the Keys . . ., starting on p. 273.
Of course, we don't supply supply answers for the illustrated dictations, for the
free-response "Ejercicio escrito" (written exercise) at the end of each lesson, or for
the testing tapes.   But them, you wouldn't want everything given away, would you?

Why do we have a Workbook at all?

You may want some more real-life "visual experiences," or to build your vocabulary on the base of words you already know, or to have a little more practice on any one of our grammar points, or to try your hand at some creative composition. So we have included a section called "Actividades individuales" at the end of every recorded lesson. And this is what it contains:

Experiencias visuales: authentic realia-based materials -- the kind of things you'd come across if you traveled abroad --for you to interpret on your own.

Palabras en uso: a slue of word-games in associations

Ejercicios suplementarios: additional self-correcting exercises on the "Uso activo," point by point

Composición creativa: a chance to develop your thoughts in writing, with a partner or all by yourself

And that's it! I promise you that everything has been done to make your lab experience a new dimension in oral participation -- informal, personalized, individual. So come closer, listen hard, speak up, jot down, and you'll be speaking and thinking in Spanish before you know it!

ZSD

Expressions you'll hear on the tapes

Adelante . . . *Let's go on.*

Ahora, . . . *Now, . . .*

Ahora bien, . . . *Well, now . . .*

Así es. *That's it!*

Bien. Muy bien. *Fine. Very well.*

Bueno. *Good. Fine. All right. Well, . . .*

¿Comprende? *Do you understand?*

Conteste. *Answer.*

Conteste por escrito. *Answer in writing.*

De acuerdo. *I agree. Right you are! OK.*

Diga conmigo. . . *Say with me . . .*

Dígame. . . *Tell me . . .*

Escuche bien. *Listen carefully.*

¿Está bien? *OK? All right?*

Exacto. Exactamente. *Exactly! That's it!*

Otra vez *Again*

Por ejemplo . . . *For example . . .*

Pues . . . , Pues bien, . . . *Well, . . .*

Repita, por favor. *Repeat, please.*

Repita conmigo. *Repeat with me.*

Una cosa más *One more thing*

Una vez más *One more time*

Vamos a . . . *Let's . . . , We're going to . . .*

Vamos a comenzar. *Let's begin.*

Vamos a pasar a . . . *Let's go on to . . .*

¿Verdad? *Right? True?*

¡Y ya! *There! That does it!*

Also, please remember the following signs:

// *Repeat!*

(. . .) (¿ . . . ?) *Listen! Someone's saying something special to you!*

¿Está bien? _____ ¡Magnífico. Pues, vamos a comenzar. . .

PRIMERA PARTE (1)

M.: (. . .)   Mi nombre es Marisa Ortega.

A.: Y (*And*) yo soy Alberto Cárdenas. ¿Y usted, mi estudiante? ¿Su . . . , por

favor? _____   Ah, mucho gusto.

M.: Muchísimo.   Pues, vamos a conversar (*Well, let's talk*). Por ejemplo, dígame
(*tell me*). .

¯Pasaporte¯

(Voces de muchas personas.)

Oficial de Migración: (. . .) Su . . .
y su nacionalidad, . . .

M.: Pero, ¿qué es eso? (*But, what's that?*)
¡Qué curioso! (*How strange!*) Escuche
(*Listen*), ¿eh?

Oficial: Señor, . . .

Hombre: Mario Ruiz Gama, a sus órdenes.

**Oficial: ¿Y de dónde es usted?
(*Where are you from?*)**

Hombre: Soy de . . .

M.: ¿Ah? Pues dígame, mi estudiante: ¿Mario
es norteamericano o (*or*) . . . ? _____

_____ //

¿Y . . . sudamericano o centroamericano?

_____ //

Ponga aquí una foto reciente

Firma Mario Ruiz Gama
signature

Nombre Ruiz Gama, Mario   —
            Apellido Nombre de Pila   Inicial
Dirección Olmedo   25A   Mérida Guatemala
             Calle   Número   Ciudad País

Destinación: Estados Unidos y Canadá

Motivo de la visita: . . . Turismo

**Oficial: Bueno, pase Ud., . . .   Y ahora (*now*) usted, . . .   Su . . .
Señorita: Aquí (*Here*), . . .   Mi . . . es Graciela Bandrés, y soy de . . .**

A.: Dígame: ¿Es sudamericana o . . . ? _____

_____ //

Oficial: ¿ . . . ? ¿Su nombre y . . . ?
Señora: . . . Emilia Costas, de . . .

M.: ¿Es de . . . ? Pues, ¿es mexicana o española . . . ?_____//
   Madrid es la capital . . .

Oficial: (. . .)
Otro hombre: Héctor Otalpa. Peruano.
Otra señora: Inés María Suárez. Soy . . .
Otra señorita: Marta Nevares, de . . .

M.: Interesante, ¿eh? Pues observe por un momento, y repita:

   -- Usted es mexicano, ¿no?   *You're Mexican, aren't you?*
   -- Sí, soy de Guadalajara.//   *Yes, I'm from Guadalajara.*
   -- Yo también soy mexicana .// ¡Pero   *I'm Mexican, too. But from*
   de California! // Mi esposo no es   *California! My husband*
   hispano.//   *isn't Hispanic.*

A: ¿Está bien? (*OK?*) Pues conteste usted (*answer*):

   Ud. es norteamericano (norteamericana), ¿no? _Sí, soy (No, no soy)_____

   _____ ¿Es . . . su padre? _Sí, mi padre es (No, mi_

   padre no es) _____ Posiblemente, ¿es hispana . . .?

   _____ ¿Es europea *(European)* . . .?

   _____ ¿ . . . africana _____

   _____ ¿ . . . asiática? _____

M.: Ajá. Pues observe, y repita otra vez (*again*):

   u n mexicano   *a Mexican (male)*   u n a mexicana   *(female)*

M.: (. . .) Ahora escuche y conteste:

¿De dónde es . . . ?

   Si (*Si*) un colombiano es de Colombia, ¿de dónde es un chileno? _Un chileno_

   _es de_ _____// Si un chino . . . , ¿ . . . un argentino? _____

   _____ //

M.: ¡Ay, qué fácil (*how easy*)!

2

Si un nativo de Perú es un peruano, ¿qué (*what*) es una <u>nativa</u>. . .? _____

_____ // Entonces (*Then*), si . . . es un

español, ¿qué es. . .? _____ Finalmente,

si . . . es una puertorriqueña , ¿. . . de Panamá? _____

_____ // ¡Correcto!

A.: Exactamente. Y ahora, mi estudiante , vamos (*let's go*) a la . . .

Pronunciación (1)

Repita primero (*first*): a// a//

mamá// papá// casa// sala// mapa// calma// pala// apaga//

A.: Es fácil, ¿no (*It's easy, isn't it*)? Pues, repita otra vez: e// e//

mesa// mete// pelo// pele// lema// yema// teme// tiene//

M.: Muy bien. (*Very well.*) Y ahora: i// i// sí// día// mina// aquí//

(*Smile when you say an "i" in Spanish!:* <u>ee</u>)

piso// sino// tinta// mismo//

Incidentally, when "y" stands alone, it is just like the Spanish "i": y// y//

M.: Así. (*That's it !*) Y ahora, un corto ejercicio (*short exercise*):

¿Qué oye Ud.? (*What do you hear?*)

Escuche bien , y después indique la palabra correcta (*then indicate the correct word*). Por ejemplo:

peso	(pesa)
mesa	masa
lema	lima
misa	mesa
deme	dime
tila	tela
pila	pela
pase	pesa

3

M.: ¡Fantástico! Y ahora, vamos a . . .

Las Amenidades

A.: Claro.   Son (*They are*) importantísimas.   Por ejemplo, diga conmigo (*say with me*):

Buenos días.//	*Good morning.*
Buenas tardes.//	*Good afternoon.*
Buenas noches.//	*Good evening. Good night.*

A.: (. . .) Pues, a continuar

--**Buenos días, señor Galíndez.//**	*Good morning, Mr. Galindez.*
--**Muy buenos.// ¿Cómo está Ud.?//**	*Very good morning to you. How are you?*
--**Bien, gracias.// ¿Y Ud?//**	*Fine, thanks. And you?*
--**Muy bien.// Pues adiós.//**	*Very well. Well, goodbye.*
--**Adiós.//**	*Goodbye.*

M.: ¿Comprende? (*Do you understand?*) _____ Pues, conteste Ud. ahora:

Buenos . . . , mi estudiante. ¿ . . . ? _____ Muy

bien, gracias. Pues . . . _____

M.: Perfecto. Ahora, repita otra vez:

--**Buenas tardes, señorita Alas.//**	*Good afternoon, Miss Alas.*
--**Muy buenas, señor López.// ¿Y ¿cómo está su familia?**	*Good afternoon to you , . . . And how is your family?*
--**Excelente, gracias.//**	
--**Pues, hasta luego.//**	*Well, so-long.*
--**Sí, adiós.//**	*Yes, . . .*

M.: Muy bien. Conteste Ud. otra vez:

Buenas . . . ¿ . . . ? _____ Bien. ¿Y cómo . . . ? _____

_____ Bueno, hasta . . . _____

A.: ¡Ay, por favor, no diga (*don't say*). . . ! Hay un diálogo más (*There's one more dialogue*). . .

4

--Hola, Marisa. ¿Qué tal?//	*Hi, Marisa. How are things?*
--Bien, Alberto.// Divinamente.//	*Fine, Al. Just great.*
--Pues hasta pronto.//	*Well, see you soon.*
--Sí. Chau.//	*Right. So-long.*

M.: ¡ . . . ! Y ahora, otra vez, vamos a . . .

Pronunciación (2)

A.: Claro (*Of course*) . . .   Escuche, y repita.

o// o//   gota// como// loco// poco// sola// goma// hombre// ¡Hombre! (*Oh, man!*)//   (. . .)

u// u//   cuna// luna// mula// puma// laguna// chula// cucú// ...//

M.: Exactamente. Y una cosa más (*one more thing*):

Los diptongos

A diphthong is any combination of two vowels that includes i or u. Since u and i are weak, the stress always falls on the o, a, or e.

M.: Precisamente. Repita otra vez, ¿ . . . ?

causo// auto//

guapo// agua//

siento// miento//

peine// baile//

If the diphthong has both u and i , the stress falls on whichever comes second.

fui// fuiste//¡Cuidado! (*Watch out !*)

la ciudad de Nueva York// la ciudad de Buenos Aires//

A.: ¿ . . . ? Pues hablando de (*speaking of*) diferentes ciudades, mire por un momento

(*look for a moment at*) el mapa de Sudamérica.

5

Y diga: Caracas, . . . // Bogotá, . . . // Quito, . . . // Lima, . . . // Santiago de . . . //

Y . . . //

Ahora escriba en los espacios correctos (*write in the correct spaces*) las direcciones indicadas. Por ejemplo:

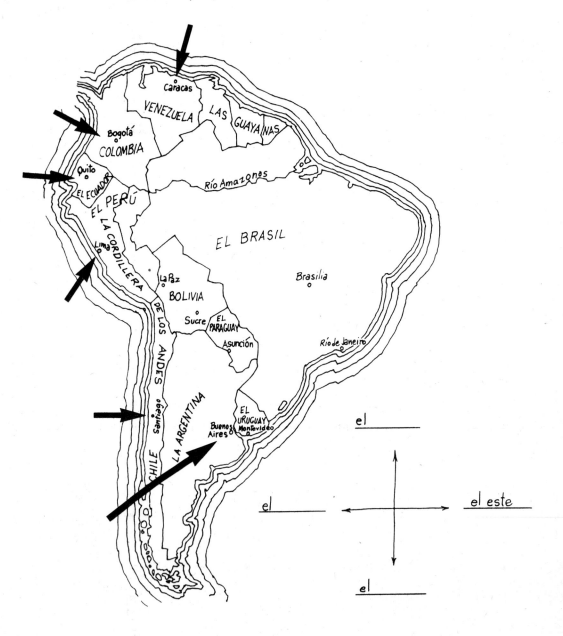

Finalmente, escriba: _____ _____

_____ _____

A.: Suficiente, ¿eh?

M.: Ah, sí. ¡Por favor!

A.: Muy bien. Vamos a pasar entonces a (*Let's go on then to*) ...

Las cortesías

M.: Gracias, muchas gracias.

A.: De nada (*you're welcome*), ...

M.: Bueno. (...) Pues repita ...

—Por favor,// abra Ud. la puerta.//	*Please, open the door.*
—Con mucho gusto.//	*I'd be glad to.*
—Gracias.//	*Thank you.*
—De nada.//	*You're welcome.*

(...) Ahora, responda Ud.:   Conteste el teléfono, ...   *Con* _____

Muchísimas ... _____ Y cierre la ventana, ...

_____ Mil ... _____

A.: ¿Hay otra cosa (*Is there something else*), ...?

M.: (...) Diga (*Say*), ... "Ejercicio de Pronunciación, Tres."   (...)

Pronunciación (3)

Por favor, escuche otra vez:

"H" is the only silent consonant in Spanish. It is pronounced only in the combination "ch".

Por ejemplo: ¡Hola!//   ahora//   hay//   alcohol//

M.: ¿Comprende? Pues escriba Ud. debajo de (*under*) las ilustraciones correctas:

hos _____   *ho* _____   _____   _____

7

M.: Magnífico. Ahora escuche otra vez:

The 11 is considered one consonant in Spanish. In Spain it sounds like the 11i in "million": millón// In Spanish America, it usually sounds like the "y" in "Yule": millón //

Escuche bien, y repita: (Repeat the version you prefer.)

caballo// millón// pollo// sello// gallina// ¡Brillante!//

M.: ¡Ya! (*There!*) Ahora, la ñ. Es facilísima. Diga conmigo (*Say with me*):

caña// otoño// niño// cariño// señor// señora// señorita// (. . .)

In most of Spain, z is pronounced like the th in "think". In Latin America, it is like the s in "sink".

Otra vez, escuche las dos pronunciaciones... (and repeat the one you prefer):

zapato// zona// taza// caza// lanza// mezcla// sazón//

C, before an e or i , is pronounced just like the Spanish z : that is, in most of Spain like the th in "think"; in Spanish America, like the s in "sink".

cinco// cima// celoso// hace// dice//nación// obligación//

In all other positions, c is hard, like the "c" in "corn".

capa// copa// cuna// saco// claro// acción// lección//

M.: (. . .) Y una cosa más (*one more thing*):

Qu in Spanish is like the English "k",and appears only before an "e" or an "i".

que// quepo// quien// quita// quema// toque// bloque// (...)

A.: Ahora, un breve ejercicio escrito (*brief written exercise*), ¡y ya !

Ejercicio escrito: ¿Qué contesta Ud.? (*What do you reply?*)

1. Buenos . . .   ¿Su . . . , por favor? _____

2. Dígame, ¿ . . . ? _____

3. ¿ . . . residente de los Estados Unidos o del . . . ? _____

   _____

4. ¿ . . . su familia? *Mi* _____

5. Y finalmente : . . . , ¡termine Ud. (*finish*) inmediatamente!   *Con mucho* _____

M.: (...) Hasta muy pronto (*till very soon*), . . . muchas gracias por su atención, y. . .

8

PRIMERA PARTE (2)

(En la radio)

Los deportes / *Sports*

Béisbol
Los Tigres 8. Los Yanquis 7
Los Padres 10. Los Astros 6
Los Atléticos 3. Los Indios. 0

Fútbol interamericano
Perú 3. Chile 1
Argentina 4. Brasil. 0
México 5. Guatemala 2

Diferentes voces: " Sí, . . . Mi número de teléfono es . . .   Y . . . de la Visa es . . ."
" Hoy el premio (*prize*) de la lotería es . . iun millón de . . .!   Sí, señores, . . .
Y éstos (*these*) son los números."   "¿Su número de Seguridad Social, . . . ? -- . . .

M.: Números, . . .   Todo el tiempo (*all the time*), . . .

A.: . . . , ¿qué hora es?

M.: Son las doce y diez, . . .   ¿Ya ve? (*You see?*) . . .   Vamos a practicar. . .

Números-- uno a doce (1-12)

Repita, por favor: uno// dos// tres//   1, 2, 3;   . . . //
cuatro// cinco// seis//   4, 5, 6; . . . //
siete// ocho// nueve// 7, 8, 9; . . . //
diez// once// doce// 10, 11, 12; . . . //

M.: iBien! Y un número más (*one more* . . .): cero// 0 ; . . . //

A.: Exacto. ¿ . . . ?

M.: . . . un poco de aritmética (*a little arithmetic*).

¿Cuál es el próximo número? (*What is the next number?*)

Escuche bien. y después indique el número correcto.   Por ejemplo:

uno, tres, cinco. . .   (siete)   nueve   diez

dos, cuatro, seis . . .   siete   ocho   once

uno, cuatro, siete . . .   cinco   ocho   diez

tres, seis, . . .   nueve   diez   doce

doce, once, . . .   nueve   ocho   siete (. . .)

doce, nueve, . . .   cuatro   tres   dos

9

M.: Y ahora, ¿qué opina Ud.? (*What do you think?*)

En una escala de 0 a 10 . . .

¿Qué números usa Ud. para (*for*) estas personas? (Una persona terrible es un "cero". Una persona maravillosa es un "diez". Y si la persona es realmente extraordinaria, ¡es un "once" o un "doce"!)

Vamos a comenzar: Paul Newman es un _____ Madonna es un

_____ Ronald Reagan es un _____ Mikhail Gorbachev es un

_____ Chris Evert es un _____ Fidel Castro es un _____

Bill Cosby es un _____ Bárbara Walters es un _____

Joe Montana es un _____ Julio Iglesias es un _____ ¡Ya!

M.: Escuche. Con los números . . . , es muy fácil aprender (*easy to learn*). . .

La hora del día (*Time of day*)

A.: Es facilísimo (*very easy*). Por ejemplo, . . .

-- ¿Qué hora es?//	*What time is it?*
-- Es la una.//	*It's one o'clock.*
-- No es posible.// Son las once// o las doce//, no más//	*Impossible. It's eleven o'clock or twelve, no more.*
-- Muy bien, Marisa.// En San Francisco son las once.// En Chicago son las doce.// Pero aquí, ¡es la una!//	*All right, . . . In San Francisco, it's eleven. In Chicago, it's twelve. But here it's one o'clock!*

M.: (. . .) Repita otra vez . . .

--¿A qué hora es la clase, Alberto?//	*At what time is the class. . . ?*
--Es a las dos, Marisa. // Perdón.// Es a la una y media.//	*It's at two o'clock. Excuse me. It's at half past one.*
--Y el concierto,// ¿a qué hora es?// Pues vamos a ver.//	*And the concert, . . . ? Well, let's see. . .*

¿A qué hora es el concierto?

Escuche las pistas (*clues*) y después indique: (*Put a check if the clue fits.*)

	a la 1: 30	a las 5: 15	a las 11: 00
1. ¿Es por la mañana (*in the AM*) o por la tarde?--Es . . .	_____	_____	_____
2. ¿Es antes o después (*before or after*) del mediodía?-- Es . . . ?	_____	_____	_____
3. ¿Es después de . . . ? -- No, es antes.	_____	_____	_____

Díganos: ¿A qué hora es el concierto? *Es a* _____ _____ //

10

Pronunciación (1)

Repita, por favor: ja, ja, ja//   je, je, je//   ji, ji, ji//   jo, jo, jo//

In Spain, the "j" sounds as if you were going to say "ha-ha", and didn't quite clear your throat.   In Latin America, the sound is closer to the English "h".

M.: (. . .) Diga conmigo, . . .

pájaro//   cojo//   hijo//   jamón//   lejos//   jota//   jugo//   jabón//

Actually, g before an e or an i is just like the j :

gitano//   gente//   giro//   general//   coge//   escoge//   dirige//   elige//

In all other positions, g is more like the English g in "gum", but pronounced more softly.

Diga otra vez: goma//   gato//   laguna//   hago//   signo//   digno//   gano//

M.: Ahora observe. Esto (*This*) es muy importante.

sigue// distingue// guía//

(We don't pronounce the u in the groups gue or gui .)

Repita otra vez: sigue// distingue// guía// pagué// llegué//

A.: Ahora díganos (*tell us*):

¿Escucha Ud. bien? *(Do you listen carefully?)*

Indique siempre (*always*) la palabra correcta.   Por ejemplo:

(1) jota   (gota)

(2) paja   paga

(3) alejé   alegué

(4) hijo   higo

(5) lejos   legos

(6) paje   pague

(7) ajo   hago

(8) trague   traje

M.: Así es. Y ahora, vamos a la s. (. . .)

museo// casa// presidente// presente// vaso// cosa// posición// causa//

11

As you noticed, "s" between vowels is always like the "ess" in "dresser". Only before a voiced consonant does the "s" ever sound like the English "z".

Por ejemplo: mismo// entusiasmo// Buenas noches. // Buenos días.//

(. . .) Ahora, una cosa más, la p:

The Spanish p doesn't have the light, breathy quality of the English. So just keep yor lips closed until you've formed the next sound, and you'll get the right effect. (. . .)

padre// papa// patata// popa// pala// palma// importante// pampa//

A.: Perfecto. Ahora, ¿qué (what), . . . ?

M.: Más (more). . .

Más números-- de trece a treinta y uno (13-31)

Diga otra vez conmigo:

diez, once, doce//   10, 11, 12

trece, catorce, quince//   13, 14, 15 Una vez más (once more) _____ //

diez y seis// diez y siete//   16, 17   Continúe Ud. . . .

diez y _____ diez y _____ 18, 19

veinte//   20   (. . .) //

M.: ¿Comprende?   Entonces vamos a hacer (do) . .

Un poco de aritmética

Otra vez, indique el número correcto. Por ejemplo:

Diez y diez son . . .	quince	diez y seis	veinte
Veinte menos . . . son . . .	trece	diez y nueve	diez (. . .)//
Siete y ocho son . . .	doce	quince	trece (. . .)//
Tres por (times) seis . . .	once	diez y ocho	ocho (. . .)//
Trece y siete. . .	veinte	diez y siete	catorce (. . .)//

Repita una vez más:

veinte y uno//   veinte y dos//   veinte y tres//   21, 22, 23

veinte y _____// veinte y _____//   24, 25

12

Continúe Ud.: _____ 26

_____ 27 _____ 28

veinte y nueve//   29   Y, treinta// 30   Otra vez: . . . // ¡Ya!

A.: Y ahora, vamos a jugar (*let's play*) . . .

La lotería

Primero (*first*), escriba en los blancos:

1. Un número entre (*between*) 0 y 10 (*Choose any number*)   _____

2. Un número entre 11 y 20 _____

3. Un número entre 21 y 30 _____

Ahora, los números de la suerte (*lucky numbers*) son :

Escuche, y escriba:

_____   _____   y _____

Y dos números más _____   y _____

M.: Dígame: ¿Ud. ganó? (*Did you win?*)

A.: Bueno. Vamos a pasar . . .

Pronunciación (2)

Primero, escuche muy bien. Es importantísimo.

To say a "t" in Spanish, place your tongue directly behind your upper front teeth: tu// to// te// And don't let any breath come out after you've said it!

Otra vez: tu// to// te// ta// ti//
         tanto// tonto// tinta// título// tío// tía// tienda//total//

Ahora, la d (. . .)

At the beginning of a sentence or of a group of words, the "d" is like a voiced "t".

Dígame// Dámelo// Duérmete// ¿Dónde?//

We use the same "d" after an "n" or an "l": cuando// caldo// dando// (. . .)

In most other positions, especially between vowels, the Spanish "d" is like the "th" in "mother", but faster, shorter.

Por favor, diga otra vez:

nada// nadie// cada// todo// toda mi vida// hablado// tenido//

13

Finally. at the end of a word. the "d" is formed like the "th", but is barely sounded at all.

    libertad// ciudad// salud// usted//

M.: Bien. Y ahora vamos al (*to the*). . .

Dictado ilustrado

Primero, observe por un momento las ilustraciones. . . Ahora, escuche bien, y escriba bajo (*write below*) la ilustración correcta:

    de América   *la estatua*   *las*

_____ _____   _____

M.: ¿Es difícil (*is it hard*), . . . ? Pues mañana (*tomorrow*) vamos a practicar más.

A.: ¿Y hoy (*today*)?

M.: Hoy vamos a estudiar (*study*). . .

Los días de la semana

    Por ejemplo, repita:

lunes// *Monday*	**martes**// *Tuesday*	lunes, martes, miércoles//
miércoles//*Wednesday*	**jueves**// *Thursday*	miércoles, jueves, viernes//
viernes// *Friday*	**sábado**// *Saturday*	viernes, sábado, domingo//

        Una vez más: **domingo** *Sunday* //

A.: ¿Está bien? Pues conteste:

1. ¿Qué día es hoy (*today*)? *Hoy es* _____ 2. Pues, si (*if*) hoy es

lunes, ¿qué día es mañana? *Si hoy es lunes, mañana* _____//

3. Y si hoy . . . , ¿ . . . ? _____//

4. ¿Hay (*Is there*) clase de español el jueves (*on Thursday*)? *Sí, hay... (No, no*

hay) _____ ¿y . . . ? _____

_____ 5. ¿Hay (*Are there*) . . . los domingos (*on*

Sundays?) _____ (. . .)

M.: Bueno, mire (*look at*) . . .

Calendario

mayo

lunes	martes	miércoles	jueves	viernes	sábado	domingo
	1	2	3	4	5	6
7	8	9	10	11	12	13
14	15	16	17	18	19	20
21	22	23	24	25	26	27
28	29	30	31			

Dígame: ¿Qué día de la semana es el doce . . . ? _____

_____ // Entonces (*Then*), ¿ . . . el dieciséis? _____

_____ // Y el veinte, ¿ . . . ? _____//

¿ . . . treinta y uno? _____ //

A.: ¡ . . . ! Primavera. ¡Qué delicia (*what a delight*)!

M.: De acuerdo. (*I agree!*)   ¿Y no es un momento perfecto para hablar de (*to talk about*) . . . ? Diga conmigo:

Las estaciones y los meses del año (*The seasons and the months of the year*)

el invierno// winter
   enero, febrero, marzo//   January, February, March

la primavera// spring
   abril, mayo, junio//

el verano// summer
   julio, agosto, septiembre//

el otoño autumn
   octubre, noviembre, diciembre// (. . .)

¿Cuál es su estación favorita del año?//-- El verano,// porque en el verano, // hay vacaciones.//

Which is your favorite season of the year? -- Summer, because in the summer, there's vacation.

M.: (. . .) Ahora Ud. . . . , dígame: ¿Cuál es . . . ? *Mi estación favorita* _____

_____ ¿Y cuál es su mes. . .? _____

15

¿En qué . . . su cumpleaños (*birthday*)? *Mi cumpleaños es en* _____

¿Y el cumpleaños de su madre (*mother's birthday*)? *El cumpleaños de mi madre*

_____ ¿Sabe? i . . . también (*too*)!

M.: ¡Qué coincidencia , . . . ! En fin, (*Anyway*), vamos a pasar una vez más a la . . .

Pronunciación (3)

"B" and "v" are absolutely identical in most parts of the Spanish world! (Sí, son absolutamente idénticas.) At the beginning of a group of words, or after an "m" or an "n", the "b" or "v" sounds very much like the English "b".

Por ejemplo: Vaya// Ven acá// Vamos// Bésame (*Kiss me*)// (. . .)
iHombre!// cumbre// un vaso// un beso//

In all other positions within the word or phrase, here's how we form the "b" or "v". Start to say "b", but at the last moment, don't quite close your lips.

M.: Buena idea. Por ejemplo:

las aves// la sabes// a ver// haber// Eva// iba// lavo// labio//

Así es. Ahora, un corto ejercicio escrito, y terminamos (*we'll finish*).

Ejercicio escrito

Saque su pluma o su lápiz (*take out your pen or pencil*), por favor, y conteste:

1. ¿Cuántos días hay (*how many days are there*) en . . .? _____

_____ 2. ¿ . . . un mes de la . . . o del _____

_____ 3. ¿A qué hora (*At what time*) es . . .?

Mi _____ Finalmente, 4.

Mire la ilustración, y conteste: ¿ . . . ahora? _____

A.: ¡Ay, es tarde ya (*it's late already*)! Vamos a terminar, ¿eh?

M.: Ah, claro. Hasta mañana, . . . Muchísimas gracias, y . . .

□□□□□□□□□□□□□□□□□□□□□□□

¡Escape del invierno!
Visite Acapulco

□□□□□□□□□□□□□□□□□□□□□□

>> Puerto Rico, la perla del Caribe <<

□□□□□□□□□□□□□□□□□□□□□□

∞ ∞ Caracas

ciudad de eterna primavera

□□□□□□□□□□□□□□□□□□□□□□

G.: ¡Qué bien! ¡Qué rico (*How great!*)   Sol. Calor. Una suave brisa (*soft breeze*).
   ¿Qué dice? (*What do you say?*) ¿Vamos?

P.: Ahora, no, . . .   La lección . . .

G.: Seguro. (*Sure.*) Pues, . . .   Gregorio Fuencarral

P. Con Pati Gomez. ¿Qué tal? _____ Y en efecto, ¿sabe? Hoy hace
   un día magnífico (*it's a gorgeous day*) . . .

G.: Fabuloso. Como en mi país (*my country*). En Colombia siempre es así (*it's
   always like that*).

P.: ¿Siempre?   ¡Imposible!

G.: Bueno, casi (*almost*) siempre. El clima . . .   Por ejemplo, diga conmigo,. . .

   --¿Qué tiempo hace hoy?//   *How's the weather today?*
   --Hace sol// y hace fresco.//   *It's sunny out, and it's cool.*
     ¡Qué delicia!//   *What a delight!*
   --Ah, sí.// Es un día típico de   *Ah, yes. It's a typical fall day.*
   de otoño.

P.: Dígame, ¿le gusta a Ud. (*do you like*) el . . . ? *Sí, me gusta* _____

                                         No, no me gusta _____

¿Le gusta más . . . o (*or*) la . . . ? _____

Repita otra vez:

   --Dígame.// ¿hace mucho calor   *Tell me, is it very warm (hot)*
     aquí// en el verano?//   *here in the summer?*
   --No.// Pero llueve mucho.//   *No. But it rains a lot.*
   --¿Y hace mucho frío   *And is it very cold*
     en el invierno?//   *in the winter?*
   --Sí.// Y hace viento// y nieva// *Yes. And it's windy, and it*
     y. . .   *snows, and...*

P.: ¡ . . . ! No me gusta . . . Prefiero hablar del calor (*about the warm weather*).
G.: Entonces, vamos a pasar a . . .

17

¿Qué tiempo hace?

Mire. . . . , y después conteste:

1   2   3   4   5

1. ¿ . . .? ¿Hace frío o . . .? _____ // Dígame, ¿le gusta

   más . . .? *Me gusta más* _____

2. ¿ . . . -- o nieva? _____ // Y donde Ud. vive(*where you live*),

   ¿llueve más en . . . o en . . .? *Llueve más* _____ (. . .)

3. ¿ . . . ahora? _____ // Pues otra

   vez, donde . . . , ¿nieva . . .? _____ (. . .)

4. ¿ . . .? ¿Hace mucho. . . o hace mucho viento? _____

5. ¿ . . .? _____ //

P.: Es un día perfecto . . . Y los colores . . . Amarillo, verde, rosado (*pink*) . . .

Los colores

Repita, y después conteste según (*according to*) las ilustraciones. Por ejemplo:

1. negro// negra// *black*

   ¿De qué color es la noche?

   _____ //

2. blanco// blanca// *white*

   ¿ . . . la nieve (*snow*)?

   _____

   Entonces, ¿de qué colores es un periódico (*newspaper* ?) _____

   _____ //

P.: No necesariamente, . . . Hay (*There are*) periódicos hoy de varios . . .

18

3. rojo// roja//   *red*

¿ . . . un tomate?

_____ //

Normalmente. ¿Y una rosa? _____

_____// Pero no siempre (*not always*), ¿sabe?   Hay
rosas blancas y . . .   (i . . . !)

4. azul//   blue

Díganos (*Tell us*) : ¿ . . . colores es la bandera . . . ?

_____ //

5. verde//   green

¿ . . . la hierba (*grass*)?

_____

6. amarillo// amarilla//

¿ . . . ? _____// ¿ . . . banana?

_____ //

G.: Ah, no necesariamente, . . .   Hay . . .
P.: Es verdad (*That's true*), . . .   Pero el ejercicio de . . . siempre es igual (*the same*).

Pronunciación (1)

G.: De acuerdo (*OK*). Hoy es importantísima. Repita: ere// ere// ara// ara //

You can practice by saying the English "gotta", very fast. "Gotta."// "Gotta
go." // Now say over and over again: gotta, gotta, gotta//

P.: ¿Ya ve? (*See?*) iEs como (*It's like*) la "r" en español!

Diga ahora: cara//para// coro// moro//
                  pero// cero// mero// torero//
                  mira// tira// muro// puro// (. . .)

Ahora diga conmigo: gara. gara// gará, gará// grasa// grada//
                       para, para// pará, pará// prado// práctico//

                       poro, poro// poró, poró// profesor// profesora//
                       toro, toro// toró, toró// trono// tropa//

Adelante, . . . : garagaragar// paraparapar// caracaracar//
(. . .) // caracaracarta// (. . .) paraparaparta// (. . .) maramaramarta//

hablar// escuchar// ¡A continuar!//

The rr is formed exactly like the r, but with great force. The tongue bounces several times instead of once.

Ahora repita, y con más "vitaminas". . .

garagaragarra// maramaramarra// corocorocorro// torotorotorre//

caro// carro//; coro// corro//; pero// perro//; cero//cerro// carrera// barrera//

G.: ¿ . . . ? Pues díganos:

¿Qué oye Ud.? (Indique siempre la palabra correcta.)

1. caro   carro

2. para   parra

3. coro   corro

4. toro   torre

5. tiara   tierra

6. mira   mirra

7. moro   morro

G.: ¡Ya! Mañana vamos a practicar más. Pero en este momento (*at this moment*) . . .

Palabras en acción

G.: Son muy fáciles.
P.: Absolutamente. Por ejemplo, diga una vez más.

independiente, inteligente// brillante, normal//   **(masc./ fem.)**
optimista, pesimista// idealista, sentimental//   **(masc./fem.)**

romántico, ambicioso// práctico// generoso//   **(masc. -- o)**
sincera, creativa// atlética // estudiosa //   **(fem. -- a)**

G.: Bien. Ahora conteste Ud.:

¿Es Ud. una persona . . . ? *Sí, soy* _____

No, no soy _____

¿ . . . muy (*very*) . . . ? _____

¿ . . . generosa? _____

20

¿ . . . muy atlético (atlética)? *Sí, soy muy* _____

No, no soy _____

¿ . . .? _____ ¿ . . . o (*or*) pesimista?

Soy _____ ¿Es Ud. un(a) estudiante. . .? _____

_____ ¿. . . práctica o muy impulsiva? *Soy* _____

G.: Muy interesante.

P.: Sí, realmente. Porque cada (*Because each*) persona es . . .

G.: Es verdad. (*That's true*.)

P.: Y no me gustan los estereotipos. Como (*Like*): "El hombre es . . . " "La mujer (*woman*) . . . ", etc., etc. (. . .)

Estereotipos: ¿El hombre o la mujer?

----

emocional// razonable (*reasonable*) // materialista// exigente (*demanding*)// agresivo //   compasivo (*compassionate*)//   artístico//   paciente//

Según el estereotipo: 1. ¿Quién es más (*Who is more*) . . .? _____

_____ 2. ¿. . .? _____

3. ¿. . .? _____ 4. ¿. . .? _____

_____ 5. ¿. . . agresivo (-a)?

_____ 6. ¿. . .? _____

_____ 7. ¿. . .? _____

_____ 8. ¿. . .? _____

P.: A propósito, en su opinión, ¿quiénes son (*who are*) más exigentes, los profesores

o las . . .? _____

G.: Pues hablando de (*speaking of*) . . ., repita . . .

**profesor, profesora// médico, dentista//
poeta, artista// actor, actriz//
mecánico, ingeniero// comerciante, carpintero//
demócrata, republicano// millonario, banquero//**

G.: ¿Comprende? Pues conteste entonces:

¿Es médico su padre? *Sí, mi padre es* _____

No, mi padre no es _____

21

¿ . . . ingeniero? _____ ¿ . . . comerciante? _____

_____ ¿ . . . ? _____

¿Es médica . . . ? _____ ¿ . . . ? _____

_____ ¿ . . . artista ? _____

¿ . . . ? _____ A propósito (*By the way*),

¿Hay (*Are there*) dentistas en su familia?   *Sí, hay*   *en mi familia.*

No, no hay _____ ¿ . . . actrices?

_____ ¿ más . . . o . . . ? _____

_____ ¿ . . . famosas . . . ? _____

_____ ¿ . . . ? _____

_____ ¿ . . . buenos lingüistas? _____

_____

G.: Ah, sí hay. ¡Es . . . ! Por ejemplo, repita:

Cuatro palabras de acción

¿Qué lenguas habla Ud.?	*What languages do you speak?*
--Sólo hablo español.// Y un poco de inglés.//	*I speak only Spanish. And a little English.*

G.: Ahora díganos, realmente: ¿Habla Ud. otras (*other*) . . . ?-- *Sí, hablo (No, no*

hablo _____ ¿O (*Or*) sólo habla . . . ? -- _____

_____ (. . .)

¿Dónde vive Ud.?//	*Where do you live?*
--Vivo ahora en San Diego.//	*I'm living in San Diego now.*
Pero mi familia vive en Nueva York.//	*But my family lives in New York.*

¿ . . . ? _____ Pues conteste: ¿Dónde . . . ahora? *Vivo en*

_____ ¿ . . . en la universidad, o vive con (*with*) . . . ? --

_____

P.: ¿Come Ud. (*do you eat*) normalmente en la escuela (*at school*), o come con. . . ?

-- _____ ¿ . . . en restaurantes?-- _____

_____ Ah, como yo (*like me*). Pues . . .

22

¿Va Ud. a la fiesta?
No. Voy al cine. Lisa va también.

Are you going to the party?
No. I'm going to the movies. Lisa is going too.

P.: . . . , conteste:

¿Va Ud. a . . . esta noche (*tonight*)? *Sí, voy (No, no voy)* _____

_____ ¿ . . . a la escuela (*to school*)? _____

_____ ¿ . . . al cine?. . . _____

_____ ? ¿ . . . mucho al teatro? _____

_____ Y ahora, ¿va Ud. a practicar . . . ?

G.: . . . , claro. Inmediatamente.

Pronunciación (2) : Escuche, y después repita.

The Spanish x is pronounced in two ways. Before a consonant, it is usually like an "s".
explicar// extraño// expresión// extremo// ¡Extraordinario!//

But between vowels, the Spanish x sounds like a softly spoken "g", followed by an "s": egs.
examen// examinar// exorbitante// exagerar// ¡Exacto!//

G.: ¡ . . .! Bueno, adelante.

In most parts of the Spanish world, the consonant "y" is very much like the English: yo// ya// yema// mayo//

But after an "n", it often sounds like the "j" in "judge".
inyectar// inyección//

P.: Bien, ahora saque su lápiz o su pluma (*your pen or pencil*), . . . Y vamos al . . .

Dictado ilustrado
Primero, estudie las ilustraciones. (¿ . . . ?) Ahora escuche, y escriba debajo de la ilustración correcta.

_____ _____ _____

_____ _____ _____

P.: ¡Ya! Dígame, ¿le gustan estos (*do you like these*) dictados . . . ?

--*Sí, me gustan (Yes, I like. . .)* _____

--*No, no me gustan . . .* _____

G.: ¿O le gustan más (*do you like better*) los ejercicios orales? _____

_____ Pues diga conmigo:

> **la radio// la televisión// un programa// un drama// una comedia//
> la música// un instrumento// el piano// el violín// la flauta//
> los deportes// el fútbol// el béisbol// el tenis// el baloncesto// (o
> básquetbol)//**

¿Le gusta a Ud. el tenis?	*Do you like tennis?*
--Me gusta mucho.// Pero no me gusta en la televisión.//	*I like it very much. But I don't like it on TV.*

Entonces conteste: ¿Le gusta mucho. . . ? --*Sí, me gusta (No, no me gusta)*

_____ ¿ . . . más en la . . . o "en persona"? --*Me gusta más* _____

_____ ¿ . . . o el fútbol? _____

_____ ¿. . . el cine o . . . ? _____

_____ ¿ . . . ? _____

P.: ¡A mí me fascina! (*I love it !*) Pues observe bien, y conteste una vez más:

¿Le gusta**n** mucho los conciertos?-- *Sí, me gustan... (No, no me gustan...)*

_____ ¿. . . los estudios (*studies*)? _____

_____ ¿ . . . las lecciones de . . . ? _____

_____ ¿De verdad? (*Really?*) Pues vamos a terminar

muy pronto (*soon*). . .

Ejercicio Escrito (Escuche, y conteste, por favor.)

1. ¿Qué deporte . . . ? *Me* _____ *el* _____ 2. En la

televisión, ¿. . . o los programas. . . ? _____

_____ 3. ¿ . . . otra lengua extranjera (*foreign*)? _____

_____ 4. ¿ . . . su familia? _____

_____ 5. ¿Va . . . ? _____

G.: ¡ . . . ! Ud. ya (*already*) comprende . . .
P.: Pues hasta la próxima vez (*next time*), un fuerte abrazo (*warm embrace*). Mil . . .

PRIMERA PARTE (4)

G.: Hola. Muy . . . ¿ . . .?_____ (. . .)

P.: (. . .) Siempre es un placer (*pleasure*). Pero . . . , ¿es posible terminar (*finish*) un poco temprano . . . ?

G.: ¿ . . . ? ¿Por qué? (*Why?*)

P.: Porque (*Because*) hoy es el aniversario de . . .   Y esta noche hay . . .

G.: ¿Y toda la familia (*the whole family*) . . .?

P.: Casi (*almost*) . . .   Mis hermanos y . . . y . . . ¿Ah, . . . Ud. no sabe quiénes son (*who they are*)? Entonces diga conmigo:

La familia

==

    el padre// *the father*   **la madre**// *the mother*
        los padres// *the parents*

    el hijo// *the son*   **la hija**// *the daughter*
     los hijos// *the sons, son(s) and daughter(s)*

    el hermano// *the brother*   **la hermana**// *the sister*
    los hermanos// *the brothers, brother(s) and sister(s)*

==

G.: ¿Comprende? _____ Pues vamos a continuar. (. . .)

mi tío// my uncle   **mi tía**// my aunt

    mis _____ *my uncles, uncle(s) and aunt(s)*

mi abuelo// *my grandfather* (. . .)   _____ *my grandmother*

    _____ *my grandfathers, my grandparents*

mi primo// *my cousin*   (. . .)   _____ *my cousin (fem.)*

    _____ *my cousins (masc. and fem.)*

mi sobrino// *my nephew*   _____ *my niece*

    _____ *my nephews, nephew(s) and niece(s)*

el esposo// *the husband*   **la**_____ *the wife*

    los_____ *husbands, husband and wife, etc.* (. . .)

Un poco de lógica : Escuche, . . . y complete las frases (*sentences*).

1. Si el padre de mi madre (*my mother's father*) es mi <u>abuelo</u> , la madre de mi

   padre es mi _<u>abuela</u>_ .

2. Si el otro hijo de . . . es mi <u>hermano</u>, la hija . . . es mi _____ //

3. Si los hermanos de mi padre son mis <u>tíos</u>, las esposas . . . son mis _____ //

4. Si la hija de mi hermana es mi <u>sobrina</u>, los hijos . . . son mis _____ *os*

5. Si Rafael López es mi <u>primo</u>, las hermanas de Rafael son . . . _____ *as*

P.: Bueno, hay otras palabras referentes (*referring*) a personas también. . .

el hombre// *the man*   **la mujer**// *the woman*

un muchacho//   **un chico**//   **un niño**//   *a boy; a child*

una _____ // **una** _____// **una** _____ // *a girl*

mi amigo// *my friend* (*masc.*)   _____ *my friend* (*fem.*)

mis _____ // *my friends* (*m/f*) _____ *my friends* (*fem.*)

G.: ¿ . . . ? _____ Entonces (*Then*) díganos:

¿Quién es quién? (*Who's who?*)

Éstos son los nombres y ocupaciones de siete de mis parientes. Observe bien y repita:

José Luis Gómez, productor de TV   **Delia Ramos de Gómez**, pianista
Miguel Ángel Gómez y Ramos, médico   **Ramón Gómez**, policía retirado
Pía Lazo de Gómez, ama de casa (*housewife*)   **Clara Soto de Gómez**, profesora
          Paco Gómez y Soto, alumno (*pupil*) de escuela primaria

---

Ahora escuche las pistas (*clues*), y conteste:

1. Mi . . . dedica su (*her*) tiempo a . . .   ¿Cuál (*What*) es el nombre de mi . . . ? *El*

 nombre de su _____ //

2. . . . produce . . . ¿ . . . su (*his*) nombre? _____ //

3. . . . funcionario público. Pero no practica ahora su . . .   ¿Quién es . . . ?

 _____ //

4. . . . es una mujer muy activa, pero no tiene (*she doesn't have*) . . .   Sólo atiende

 . . . _____ //

5. Mi . . . brillante. Comienza ahora una carrera en . . . ¿ . . . ? _____

 _____ //

6. . . . conduce clases de . . . ¿ . . . ? _____ //

7. El hijo . . . es un niño de seis años. ¿ . . . ? _____ //

G.: (. . .) Es precioso (*very cute*).

P.: (. . .) Pero es un pequeño diablo (*little devil*).

G.: ¿ . . . ? ¡Muy grande!   Grande y . . . ¿Ya ve? (*See?*) Necesitamos (*We need*) . . .

Palabras descriptivas

--Dígame,// ¿es muy **grande**
   su familia?//

Tell me, is your family
very large?

--Muy grande, no.//   Pero no es
   pequeña.//   Yo soy la hija
   mayor.//   Tengo tres hermanos
   mayores,// y un hermano
   menor.//   Y seis hermanas
   menores, y. .//

Very large, no. But it's not
small. I'm the oldest daughter.
I have three older brothers
brothers, and a younger
brother. And six younger
sisters, and. . .

--¡Caramba!//   No **más**, por favor.//

Wow! No more, please.

G.: En serio *(Seriously*). . .

¿Tiene Ud. hermanos mayores?   (*Do you have any older brothers and sisters*)?--

Sí, tengo _____

(No, no tengo) _____

¿ . . . menores (*younger*)? _____

¿ . . . mayor (*oldest*) de su familia? _____   *de mi familia*

es _____   ¿ . . .? _____

P.: En mi familia, es mi prima Alicia.   Diga conmigo (*Say with me*). . .//   Así. Y ahora,
vamos a . . .

Pronunciación

Escuche, por favor:

Linking is one of the most important factors in the rhythm of Spanish speech.
Here's all you do. When a word ends in a vowel and the next word begins with a
vowel, join the two words like this:

mi hijo//   mi abuela//   mi prima Amalia//

mi tío Octavio//   su amiga Inés//   su único esposo//

veinte y uno//   veinte y dos//   treinta y seis//

quince estudiantes//   la clase de español//   ¿Cómo está Ud.?//

G.: ¿ . . .? Pues para practicar, vamos a tomar (*let's take*) . . .   Muy . . ., ¡palabra de
honor!

27

Dictado
Escuche bien, y escriba: (*You'll hear each sentence twice.*)

1. _____

2. _____

-- _____

G.: (. . .)

Contrastes

Mire las ilustraciones, y diga conmigo:

1.

2.

3.

4.

5.

Ahora mire las ilustraciones otra vez, y conteste:

1. ¿Es joven o viejo. . . ? _____

   ¿ . . . ? _____

2. ¿Quién es más rico (*richer*)-- . . . ? _____

   (. . .) ¡Pobre. . . !

3. ¿Cuál (*Which*) es más . . . -- . . . o el elefante? _____

   ¿Es mucho más pequeña (*smaller*) _____ ?

4. ¿Es una persona . . . ? _____

   Y Edgar, ¿ . . . ? _____ (¡ . . . !)

5. ¿Cuál es mejor . . . , mi nota (*your grade*). . . ? *Su nota en* _____

   _____

P.: ¡Ay, mis notas . . . siempre son malas! . . .

--Mi nota en español//
  es una de las mejores //
  de la clase.//

My grade in Spanish
is one of the best in the class.
in the class.

--¿Y en matemáticas?//

And in math?

--¡Uf! Es la peor.//

Ugh! It's the worst!

G.: (. . .) Sí, de verdad (*really*).

P.: ¿Sabe? Me . . . estos (*these*) ejercicios ilustrados.

G. : (. . .) Entonces, aquí tenemos otro:

¿Este, ése, o aquél? *(This one, that one, or the one over there?)*

este carro//

ese carro//

aquel carro//

Conteste:

¿Cuál es el más . . . --éste, ése o aquél? _____ // ¿. . . elegante?

_____ // ¿. . . práctico para (*for*) . . . ? _____

esta casa //

esa casa//

aquella casa //

Ahora conteste:

¿Cuál es la más. . . --ésta, ésa, o aquélla? _____

¿. . . moderna? _____ ¿. . .? _____

29

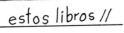

estos libros //

esos libros //

aquellos libros //

Conteste otra vez:

¿Cuáles (*which ones*) son de . . . ? _____ ¿ . . . ? _____

¿ . . . de ciencia natural? _____ ¡Ya!

P.: ¡Qué bien!   ¿Terminamos? (*Are we finishing?*)

G.: Pronto (*soon*) . . .   Hay solamente una cosa más: los números hasta cien (*up to 100*), ¡y de cien hasta un millón!

P.: Ay, ¿no más?

Números: 100 – 1.000

(. . .) Vamos a comenzar. . .

diez// 10

veinte// 20

treinta// 30

cuarenta// 40

cincuenta// 50

sesenta// 60

setenta// 70

ochenta// 80

noventa// 90

cien//   100   _____ //

ciento uno// 101   ciento diez// 110

P.: Vamos a jugar (*we're going to play*) a "Olé". Es muy similar a . . .

• Primero, escriba Ud. en la columna debajo de la **O**, tres números entre 40 y 59.

• Después, escriba en la columna debajo de la **L**, tres números entre 60 y 79.

• Finalmente, escriba en la columna debajo de la **É**, tres números entre 80 y 99.

Bueno, vamos a comenzar . . .

O	L	É
40 – 59	**60 – 79**	**80 – 99**

Una voz: ¡ . . . !

P.: ¿Hay un ganador (*winner*)? Pues vamos a repetir los números. (. . .)

G.: ¡Felicitaciones! Y adelante. Una vez más, conteste Ud.:

1. Si hay cincuenta estudiantes en mi clase de español, ¿es pequeña o . . . ?

_____ //

2. Si un hombre gana (*earns*) noventa dólares por semana, ¿ . . . o poco?

_____ //

3. Y si gana . . . por hora, ¿es . . . ? _____

4. Si un carro vale (*is worth*) solamente cien . . . , ¿ . . . ? _____

5. Si mi abuelo tiene ochenta y seis años (*is 86 years old*), ¿ . . . ? _____

_____

6. Y si mi hermana mayor tiene treinta años ahora. ¿yo soy . . . ? *Ud. es*

_____ //

G.: Y muy bonita.//

P.: Ah, . . . , Ud. contesta perfectamente, ¿sabe? Pues bien, . . .

Más números--hasta un millón

Vamos a repetir: **cien// 100**

                          doscientos// 200

                          trescientos// 300

Continúe Ud.: _____ **400**

        quinientos// 500 Otra vez: _____

        seiscientos// 600

        setecientos// 700

        ochocientos// 800

        novecientos// 900

        mil// 1000

G.: A propósito, observe cómo usamos (*how we use*) estos números para contar (*to count*) . . .

--¿Cuándo son las elecciones?//   *When are the elections?*

--En mil novecientos// noventa y seis.//   *In 1996.*

--¿Y después?//   *And then?*

--En mil novecientos// noventa y ocho,//   *In 1998, and in the year 2000.*
y en el año dos mil.//

P.: Muy pronto. Pues . . . **dos mil// 2000**   **cien mil// 100,000**
                         quinientos mil// 500,000   **un millón// 1,000,000**

G.: ¡Un millón de dólares!//   ¡Imagine Ud.!   Si gano (*I win*) la lotería. . .

P.: ¡Qué maravilla (*how wonderful,*), . . . ! Pero hombre, ¡qué ilusión!

G.: Muy bien. Entonces vamos a hablar de números más . . .   Por ejemplo, saque su pluma otra vez . . .

Ejercicio escrito

1. Si hay cien años en un siglo (o "una centuria"), ¿cuántos . . . ? _____

_____

2. Si cien pesos valen (*are worth*) un dólar, ¿cuántos pesos valen . . . ? _____

_____

3. ¿Si un carro cuesta . . . dólares, ¿es . . . ? _____

4. (. . .) ¿Cuál . . . de su graduación? _____

_____

P.: (. . .) Ud. es . . .   Mil gracias por todo (*for everything*).

G.: Y hasta muy pronto, un cariñoso (*fond*) . . .

PRIMERA PARTE (5) : REPASO

M.: ¿ . . . ? _____ ? ¿ . . . ?

A.: (. . .) Pero, . . . ¿es verdad que (*is it true that*) hoy no vamos a conversar?

M.: Pues, un poco, . . .   Pero realmente, hoy es día de repasar (*to review*) *el* Uso Activo .

A.: (¡ . . . !)

M.: (. . .) Es importantísimo. ¿Verdad (*right*), . . . ? _____

A.: (. . .) Adelante, con . . .

#1. **Los artículos** (*the; a, an*)

	(*masc.*)		(*fem.*)
el señor	*the gentleman*	la señora	*the lady*
los señores	*the gentlemen*	las señoras	*the ladies*

el hombre	*the man*	la mujer	*the woman*
los _____ //		_____ //	

Ahora observe otra vez:

el año//	*the year*	la semana//	*the week*
el otoño//	*autumn*	la primavera//	*spring*
		la estación//	*the season*
		la comunidad//	*the community*

Naturalmente, hay excepciones. Por ejemplo:

el día//	*the day* ¡Buenos días!//	la tarde//	*the afternoon*
el mes//	*the month*	la noche//	*the night, evening*

Por favor, diga otra vez:

un muchacho//	*a boy*	una muchacha//	*a girl*
unos muchachos//	*some boys* (. . .)	_____ *some girls*	

Vamos a practicar

Repita, y después diga la forma femenina. Por ejemplo:

1. el hijo// _la hija //_   un primo// _una prima //_

3. los abuelos _____ // 4. unos chicos//_____ //

Ahora, más rápidamente: 5. un amigo una_____   6. el tío _____ //

7. los hermanos _____ // (. . .) el padre (!) _____// ¡Y ya!

Ahora díganos la forma plural. Por ejemplo:

1. la puerta _las puertas_   2. una hora _unas horas_

3. el libro _____// 4. la lección _____ones//

5. una mujer _unas_____ // 6. un mes _____ //

7. el día (!) _los_____ // 8. la noche _____ //

•**A propósito: Los artículos son mucho más importantes en español que en inglés. (_Much more important than in English!_) Por ejemplo:**

(1) Si hablamos de una cosa (_if we talk about something_) en general . . .

--¿Le gusta el fútbol?//   _Do you like football? (in general)_

--Sí.// Y el béisbol// y el tenis.//   _Yes. And baseball, and tennis._
  Me gustan mucho los deportes.//   _I like sports very much._

       Otro uso importante del artículo:

(2) Con el título (_title_) de una persona -- si hablamos de (_about_) la persona, ¡no _a_ la persona!

--Buenos días.// ¿Hablo con   _Good morning. Am I speaking_
  el doctor Moreno?//   _with Dr. Moreno?_

--Sí.// ¿Quién habla?//   _Yes. Who's speaking?_

--La señora García.//   _Mrs. Garcia._

--¿La señora. . quién?// ¡Ay, no!//   _Mrs. . . who? Oh, no!_
  Perdone, señora García.// Pero   _Forgive me, Mrs. Garcia. But_
  el doctor Moreno no está.//   _Dr. Moreno isn't in._

M.: ¿ . . . ? Pues otro día vamos a hablar más de esto (_about this_). Por ahora , vamos a pasar al número . . .

A.: Buena idea. Sobre . . .

#2. Las contracciones "al" y "del"

a + el - al (to the)

--Hola, Miguel.// ¿Vas
  al concierto?//

Hi, Michael. Are you going
  to the concert?

--No es posible.// Hoy voy
  a la escuela.//   Y mañana
  voy al teatro.//

Impossible. Today I'm going
  to school. And tomorrow
  I'm going to the theater.

de + el - del (of, from, about the)

--Por favor,// abra Ud. las
  ventanas de la casa//
  y la puerta del garaje.//

Please, Lou, open the
  windows of the house,
  and the door of the garage.

--¿A esta hora de la noche?//
  ¿En esta estación del año?//

At this hour of the night?
  In this season of the year?

M.: ¿ . . . ? Pues bien, . . . , escuche estos diálogos y díganos:

¿Cuál es la conclusión correcta?

Por ejemplo:

1. --¡Caramba!   El carro tiene (*has*) muy poca gasolina.

   --Entonces, Jorge, vamos (*let's go*) inmediatamente. . .

   a. al teatro   b. a la estación de servicio   c. al garaje

   _____ //

2. --Me gusta el ejercicio físico. Pero no tengo mucho tiempo. Es muy malo
      estudiar día y noche.

   --Entonces, ¿por qué no va Ud. . . .

   a. al cine   b. al gimnasio   c. a más clases de español?

   _____ //

3. --Ah, me gustan muchísimo estos colores. Amarillo, rojo, pardo, anaranjado
      (*orange*).

   --Pues, ésos son los colores. . .

   a. de la primavera   b. del invierno   c. del otoño

   _____ //

4. --¿Sabe? Mañana voy a Europa de (*on*) vacaciones.

   --Fantástico. ¿A qué hora va Ud. . . .

       a. al aeropuerto   b. a la estación del tren   c. al banco?

   _____ //

5. --Pablo, ¿no vas a la escuela hoy? Es el mediodía ya.

   --Sí, voy, Marisela. Mi clase comienza en una hora.

   --Ajá. Entonces. . .

       a. la clase es a las diez de la mañana   b. la clase es a la una de la tarde
       c. es la clase de la noche, no del día.

   _____ //

A.:   (. . .) Y ahora, adelante a las secciones. . . Primero, cómo formar (*how to form*) una frase negativa.

#3-4. Frases negativas y preguntas (*Negative sentences , and questions*)

    Como siempre, repita:

Me gusta el calor.// No me gusta el frío.//	*I like the warm weather. I don't like the cold.*
Comprendo inglés.// Pero no hablo mucho.//	*I understand English. But I don't speak very much.*

    ¿Comprende? Pues continúe Ud.:

    La señora Mena es profesora.// -- Ah, no, La señora Mena _____

    _____ //

    ¿Hay muchas personas aquí? -- No, _____ //

M.:   Exacto. Ahora vamos a formar unas preguntas. (. . .)

--¿Vive Ud. en Caracas?//	*Do you live in Caracas? (subject after verb)*
¿Vive en Caracas su familia?//	*Does your family live...? (subject even at the end!)*
--No.// Mi familia no vive en Venezuela.//	*No, my family doesn't live in Venezuela.*

A.:   Así es. Y ahora vamos al . . .

Dictado ilustrado
  Escuche, y después escriba debajo de la ilustración correcta:

_____

_____

_____

M.: (. . .)
A.: Sí, de verdad.
M.: Bueno, adelante entonces. . .

#5. Sobre los adjetivos (*About adjectives*)

  A.: !Cómo no! (*Of course!*) Escuche, y repita, como siempre (*as always*):

   un hombre **viejo**//   an old man (*description--<u>after</u> noun*)
   una mujer **vieja**//   an old woman

   unos actores **famosos**//   some famous actors
   unas actrices **famosas**//   some famous actresses

   el arte **español** //   Spanish art
   la música **española** //   Spanish music

   el estilo **inglés** //   the English style
   la lengua **inglesa** //   the English language

   los perfumes **franceses** French perfumes
   las modas _____ // French fashions

37

M.: ¿ . . . ?   Pues con los otros adjetivos, ¡no hay diferencia entre (*between*) las formas masculinas y femeninas!

un carro **grande**//   *a big car*   una casa **grande**//   *a big house*

un examen **fácil**//   *an easy exam*   una lección **fácil**//   *an easy lesson*

unos padres **jóvenes**//   *some young parents*

unas madres _____//   *some young mothers (Same as masc.)*

mis hermanos **menores**//   *my younger brothers*

mis hermanas _____ //   *(Same as masc.)*

¿Vamos a practicar?
(Un poco, no más. No hay mucho tiempo.)

Repita, y después cambie (*change*) según las indicaciones.   Por ejemplo:

un día bueno //   una noche *buena* //   (. . .)

1. un ejemplo malo//   unas ideas _____ //

2. un invierno frío//   una primavera _____

3. mi clase mejor //   mis profesores _____//

4. el vino (*wine*) portugués//   la historia _____ *esa* //

5. una familia muy rica//   unas personas _____

6. un plan magnífico// unas atletas (*athletes*) _____//

7. muchos estudiantes excelentes//   _____ cosas (*things*) _____

A.: Ud. es . . . , ¿sabe? Bueno, . . . , ¿es hora de terminar?

M.: Muy pronto, . . .   Hay sólo . . .

#6-7.   "This, that..." "bigger, biggest"

¿Recuerda Ud. (*do you remember*) los demostrativos **éste, ése, aquél**--*this one, that one, and that one (over there)*?

--Este libro me gusta. // Ése, no.//   *This book I like. That one I don't.*
--¿Y aquél?//   *And that one over there?*
--¡Uf!//   *Ugh!*

¿Y recuerda los comparativos **más** y **menos** (*more and less, most and least*)?

Muy rápidamente, vamos a repasar (*review*) estas dos cosas, ¡y ya!

¿Qué hay aquí?

Mire las ilustraciones por un momento. . .   Ahora escuche, y conteste:

1.

éste
Hola

ése
東

aquél
Bonjour

¿Qué libro es de . . . ? _____ //   ¿Cuál es . . . ? _____ //

¿ . . . japonés? _____ (. . .)

2. **esta música**   **esa . . .**   **aquella . . .**

¿Qué música le gusta . . . ? : ¿ésta? (. . .) ¿ésa? (. . .) ¿ o . . . ? (. . .)

Me gusta más _____ En su opinión, ¿cuál es más . . . ? _____

3. **éstos**   **ésos**   **aquéllos**

Conteste: ¿Quiénes son los más . . . -- . . . ? _____

¿ . . . ? _____ ¿ . . . de los niños? _____

M.: (. . .) Y ahora, el ejercicio escrito, y terminamos.

Ejercicio escrito

Como siempre, conteste:

1. ¿Quién . . . ? _____

2. ¿ . . . más excepcional . . . ? _____

_____

3. En su opinión, ¿quiénes . . . ? _____

_____

4. Otra vez, en su opinión, ¿ . . . más idealistas --. . . ? _____

_____

M.: ¿Sabe? Me gustan muchísimo estas . . .

A.: Pues, la próxima vez, . . . Por ahora, sólo hay tiempo para un rápido abrazo
(*embrace*).

M.: Y un más rápido. . .

I. Experiencias visuales

Guía telefónica -- Santander

Tarifas Telefónicas

Horarios de Aplicación en las Llamadas Automáticas Interurbanas

Tarifa A (normal)

De Lunes a Viernes
De 14 a 20 horas

Tarifa B (reducida)

De Lunes a Viernes
De 0 a 8 horas y de 20 a 24 horas
Sábados de 0 a 8 horas y de 14 a 24 horas
Domingos y festivos de 0 a 24 horas

Tarifa C (horas punta)

De Lunes a Viernes
De 8 a 14 horas
Sábados de 8 a 14 horas

Servicios de la Compañía

Información Horaria

093

Información Meteorológica

General **91-232 69 40**

Local **094**
23 97 00

Información Deportiva

097

Servicios de Urgencia

Seguridad Social   **Santander**

27 36 61   Astillero, El
86 04 85   Castro-Urdiales
60 75 58   Laredo

Cruz Roja Española

27 30 58   Ambulancias
31 05 00   Información

Otros servicios de interés

Telegramas por Teléfono

22

Electricidad   33

Protección Civil

21 01 00

Agua   095

---

1. Ud. está en Santander, España., y éste es su directorio telefónico. ¿Qué números marca Ud. (*do you dial*) para los distintos servicios?

2. ¿Cuáles son las horas más económicas para sus llamadas telefónicas? ¿las normales?

¿y las más costosas? _____

II. Palabras en uso

A. Asociaciones

¿Cómo relaciona Ud. (*do you relate*) las palabras y expresiones de los Grupos 1 y 2?

1.

padres _____

temprano _____

viejos _____

el invierno _____

la primavera _____

4 de julio _____

marzo _____

la clase _____

el verano _____

muy tarde _____

2

verde . . . hace frío . . . hijos. . .

abuelos . . . hace calor. . . las seis

   de la mañana . . . profesor(a) y

estudiantes. . . hace viento. . .

   rojo, blanco y azul . . . la medianoche

B. ¡Al contrario! (Díganos siempre lo opuesto --*the opposite.*)

el día _____ más _____ ésta _____ jóvenes_____

el norte _____ pobre _____ malo _____ mayores

_____ pequeña _____ temprano _____ verano

_____ blanca _____ mujeres _____ poco_____

C. La palabra intrusa (*The intruding word*)

En cada (*each*) uno de estos grupos, hay una palabra que no corresponde al tema. Identifique Ud. esa palabra, y después díganos cuál es el tema:

1. invierno, primavera, agosto, otoño, verano _____

2. verde, azul, amarillo, alto, pardo, rojo, anaranjado _____

3. Con permiso. Así, así. Por favor. Con mucho gusto. Gracias. _____

4. Hace frío. Nieva. Hace viento. Llueve. Hace sol. Hay doce. _____

Ahora, ¿cuál es el tema de cada grupo? (1) _____

(2) _____ (3) _____ (4) _____

III. Ejercicios Suplementarios

PP 1. About nouns and their articles

A. Indique en español el artículo definido: el, la, los, las

1. _____ puerta, _____ ventanas, _____ apartamento, _____ edificios,

2. _____ clases, _____ maestro, _____ estudios, _____ lección,

   _____ ejercicios, _____ laboratorio, _____ cursos. _____ estudiantes

B. Ahora indique el artículo indefinido: un, una, unos, unas

3. _____ hora, _____ día, _____ semanas, _____ mes, _____ años,

   _____ década

4. _____ democracia, _____ presidente, _____ senadores,

   _____ elecciones

5. _____ tío, _____ abuelos, _____ sobrinos, _____ primas, _____ hijo

6. _____ dólar, _____ franco, _____ libra esterlina (*pound sterling*),

   _____ pesos, _____ pesetas, _____ rublo, _____ lira

Díganos: To which of the following categories do the above groupings belong?: **el tiempo**(*time*), **la educación, el dinero** (*money*), **la familia, una casa, el gobierno** (*government*). Indique la categoría y el número del grupo:

_____

_____

C. Las cosas "en general" (Conteste siempre según las indicaciones.)

1. ¿Le gustan los dramas? (No. Las comedias.) *No. Me gustan las comedias.*

2. ¿Le gusta el arte moderno? (Sí, mucho.) _____

_____ 3. ¿La señora Palos vive aquí (*here*)? (No. La doctora

Soler) _____ 4. ¿Su profesora es la

Srta. Montes? (No. El Dr. Fernández) *No, mi* _____

_____ 5. ¿Le gusta más el invierno? (No. El verano) _____

_____ 6. ¿Le gusta la música? (Sí. La música

popular.) _____

43

D. Use _el, la, los, o las,_ sólo (_only_) si son necesarios.

1. _____ historia es interesante. --Pues me gusta más _____ ciencia.

2. _____ electricidad es indispensable hoy.   3. _____ amigos son más
importantes que (_than_) _____ dinero (_money_).   4. ¿Es Ud. _____ señora
Mendoza? -- Sí. -- Pues yo soy Hilario Gómez. Buenas tardes, _____ señora
Mendoza.   5. Son _____ tres y media de la tarde.   6. Si hoy es _____ domingo,
mañana es _____ lunes.   7. _____ chocolate tiene muchas calorías. -- ¡Ay!

8. Mi estación favorita es _____ otoño. --Yo prefiero _____ primavera.

9. ¿Hay _____ clases _____ sábados? -- Solamente en _____ verano.

PP 2 Contractions

Subraye (_underline_) la alternativa correcta.   Por ejemplo:

1. Enero es un mes del otoño / del invierno.   2. El lunes / el martes es el primer día
de la semana.   3. La primavera / el verano es la segunda estación del año.
4. La China es una nación del hemisferio occidental / oriental.   5. Miami es una
ciudad (_city_) del norte / del sur de los Estados Unidos.   6. Washington es la capital del
Canadá / de los Estados Unidos.   7. Si hoy es día de clase, voy a la universidad / al
museo.   8. Si voy al Japón, voy al aeropuerto / a la terminal del autobús.   9. Si
participo en un deporte, voy al teatro / al gimnasio.   10. Si no me gusta el frío, voy a
la Zona Artica / al trópico.

PP 3 Negative sentences

Conteste negativamente:

1. ¿Es Ud. un(a) estudiante excepcional? _____

_____ 2. ¿Vive Ud. con sus padres? _____

_____ 3. ¿Habla español su familia? _____

_____ 4. ¿Estudia Ud. biología? _____

_____ 5. ¿Prepara la clase bien las lecciones? _____

_____ 6. ¿Come Ud. temprano? _____

_____ 7. ¿Come su familia siempre a las seis?

_____

44

8. ¿Vive en esta ciudad su abuelo? _____

9. ¿Son norteamericanos todos (*all*) sus amigos? _____

_____

10. ¿Comprende Ud. esta lección? _____

_____ (¡Ay, por favor!)

PP 4. Questions

Cambie a preguntas (*Change into questions*):

1. Su tío vive en España. ¿_____?

2. Ud. estudia medicina. ¿_____?

3. Uds. son los primeros. ¿_____?

4. Le gusta mucho la guitarra. ¿_____?

5. Sus padres comen temprano. ¿_____?

6. Su profesora habla inglés. ¿_____?

7. Pepe va con Uds. ¿_____

Ahora haga negativas estas preguntas. (*Make these questions negative.*)

_____

_____

_____

_____

_____

_____

_____

PP 5. Adjectives

A. Escriba la forma femenina de estos adjetivos:

rojo _____ azul _____ amarillo _____ frío _____

inteligente _____ español _____ francés _____

inglés _____ verde _____ superior _____

B. Haga plurales estos adjetivos:

bueno _____ mala _____ largo _____ azul _____

fácil _____ difícil _____ mejor _____ portugués

_____ japonesa _____ español _____

C. Complete usando (*using*) estos adjetivos:

----

muy difícil • fantástica • excelente • muy frío • maravillosas • japonés • española • muy sincero • muy azul

----

un coche _____ la lengua _____ un cielo (*sky*) _____

_____ unas oportunidades _____ un examen _____

_____ un invierno _____ una idea _____

un(a) profesor(a) _____ un amigo _____

PP 6-7 This, that . . .: big, bigger, biggest

Lea (*Read*) bien, y después conteste:

1. Este coche es para (*for*) dos personas. Ése es para cinco, y aquél es para siete

personas. ¿Cuál es el más grande? _____

¿y el más pequeño? _____ ¿Cuál es el más

apropiado para su familia? _____

2. Esta señora es mi abuela. Ésa es mi tía Julia. Y aquella niña es mi prima pequeña,

Anita. ¿Quién es la mayor? _____ ¿y la menor?

_____ ¿Es mayor o menor que yo Anita?

_____ *que Ud.*

3. Estas personas son de la Florida. Ésas son de Escandinavia. Y aquéllas son de

Buenos Aires. ¿Cuáles son sudamericanas? _____ ¿europeas?

_____ ¿Cuáles son residentes de los Estados Unidos? _____

¿Quiénes viven más al norte? _____ ¿y más al sur? _____

4. Estos jóvenes son estudiantes de "A". Ésos son de "C". Y aquéllos son de "F".

¿Quiénes son los mejores? _____ ¿Y los peores? _____

>> PARTE SEGUNDA <<

LECCION PRIMERA : ¡Viva la universidad!

B.:   (...) _____ ... Bárbara López.

R.:   ... Rafael Vega, a sus órdenes (*at your service*).   ¿ ...? _____
      (...)   Ahora bien, hoy ...

Profesor: ¡Silencio, ... ! ¡No hablen ... !

B.:   En un momentito, ...

R.:   Pero. ... , ¿quién ... ?

B.:   Es un profesor del colegio, ...   ¿No ve? (*Don't you see?*) Aquí (*here*), en la primera
      ilustración.

R.:   (...) ¡Qué cosa (*what a thing*), ... !   Mire Ud ....

Escuela ilustrada

(1)

la escuela//   el colegio//   *the school*

enseñar// *to teach*   estudiar// *to study*   aprender// *to learn*

Mire otra vez la ilustración, y conteste: ¿Verdad o Falso?

1. Ésta es una escuela de ...   ¿ ...? _____

2. ... enseña la lección ...   ¿ ...? _____

3. Si ... , aprende mejor. ¿ ...? _____

B.:   Muy bien, adelante a ...

(2)

la maestra //   el maestro// *the teacher*   **la clase//**

tomar notas // *to take notes*   **un examen //**   *an exam*

Conteste otra vez: 1. La clase ... y ...   ¿ ... ? _____

                                2. La maestra ...   ¿ ... ?   _____

B.:   Bueno, ¿pasamos (*shall we go on*) a ...

(3)

Diga otra vez: **el lápiz//** *the pencil*   **la pluma//** *the pen*

                        el papel// *paper*   **escribir//** *to write*

Ahora dígame: ¿Qué usa Ud. normalmente -- ... o ... para ... ? *Uso* _____

_____ ¿ ... blanco o de otros ... ? _____

Profesor: ¡ ... ! Mi clase va a comenzar, y Uds. ...

B.: Ay, perdone ...   Hay sólo dos ... más.

Profesor: Pues, ¡ ... !

B.: ¡Cómo no (*of course*), ... !

(4)

preguntar // *to ask*   **contestar //** *to answer*
escuchar// *to listen (to)*   **comprender//** *to understand*

Ahora dígame: ¿Escucha Ud. . . . ? *Sí, escucho (No, no . . .)* _____ _____

_____ ¿ . . . si no comprende una cosa? _____

_____ *si no comprendo* _____ La verdad, ¿contesta bien

siempre (*always*) su . . . ? *Sí, mi . . . (No, . . .)* _____

_____ Ah, comprendo.

R.: Pues , . . .   más, ¡y ya!

(5)

trabajar en la biblioteca// *to work in the library*
leer un libro// *to read a book*

Conteste una vez más: ¿Trabaja . . . ? _____

_____ ¿Lee . . . ? _____

Profesor: ¡. . . .!

B.: Bueno, no hay más . . .   Su clase puede comenzar (*can begin*).

Profesor: (. . .) Pero, si no hay . . . , ¡mi clase no existe ya (*any more*)! ¡Yo no existo!

B.: Entonces, con su permiso (*permission*), señor,   . . . vamos a continuar.

Profesor: ¡. . . !

(. . .)

Diálogo

Marisa: Hola, Paco. ¿Qué tal?   *How are things?*

Paco: Bien, gracias. Muy bien.

Marisa: ¿Trabajas mucho este semestre?

Paco: Así, así.

Marisa: Pues, ¿cuántas clases tomas?

Paco: Diez. Historia, geografía, música, matemáticas, física, química,...   *chemistry*

Marisa: ¡Dios mío!   *My goodness!*

Paco: Inglés, francés, psicología y japonés.

Marisa: Pero hombre, ¿estudias día y noche?

Paco: No. Estudio muy poco.

Marisa: Entonces, no comprendo. ¿Diez clases
y . . . ?

Paco: No hay problema, Marisa. ¡No preparo las
lecciones!

B.: (. . .) Pues bien, . . . repita ahora con nosotros (*with us*):

--Hola, Paco.// ¿Qué tal?//

--Bien, gracias.// Muy bien.//

--¿Trabajas mucho este semestre?//

--Así, así.// No mucho.//

--Pues, ¿cuántas clases tomas?//

--Diez.// Historia// geografía// música// matemáticas// física// química// . .

--¡Dios mío!//

--Inglés// francés// psicología// y japonés.//

--Pero, hombre,// ¿estudias día y noche?//

--No, Marisa.// ¡No preparo las lecciones!//

B.: ¡Que cosa, eh! ¿Es Ud. así *(like that*), . . .? _____ (. . .) Pues
adelante . . .   Y rápidamente, . . . Esto es facilísimo. (*This is very easy* .)

R.: Sí, las formas regulares del tiempo (*tense*) . . .

Uso activo

*1. Formas singulares de los verbos regulares -- tiempo presente

Repita: **trabajar**// *to work* -- en la biblioteca,// en una oficina, // etc.

        trabajo//   *I work, am working, do work*

        trabajas//   *you (my friend) work, are working, do work*

        trabaja//   *he, she works; you (**Ud.**), work, are working. etc.*

50

aprender//*to learn* -- lenguas// ciencia// matemáticas//

    aprendo//   *I learn, am learning, do learn*
    aprendes// *you (my pal) learn, are learning, etc.*
    aprende//   *he, she learns; you (**Ud.**) learn, are learning . . .*

    vivir// *to live* -- en los Estados Unidos// vivir muchos años//

    vivo//   *I live, am living. . .*
    vives// *you (friend) live, are living. . .*
    vive//   *he, she live; you (**Ud.**) . . . , etc.*

B.: Bien. Y ahora, unos mini-diálogos . . .

--Ud. trabaja, ¿no?//	*You work, don't you?*
--No, no trabajo ahora.// Sólo estudio.//	*No, I'm not working now.* *I'm only studying.*
--Pepe//, ¿qué aprendes en la escuela?//	*Joe, what are you learning* *in school?*
--Aprendo inglés.// Pero no mucho.//	*I'm learning English. But not much.*
--¿Dónde vive Alicia?//	*Where does Alice live?*
--Vive aquí, conmigo.//	*She lives here, with me.*

R.:   . . ., vamos a practicar.
B.:   Sí, con unas . . . de la vida real (*from real life*).

Situaciones

1. Imagine Ud.: Hoy es domingo, y son . . . de la tarde. ¿Cómo pasa Ud. su tiempo?

¿Escucha . . . ? _____// ¿Lee el periódico? _____

_____ ¿Come . . . ? _____

_____ ¿ . . . por teléfono con . . . ? _____

_____ ¿Trabaja . . . ? _____

_____ ¿Mira (*Do you watch*) . . . ? _____

2. Ud. va a una fiesta donde hay varios jóvenes nuevos hispanos. Ud. habla con uno (una) de ellos y pregunta . . .   (*Use siempre la forma familiar.*)

. . . si estudia en esta escuela. *¿Estudias* _____ *?*//

Si toma . . . *¿*_____ *?*// Si . . . otras lenguas.

_____ // . . . si vive . . . o en casa de . . .

*¿*_____ *?* // (. . .)

51

3. La escena es su clase de español. ¿Qué responde Ud.?

¿ . . . habla más en . . . o . . . ?   *Mi profesor(a)* _____

_____ ¿ . . . en la pizarra? _____

_____ ¿Permite usar . . . ? _____

_____ ¿La clase prepara . . . ? _____

_____

R.: ¿ . . . ?, Ud. no necesita más . . .
B.: . . . , un poco más. Hay . . .

Mini–diálogos   (Escuche, y después indique la conclusión correcta.)

1. --¿A qué hora es el examen, . . . ?
   --Pues, comienza a las tres y media. Y termina a las . . .
   --Ah, entonces . . .

   a. el examen toma dos horas y media   b. el examen toma tres horas exactas

   c. el examen no termina hoy . . . _____ //

2. --Señora Vargas, su hijo Juanito aprende muy poco en mi clase. El chico
      es inteligente, pero simplemente no . . .
   --Gracias por su interés, señor Morelos. En mi opinión, éste es el problema:

   a. Juanito come día y noche.   b. Juanito necesita más disciplina.

   c. La maestra no enseña bien... _____

R.: (. . .) Y si nosotros no enseñamos (*if we don't teach*) las formas plurales . . .
B.: Inmediatamente. . .

#2. Formas plurales de los verbos regulares -- tiempo presente

Como siempre, repita . . .

       trabajar//   *to work*

(Ud. y yo) trabajamos// *we work, are working, do work*

(Chicos).   ¿trabajáis?// *you - guys (Spain) work, are working, do work?*

(Uds.// mis padres//) trabajan// *they, you (**Uds.**) work, are working, etc.*

       aprender// *to learn*

       aprendemos// *we learn, are learning . . .*

       aprendéis//   *you-guys learn , . . .*

       aprenden//   *they, you (**Uds.**) learn , . . .*

vivir// *to live*

vivimos// *we live, are living, . . .*
vivís// *you (familiar) live. . .*
viven// *they, you (Uds.) live. . .*

--¿Uds. no trabajan?//   *Aren't you working? (Don't you work?)*

--No, no trabajamos.//   *No, we're not working. (We don't work.) We're only studying.*
  Sólo estudiamos.//

--¿Qué aprenden Uds. en la   *What are you-guys learning at school?*
  escuela?//

--Aprendemos inglés.// Pero   *We're learning English. But we speak very little.*
  hablamos muy poco.

--¿Viven en México sus padres?//   *Do your parents live in Mexico?*
--No.// Todos vivimos aquí.//   *No. We all live here.*

(. . .) Hay solamente una observación más. Si hablamos con amigos españoles -- ¡en España! --, usamos normalmente la forma plural familiar.

--Hombre,// ¿no trabajáis?//   *Say, guys, aren't you working?*

--¿Qué aprendéis?//   *What are you learning?*

--¿Dónde vivís?//   *Where do you live?*

B.: (. . .) Y ahora,

Vamos a practicar

Escuche, y conteste siempre según las indicaciones. Por ejemplo:

1. ¿Trabajan Uds. hoy? --No. Mañana.   <u>*No// Trabajamos mañana.//*</u>

2. ¿Estudian Uds.? --Ah, sí, . . . para un examen.

_____//

3. ¿Comprenden Uds.? --Sí, perfectamente.

_____//

4. ¿Escriben Uds. los ejercicios? --No, . . .

_____*escribimos*_____

5. Chicos, ¿aprendéis rápidamente?-- No, no muy rápidamente.

_____*emos*_____

6. ¿Contestáis en la clase? --Ah, no . . .

_____ ¿No? Pues . . .

53

7. Por lo menos (*at least*), ¿escribís en la pizarra?--Ah, no . . .

_____

B.: ¡Imposible! ¿Uds. no estudian, y no . . . , y no . . . , y hablan tan bien (*so well* . . . ?

R.: Pues son . . . , no más (*that's all*), . . .   Por ejemplo, mire Ud. cómo aprenden los
   pronombres (*pronouns*).

*3. Sujetos pronominales (*Subject pronouns*)

Repita, ¿está bien?: **yo**//

--¿Quién va primero? //¡**Yo**!//	*Who goes first? I do!*
--¡Ay, no! ¿**Tú**?//	*Oh, no! You?*
--¿Quién es?//	*Who is it?*
--Mi hermano Juan.//	
--¿Ah, sí? ¿**Él**?//	*Oh, really? He? (Him?)*
--Y mi hermana Elsa.//	
--¿Ah, sí? ¿**Ella**?//	*. . . She? (Her?)*
--Y **Ud**.//	
--¡Ay, no! ¿**Yo**?//	

Ahora, las formas plurales.

Roberto y yo// --› **nosotros**//   *we*
Alicia y yo // --› **nosotras**//   *we (both feminine)*

Si hablamos con amigos en España:

Pepe y tú// --› **vosotros**//   *you-guys*
María y tú// --› **vosotras**//   *you-gals*

mis padres// --› **ellos**//   *they*
mis tías// Sara y María// --›   _____**as**   *they (fem.)*

Uds. (ustedes)//   *you (polite)* ¿Cómo están Uds.?//

B.: ¿ . . . ? _____ Pues vamos a jugar (*play*) ahora . . .

Personalidades

**Vamos a hablar de varias personas. Y Ud. va a responder siempre:
"¿Él? ¡Ah, sí!"   "¿Ellos? ¡Ay, no!", etc.   Por ejemplo:**

Madonna es una artista fantástica.--¿Ella? ¡Ah, sí! . . . o ¿Ella? ¡Ay, no!

1. Magic Johnson es un gran jugador de baloncesto (*great basketball player*).

   ¿ _____ ? ¡ _____ !

2. Y yo . . . mejor jugador que (*than*) él. -- _____ // (. . .) //

54

3. En mi opinión, <u>Tom Cruise</u> . . . guapísimo (*very handsome*). ¿Qué opina Ud.?

   _____ //

4. Pues otra vez, <u>yo</u> . . . más guapo que él. _____ //

5. En el béisbol, <u>los Yanquis</u> . . . favoritos. _____ //

6. . . . , las mejores actrices son <u>Bette</u> . . . y <u>Roseanne</u> . . .   ¿Qué contesta Ud.?

   _____

7. La verdad, <u>nosotros</u> actuamos (*act*) mejor que ellas. _____ //

   (O en España) _____ //

8. ¿Sabe. . . ? <u>Ud.</u> habla divinamente . . . _____

9. <u>Tú</u> eres (*You are*) . . . inteligentísima. _____

10. <u>Tú y yo</u> vamos a ser (*are going to be*) grandes amigos. _____

    _____ //

R.: De acuerdo. ¿ . . . ?

Ejercicio Escrito

Como siempre, escuche bien, y conteste:

1. ¿Cuántas lenguas. . . ? _____

   _____

2. ¿ . . . mejor en . . . o . . . ? _____

   _____

3. ¿Usan . . . para (*for*) este curso? _____

   _____

4. ¿ . . . o los ejercicios orales? _____

R.: ¡Qué interesante! En fin (*Anyway*), no hay más . . . Hasta la próxima vez, . . .

B.: (. . .)

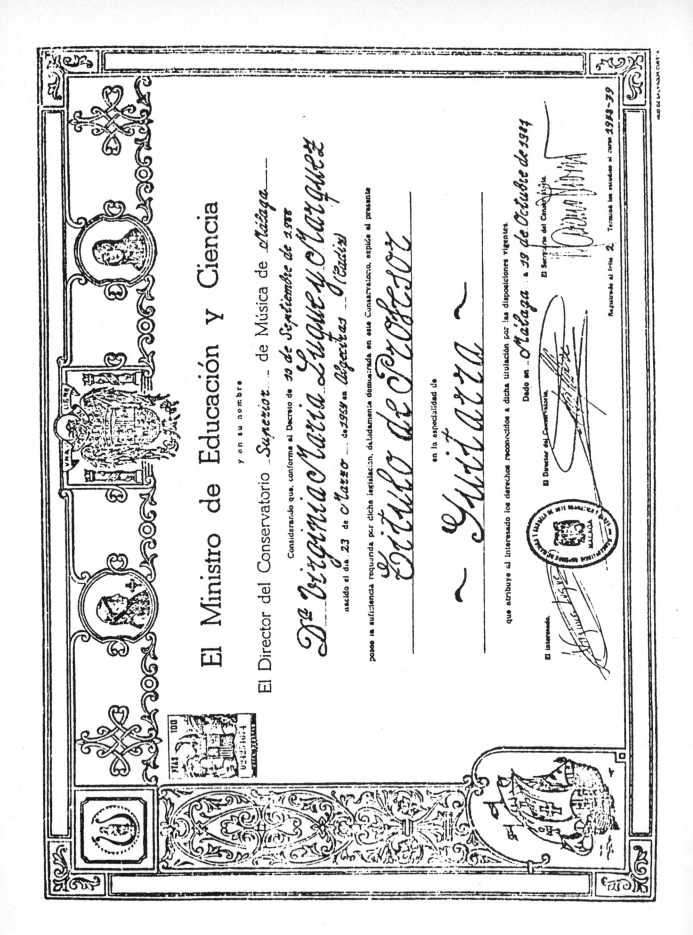

El Ministro de Educación y Ciencia

y en su nombre

El Director del Conservatorio _Superior_ de Música de _Málaga_

Considerando que, conforme al Decreto de _10 de Septiembre de 1966_

Dª _Virginia María Luque y Márquez_

nacido el día _23_ de _Marzo_ de _1954_ en _Algeciras_ (_Cádiz_)

posee la suficiencia requerida por dicha legislación, debidamente demostrada en este Conservatorio, expide el presente

Título de Profesor

en la especialidad de

~ _Guitarra_ ~

que atribuye al interesado los derechos reconocidos a dicha titulación por las disposiciones vigentes.

Dado en _Málaga_ a _19 de Octubre de 1977_

El Interesado.

El Director del Conservatorio.

El Secretario del Conservatorio.

Registrado al folio 2. Terminó los estudios el curso 1978-79

56

ACTIVIDADES INDIVIDUALES

I. Experiencias visuales: "Diploma"

Estudie por un momento el diploma en la página 56, y díganos:

1. ¿En qué instituto recibe la señorita Luque este diploma? _____

_____ ¿En qué año? _____ ¿En qué

país (*country*) y ciudad? _____ 2. ¿Qué título recibe, y en

que especialidad? _____ 3. ¿Es muy joven o

muy vieja Virginia para comenzar una carrera? (¿Cómo lo sabe Ud.?) _____

_____

II. Palabras en uso

A. Lógica lingüística

----
escuela • comprender • enseñar • escribir • estudiar • ciencia • profesor(a)

¿Recuerda Ud. estas palabras? Pues conteste entonces:

1. Si la profesión de una persona es la "enseñanza" (o "pedagogía"), ¿cuál es su título?

_____

2. Si un "matemático" es un experto en matemáticas, ¿qué es un científico?

_____ ¿y un psicólogo? _____

3. Si yo participo en "actividades extra-escolares", ¿qué son? _____

_____ A propósito, ¿en qué mes termina el "año escolar"? _____

4. ¿Cuál es la profesión de "un escritor" o "una escritora"? _____

5. Si una persona es muy estudiosa, ¿aprende mucho o poco? _____

¿Y si no tiene muy buena "comprensión"? _____

B. Español - inglés

¿Con qué palabras españolas se relacionan estas palabras en inglés?

scribe, script _____ bibliophile _____

studio, study _____ periodical _____

review _____ master _____ library _____

III. Ejercicios suplementarios

#1. The Singular of Regular Verbs -- Present Tense

Complete las frases siguientes (*following*), con verbos de este grupo:

---

enseñar • estudiar • aprender • hablar • gustar • escribir • describir •
tomar • tocar • trabajar • comer • preparar

---

1. ¿_____ Ud. una lengua extranjera? -- Sí, _____ varias.

2. (Yo) _____ un poema ahora, un poema que (*that*) _____ mis

sentimientos más profundos.   3. Mi hermano _____ la guitarra. -- ¿Y tú?

-- Yo _____ el piano.   4. ¿Dónde _____, Juanito? --En una

planta electrónica.   5. Me _____ mucho el espanol. ¿Le _____ a Ud.

también? --Muchísimo.   6. ¿Cuántas clases _____ (tú) este semestre? --

_____ cuatro.   7. ¿A qué horas _____ Ud. normalmente? -- A las ocho, a

las doce y a las seis.   8. Yo no _____ los sábados y domingos.   -- ¿Por

qué?   9. ¿Qué _____ (tú) ahora? -- _____ una composición para

mi clase de inglés.   10. ¿Quién _____ esa clase? -- El Dr. Rodríguez.

11. ¿Ud. _____ el tren o el autobús? -- Voy en coche.

#2-3 Subject Pronouns and the Plural of Regular Verbs -- Present Tense

A. Haga (*Make*) plurales las frases siguientes. Por ejemplo:

¿Ud. come ahora?   <u>*¿Uds. comen ahora?*</u>   -- No, como más tarde. <u>*No,*</u>
<u>*comemos más tarde.*</u>

¿Tú vives aquí?   <u>*¿Vosotros vivís . . . ?* o *¿Uds. viven aquí?*</u>   - - -

1. ¿A qué hora termina Ud.? _____

--Termino al mediodía.   2. ¿(Yo) entro por esa puerta? _____

_____ -- No, Ud. usa la otra. _____

3. ¿Qué lees ahora? _____(*Lat. Am.*) -- Leo un artículo

muy interesante.   4. (Él) no estudia artes. Estudia ciencia. _____

_____ 5. ¿Dónde vives? _____

_____ (*Spain*) -- Vivo en Madrid. _____

58

6. Yo preparo los sándwiches. -- ¿Y ella prepara la sopa?   7. ¿Escribes al director?

_____ (*Lat. Am.*) _____ (*Spain*)

--No, escribo a su asistenta. _____

B. Cambie según las indicaciones:

1. *La clase lee una comedia satírica.*

Elena y yo _____

_____ (escribir)

Luis y Pía _____

2. *¿Tú comprendes ahora?*

¿Ud. _____?

¿Uds. no _____?

¿_____(trabajar)

3. *Viven en un pueblo pequeño.*

¿Tú _____?

¿Vosotras _____?

Mi familia _____

4. *¿Uds. toman café?*

¿Tú _____?

Nosotros _____

Ella _____ , no té.

C. En mi opinión. . .

Responda usando siempre "Él", "Ella", "Nosotros", etc. Por ejemplo:

1. ¿El hombre o la mujer?: ¿Quién pasa más tiempo con los niños? _____

¿Quién trabaja más? _____ ¿Quién es más fiel (*faithful*)? _____

2. ¿Los profesores o nosotros?: ¿Quiénes son más responsables si los estudiantes

no aprenden? _____ ¿Quiénes dedican más tiempo al trabajo? _____

3. ¿Tú o yo?: ¿Quién tiene más interés en los deportes? _____ ¿Quién habla

mejor el español? _____

IV. Composición creativa

Describa en sus propias palabras (*in your own words*):

(a) Una clase típica de español
(b) Los domingos en mi casa
(c) La vida de un estudiante universitario (una estudiante universitaria)

LECCION DOS: En casa

(. . .)

R.: Ah, pase Ud. (*Come in.*) Mi casa es . . .   Siéntese (*Sit down*), . . .   Bárbara , es tiempo de comenzar la lección.

B.: Ah, ¡cómo no! (. . .) ¿ . . . ? _____ Pues, ¿sabe? Hoy vamos a usar la casa de Rafael para . . .

R.: Sí. Porque el tema es . . .

B.: ¡Qué amable (*How nice*) eres ! Muchas. . . .

R.: (. . .)

B.: ¡Y qué bonita (*how pretty*) es . . . ! ¿Me permites ver los diferentes cuartos?

R.: Pues si deseas (*you wish*), aquí tengo unas pequeñas. . .

B.: ¡Qué bien!

La casa Vega

Mire primero . . . Ahora escuche, y escriba el <u>número</u> correcto --¡no la palabra! (*the number, not the word*!)--debajo de cada ilustración. Por ejemplo:

1. Ésta es la . . . Mi esposa sube . . .

2. Éste es . . .   Hay . . . sobre la . . .

3. Ésta . . . , con mi . . . favorita.

4. Ésta. . . -- ¿Y qué. . . ? --No sé. . .

5. ¿ . . . ? --Sí . . . , y mi . . .

6. Éste . . . --¡Qué barbaridad! (*What on earth . . . ?*) ¡No entren, . . . ! ¿No ven que (*don't you see that*) . . . ?

R.: ¡Ay, mil perdones, Felipita! Y perdone. . .   Mire, ¿por qué no pasamos . . . ?

B.: Buena idea, . . . Y hablando (*speaking*) de casas, el otro día mi esposo y yo vamos a un
agente para comprar (*to buy*). . .   Escuche la conversación, y repita. . .

Agente: Bueno, señores,// aquí tengo su casa
ideal.//Grande, moderna, espaciosa.//

B.: ¿Cuántas alcobas tiene?//

Agente: Tres.//

B.: ¿Y cuántos baños hay?//

Agente: Dos.//

B.: ¿Hay comedor?//

Agente: Elegantísimo.//

B.: Y el <u>precio</u>, ¿cuál es?//   *price*

Agente: <u>Nada.</u> La casa <u>no está a la venta.</u>//   *Nothing/ isn't for*
Ahora bien, señores,//   <u>aquí</u> tengo otra   *sale/ here*
casa para Uds....//

R.: ¡ . . . ! ¿Y la otra casa? ¿ . . . ?

B.: ¿ . . . ? ¡Es un desastre! Pues el próximo (*next*) día, mi esposo y yo vamos a una casa de
apartamentos.

R.: Escuche bien. Después va a contestar.

B.: Yo hablo con el agente . . .

B.: Buenos días, señor. <u>Deseamos</u> un   *we would like*
apartamento de tres cuartos-- alcoba,
sala, y cocina.

Agente: Ajá. Pues este apartamento es
perfecto para Uds. Y por sólo trescientos
dólares <u>semanales.</u>   *a week*

B.: <u>Bueno.</u> La sala es muy bonita. ¿Y   *All right.*
la alcoba?

Agente: <u>No hay.</u> Con un sofá-cama en la sala,   *There isn't any.*
no necesitan <u>más.</u>   *anything else*

B.: ¿Y la cocina?

Agente: ¿Quién usa la cocina? Aquí hay muchos
restaurantes.

R.: ¿Y el baño? ¿No tiene baño este apartamento?

Agente: ¡Dios mío, señora! ¿Por trescientos dólares Uds. desean un baño también? ¿Por sólo trescientos dólares semanales?   *also*

R.: ¡Qué cosa, eh! Pues. . . :

¿Desean un apartamento . . . ?_____

_____ ¿Cuántos cuartos . . . ? _____

_____

B.: ¿Tiene . . . ? _____ ¿ . . . ?

_____ ¿ Y tiene . . . ?_____

_____ ¡Caramba! Mire, . . . , posiblemente donde vive. . .

R.: (. . .) Pero es tiempo ya de pasar . . .

B.: (. . .) Más tarde hablamos, ¿ . . . ? Por ahora, vamos a estudiar . . .

Uso activo

#4. *Ser (to be)*

Diga conmigo:	**soy**//	I am
	eres//	you (<u>tú</u>) are
	es//	he, she, it is; you (**Ud.**) are

¿No soy tu amiga?// -- Eres mi amor.// Y eso es mucho más.//	*Am I not your friend? --You're my my love. And that's a lot more.*

	somos//	we are
	sois//	you (**vosotros**) are
	son//	they , you (**Uds.**) are

--¿Uds. son primos?// (¿Vosotros sois primos?)//	*Are you cousins? (Are you-guys . . . ?)*
--Sí, somos primos hermanos.// Ceci y Rosa son mis primas también.//	*Yes, we're first cousins. Cece and Rose are muy cousins too.*

Sólo para practicar

Complete con las formas correctas de <u>ser</u>. Por ejemplo:

1. **Yo** __*soy*__ // Yo _____ el propietario de esta casa. // -- **Ud.**: _____//

Entonces, ¿Ud. _____ el señor Ordónez? // 2. **Pepe Romero** : _____ //

62

Pepe Romero _____ uno de mis mejores amigos. // -- ¡De veras? (*Really ?*)//

Pues **Pepe y yo**: _____ // Pepe y yo _____ grandes amigos también.//

3. Julia, tú: _____ // Tú _____ la primera persona mañana. // -- ¡Ay, no!

(*It is*) _____ muy temprano.// **4. Estos muebles**: _____ // Estos muebles

_____ muy finos, ¿no?// -- Al contrario, _____ muy económicos.// **5.**

Carmen, César, ¿**Uds.** _____// ¿Uds. _____ miembros del club? //(*España:*

Carmen, César, ¿**vosotros** _____ . . . ?//) -- No. Eso _____ muy costoso.//

Ahora, ¿cómo usamos el verbo *ser* ? Observe bien, y repita:

(<u>ser</u>--who, what)

--¿Quién es ese señor?//   *Who is that man?*
--Es mi profesor de música.//   *He's my music teacher.*
  Es un pianista fantástico.//   *He's a fantastic pianist.*

(<u>ser</u>-- from, made of, for...)

--¿De dónde es Ud.?//   *Where are you from?*
--Soy de Chile.// ¿Y Uds.?//   *I'm from Chile. And you?*
--Nosotros somos colombianos.//   *We're Colombians.*

--¿Estos platos son para los niños?//   *These dishes are for the children?*
--Sí.// Porque son de plástico.//   *Yes. Because they're (made of) plastic.*

B.: Buena idea.
R.: Esto no es complicado, ¿ . . . ? Pues escuche, y . . .

(<u>ser</u>-- what the subject is <u>really like</u>)

--Las rosas son rojas.//   *Roses are red.*
--El cielo es azul.//   *The sky is blue.*
--El amor es fabuloso.//   *Love is great.*
--¡El fabuloso eres tú!//   *The great thing is you!*

B.: ¿ . . . ? Me gusta muchísimo este tema ¿Por qué no practicamos . . . ?
R.: (. . .)

Mini-diálogos   (Escuche, y después conteste.)

1. --¿**De dónde eres, Rogelio?**
   --¿**Yo?   Soy de. . .**
   --**Ah, ¿entonces tú eres argentino?**

   Dígame: ¿Es verdad o falsa la conclusión . . . ? _____ //

63

2. —¿Sabe? Marta y Juanita son de . . .   —Y nosotras somos de. . .

Diga otra vez: ¿ . . . centroamericanas o sudamericanas . . . ? _____

_____ //

3. —¡Ay, qué . . . ! ¡Qué clima! Nieva todos los días en esta estación . . .

Conteste: ¿Qué estación . . . ? _____//

4. — Rafael, ¿tú tomas el tren o el bus?   —Tomo el . . . Es más conveniente.

Una vez más, conteste: ¿Cuál es más . . . ? _____

¿ . . . para . . . ? _____

B.: ¿ . . . ? Yo no tomo . . . ni (nor) . . . Yo uso el carro de mi madre (my mother's car),
o de mi . . . , o de mis . . .

R.: ¿ . . . las posesiones de . . . ? Pues, éste es el momento perfecto . . .

#5. Los posesivos

(. . .) Repita., por favor

el carro de mamá //   Mom's car ("the car of Mom")
el cuarto de mi hermana//   my sister's room
la casa de mis padres //   my parents' house

B.: Así es. Y hablando de . . . , ¿Ud. recuerda la tradición . . . ?

"Mi casa es su casa"

(. . .) Pues escuche: En el segundo piso de mi casa hay tres alcobas — la
alcoba de mis padres, la alcoba de mi hermana Lisa, y mi propio (own) cuarto.
Escuche bien, y diga siempre cuál prefiere Ud.   Por ejemplo:

1. Mi cuarto es . . . , y tiene una cama individual (has a single bed).   El cuarto de
Lisa es un poco . . . ,   y tiene . . . doble.

¿Cuál prefiere Ud.? *Yo prefiero su cuarto .* / *Prefiero el cuarto de Lisa.*

2. Mi cuarto . . . El cuarto de mi hermana . . . ¿ . . . ? _____

3. Mi cuarto tiene . . . El cuarto de . . .   ¿ . . . ? _____

4. En . . . hay dos armarios grandes. En el cuarto de . . .   ¿ . . . le gusta más a

Ud.? *Me gusta más* _____

5. El cuarto de mis . . . privado. Mi cuarto . . . ¿ . . . ? _____

¿Está bien? Pues repita otra vez:

mi padre// mi mamá//	*my father; my Mom*
tu cuarto// tu cama//	*your room; your bed*
su nombre// su fama//	*his, her, its, their, your (**de Ud.** or **de Uds.**) name . . . fame*
nuestro estudio // **nuestra** sala	*our study; our living room*
vuestro armario// **vuestra** lámpara	*your closet; your lamp (fam.-- Spain)*

Ahora note muy bien las formas plurales:

mi**s** cuarto**s**//	*my rooms*
tu**s** padre**s**//	*your parents*
su**s** nombre**s**//	*his, her, your, their names*
nuestro**s** estudio**s**//	*our studies*
nuestra**s** clase**s**//	*our classes*
vuestro**s** amigo**s**/ _____amigas //	*your friends (of **vosotros**)* (¿ . . . ?)

Frases paralelas

Repita, y después cambie según las indicaciones. Por ejemplo:

¿Ésta es tu casa? // -- Sí. Ésta es mi <u>casa</u>.// Y <u>*éstos son mis*</u> vecinos.//

1. ¿Éste es su estudio? // -- Sí, éste es nuestro <u>estudio</u>.//

            Y <u>*ésta* _____</u> terraza.//

2. ¿Éstos son sus escritorios? //-- Sí, éstos son nuestros <u>escritorios</u>.//

            Y <u>*éstas* _____</u> sillas.//

3. (*España*) ¿Ese señor es vuestro tío?// -- Sí, y esa señora es nuestra <u>tía</u>.//

            Y<u>_____</u> tías.//

4. ¿Éstos son vuestros mejores amigos? //-- Sí, éstos son nuestros mejores amigos.//

            Y<u>_____</u> amigas.//

B.:   En realidad, de todas las personas en este mundo (*world*), ¿quién es su . . . ? _____

_____ ¿Y quiénes son sus parientes

. . . ? _____ ¿Pasa . . .

con ellos (*with them*)? _____

R.: ¿ . . . ? En mi caso, es más difícil, porque . . .   En fin (*Well*), vamos a hablar de . . .

B.: De acuerdo.   De las preposiciones, y de los pronombres (*pronouns*) que usamos . . .

#6. **"para mí, para ti"** (*for me, for you. . .*)**:** Pronouns that follow a preposition

Diga primero:

a *//* to	**de***//* of, from, about
con *//* with	**sin***//* without
en *//* at, on	**sobre***//* on, over
por*//* for (the sake of), by	**para***//* (intended or headed) for

para **mí***//* for me   para **ti***//*   *for you (my friend)*

--¿Es para <u>mí</u>?*//*   *Is it for me?*

--Sí, todo es para <u>ti</u>.*//*   *Yes, everything is for you.*

B.: ¡ . . . ! Ahora observe: usamos unas formas especiales con la preposición "*con*":

--¿Vas <u>conmigo</u>?*//*   *Are you going with me?*

--No.*//* No voy <u>contigo</u>.*//*   *No. I'm not going with you.*

--¿Ah, no?*//* ¿Por qué?*//*   *No? Why (not)?*

Las otras formas son completamente normales.

--Todo esto es para <u>él</u>*//*, no   *All this is for him, not*
  para <u>Ud.</u>,*//* ni para <u>ella</u>.*//*   *for you, nor for her.*

--¿Y qué hay para <u>nosotros</u>?*//*   *And what's there for us?*
  ¿Qué hay para <u>ellos</u>?*//*   *What's for them?*

B.: Esto es fácil, ¿ . . . ?

R.: . . . con un corto (*short*) ejercicio.

La familia unida

Conteste afirmativamente, usando siempre un pronombre después de la preposición. Por ejemplo:

1. ¿Tus hermanos viven <u>contigo</u>? *Sí, viven conmigo.* *//*   2. ¿Hay suficiente

espacio para todos <u>Uds.</u> (*for all of you*)? -- _____

_____ *todos nosotros.* *//* 3.   Entonces, ¿la alcoba más grande es para <u>ti</u>?

_____ *//* 4. ¿La segunda es para <u>las muchachas</u>? _____

_____ *//* 5.¿Y la otra es para tu <u>hermano Edgar?</u>

_____*//* (. . .) 6. Posiblemente, ¿hay lugar(*room*)

también para <u>mí</u>?   (Esta vez, conteste negativamente): ¡ _____

_____!*//*

R.: (. . .) Si ésa es tu decisión, . . .

B.: . . . , siempre hay . . . , decisiones de muchos tipos. Por ejemplo. . .

¿Qué opina Ud.?

(Responda siempre con un pronombre.)

1. ¿Es bueno para los jóvenes vivir siempre con . . . ? *Sí, (No, no) es* _____

_____ *con ellos.*   2.   En su opinión, ¿es posible

vivir feliz (*happily*) sin . . .? _____

sin ella.   3. ¿ . . . dinero (*money*)? _____ *sin él.*

4. Si hay un problema grave, ¿ . . . ministro? _____

_____ *con él.*   O en su opinión, ¿es mejor . . . ? _____

_____

B.: (. . .)

R.: Pero no hay más tiempo para . . .   Sólo vamos a terminar . . .

Ejercicio escrito

1. Entre tú y yo, ¿cuál . . . ? _____

   _____

2. ¿Cuántos . . . ? _____

   _____

3. ¿Es difícil o fácil para ti . . .? _____

   _____

4. Entonces, ¿tú deseas (*wish*) tomar . . . ? _____

   _____

B.: Pero . . . , nuestros profesores no permiten eso.

R.: ¿ . . . ? Ay, . . .   No hablo más. Hasta la próxima vez, . . .

B.: (. . .)

I. Experiencias visuales

HASTA EL...

¿Comprende Ud. este anuncio?   Pues conteste:

(1) ¿Qué descuentos hay en los precios? (% - por ciento) _____

(2) En su opinión, ¿para qué cuartos son estas alfombras? _____

_____ (3) ¿Dónde usamos los colchones? _____

_____ (4) Ahora, usando como base palabras familiares en inglés y en

español, diganos: ¿Qué significa para Ud. "tapicería"? _____ ¿Qué es

cretona estampada?_____ ¿Dónde usamos "cortinas"? _____

 Y si la cortina tiene 2,80 metros de alto, ¿es para una ventana grande o pequeña? ____

_____

II. Palabras en uso

A. Decorador(a) de casas

Ud. ocupa un apartamento de tres cuartos y baño. ¿Dónde acomoda estos muebles?

la cocina	la sala	la alcoba
_____	_____	_____
_____	_____	_____
_____	_____	_____
_____	_____	_____
_____	_____	_____

un sofá, una silla grande, cuatro sillas pequeñas, una mesita de noche, una mesa grande, lámparas, el televisor, la cama, la estufa, un escritorio, una cómoda, el refrigerador

B. Asociaciones (¿Cómo relaciona Ud. los grupos 1 y 2?)

1.

refrigerador _____

alcoba _____

baño _____

ventana _____

sala _____

escalera _____

escritorio _____

puerta _____

lámpara _____

2.

entrar • aire fresco • escribir • frío • abrir y cerrar • cama • leer de (*at*) noche • fiestas • lavatorio • subir y bajar • comer

III. Ejercicios suplementarios

*4. *Ser* and its uses

Complete usando las formas correctas de *ser* :

1. Mi casa no _____ grande. -- Pero _____ muy moderna.   2. Las clases en esta escuela _____ enormes. -- ¡Al contrario! Nuestra clase de español _____ pequeña.

3. Enrique y yo _____ primos. -- ¿_____ primos hermanos (*first cousins*)?

4. Mis padres _____ jóvenes todavía. -- Eso _____ muy evidente. 5. ¿De dónde _____ tus abuelos? -- _____ de Venezuela. 6. El coche nuevo _____ para mi madre. -- ¿Y

69

el viejo _____ para ti?   7. ¿ _____ de metal esas mesas?-- Sí, _____ de aluminio.

8. Yo _____ la mayor de la familia. --¿Y quiénes _____ los menores?   9. (Nosotros)

no _____ muy ricos. --Pero Uds. _____ muy respetados en la comunidad.

10. Amor mío, tú _____ maravilloso. -- Y tú _____ mejor.

*5. Possession

Misceláneas: 1.   Si el hijo de mi hermana es mi sobrino, ¿qué son las hijas de mi

hermano? _____   2. Si tú tienes dos hermanos y cinco

primos, ¿cuántos nietos tienen tus abuelos? _____

3. Si nuestra familia es nicaragüense, ¿cuál es la capital de nuestro país? _____

_____   4. Si vuestra profesora de francés es de Quebec, ¿es canadiense o

francesa? _____   5. Si los padres de mi novio (*boyfriend*)

ganan la lotería, ¿es rica o pobre ahora su familia? _____

*6. "For you, from us" : Pronouns that follow a preposition

Conteste escogiendo (*choosing*) siempre la primera alternativa.   Por ejemplo:
    ¿Es para <u>Uds.</u> o para <u>mí</u>? -- <u>**Es para nosotros.**</u>
    ¿Vas <u>conmigo</u> o con ella? -- <u>**Voy contigo.**</u>

1. ¿Esto es para <u>mí</u> o para Jaime? _____   2. ¿Es de <u>Marta</u>

o de Robi este cuarto? _____   3. ¿Trabajas con <u>nosotros</u> o con

ellos? _____   4. ¿Subo <u>contigo</u> o con los otros? _____

_____   5. ¿Comemos con <u>vosotros</u> o con ellas? <u>*Coméis*</u>_____

6. ¿Entráis <u>conmigo</u> o con él? _____   7. ¿Viven con <u>José</u> o con

con Uds.? _____   8. ¿Hablan de <u>mí</u> o de otra persona? _____

IV. Composición creativa

1. "Mi cuarto aquí en la universidad "... Describa Ud. exactamente cómo es, con todos sus muebles, sus colores, etc. . A propósito, ¿qué diferencias hay entre ese cuarto y su cuarto en la casa de su familia?

2. "La vida de un joven -- la vida de una persona mayor"... En su opinión, ¿quiénes son más responsables-- los jóvenes o las personas mayores? ¿más prácticos? ¿más idealistas? ¿Para quiénes es más fácil la vida? ¿Por qué?

LECCION TRES: ¿ . . . ? ¡ . . . !

G.: (. . .) ¿Cómo le va? (*How are things going?*) _____
       ¡Qué gusto de pasar (*to spend*) estas horas . . . !

P.: (. . .) Pero, ¡qué curioso (*how strange*)! Realmente,. . . yo no sé de qué vamos . . .
    hoy. En el libro sólo hay signos de interrogación (*question marks*) y de
    exclamación.

G.: ¡Y con qué . . . !

P.: ¡Locas (*crazy*)! Pero . . .

G.: Pues, en realidad, el tema . . . el uso de esas palabras interrogativas y exclamativas.
    Por ejemplo, . . .

Palabras ilustradas

Mire, y repita:

P.: ¿ . . . ? Pues escuche . . .

Diálogo

Diga Ud. también:

--**Mire.//   ¿Qué es esta cosa?//**
--**¿Cuál?//**
--**Ésta.//**
--**¿Dónde?//**
--**Aquí.//   No.   Allí.//**
--**¿Quién pregunta?//**   *wants to know?*
--**Yo.//**
--**¿Por qué?//**
--**Porque no sé.//**
--**¿Qué?//**
--**No sé qué es esta cosa.//**
--**¿Qué cosa?//**

G.: ¡Caramba!   Mejor, pasamos a los . . .
P.: ¿Cúales, . . . ?
G.: Éstos . . .

Enigmas   *(Puzzles)*

I. ¿Qué cosa es? :

Hay seis pistas (*clues*). Escuche bien, y después decida Ud.: ¿Es un libro, un periódico, o un escritorio?

Pistas

1. ¿Es muy. . . ? --Depende. A veces
   (*at times*) . . . , otras veces, no.
   _____   _____   _____

2. ¿ . . . práctica, o sólo. . . ?-- (. . .)
   _____   _____   _____

3. ¿Usamos . . . ? -- ¿ . . . ? Normalmente, . . .
   _____   _____   _____

4. ¿ . . . de papel? -- (. . .)
   _____   _____   _____

5. ¿ . . . leer? -- (. . .)
   _____   _____   _____

6. ¿ . . . nueva edición . . . todos los
   días (*every day*)?
   _____   _____   _____

Dígame: ¿Qué es? _____

P.: Bueno. ¿Vamos al segundo. . . ?
G.: Con el mayor gusto. . .

II. ¿Cuál es mi coche?

1   2   3

Pistas

1.¿ . . . ? --No, . . .   _____   _____   _____

2.¿Cuántas. . .? -- (. . .)   _____   _____   _____

3. ¿Es un modelo . . . ?   _____   _____   _____

4. ¿ . . . hay en él (*it*)?-- . . .
¡No funciona!   _____   _____   _____

    Conteste: ¿Cuál es mi coche? *El coche número* _____

G. : (. . .)
P.: De acuerdo.

III. ¿De dónde somos? (*Where are we from?*)

Este va a ser muy rápido. Hay solamente tres pistas.

Pistas

1.¿ . . . de los Estados Unidos?--
. . . de allí.   _____ _____ _____

2.¿ . . . del este o del oeste? -- . . .   _____ _____ _____

3. Donde Uds. viven, ¿ . . . ? -- . . . _____ _____ _____

    ¿Sabe Ud. de dónde somos? _____

IV. ¿Cuál es mi cumpleaños? (*Which is my birthday?*)

Hay cinco pistas, no más. ¿ . . . ? ¡Ahora mismo (*right now*)!

26 de noviembre

4 de julio

25 de diciembre

Pistas

1. ¿Hay. . . . aquel día? -- . . . un
   día de fiesta (*holiday*) . . .   _____ _____ _____

2. ¿Celebramos... todos los años
   (*every year*)? --Siempre . . .   _____ _____ _____

3. ¿Es en . . . ? --No, después.   _____ _____ _____

4. ¿ . . . ? --No. Antes (*before*).   _____ _____ _____

5. Después de . . . , ¿viene pronto
   la Navidad (*Christmas comes*
   . . .)? -- . . . Es el . . . todavía.   _____ _____ _____

Diga Ud.: ¿Cuándo es mi cumpleaños? _____

G.: Ud. es . . . , ¿sabe?

P.: De acuerdo, mil veces. Pero, ¿ . . . ? Me gustan . . .   ¿No es posible . . . ?

G.: Más tarde. Por ahora, vamos a . . .

Uso activo

#7. Los usos de *estar* (*to be*)

(*location or position*)

Observe, por favor, y diga:

--David,// ¿dónde estás, mi vida?//	*David, where are you, darling?*
-- Aquí estoy, mi amor.// ¡Pero yo soy Ramón!	*I'm here, my love. But I'm Ray!*

•**Usamos *estar* para indicar <u>dónde</u> estamos situados, o en que <u>posición</u> estamos.**

--¿Están sentados todos?//	*Is everyone seated?*
--Todavía no.//	*Not yet.*
--Pues siéntense.//	*Well, sit down.*

74

(*condition*)

• *Estar* **indica también en que** condición **estamos.**

--Hola, ¿cómo estás?//   *Hi, how are you?*
--Estoy bien, gracias.// ¿Y tú?   *I'm fine, thanks. And you?*

--¿Qué pasa, Ana? // Estás enferma?   *What's the matter, Ann? Are you*
                                          sick?

--No, Robi.// Sólo estoy fatigada.//   *No, Robby. I'm just tired.*
  Estamos muy ocupados.//   *We're very busy.*

   (. . .)

Mini-diálogos (Como siempre, escuche y conteste:)

1. -- Hoy hay examen.   ¿Por qué no . . .?
   -- No sé. Está . . . toda la semana.

   Conteste: ¿Está . . .? _____// En su opinión, ¿ . . .

   está ausente (*absent*)? ¿ . . . o no está preparada? _____

2. --No me gusta este café, .
   --¿ . . .?
   --Porque está frío. Y hace . . . hoy.

   Otra vez, conteste: ¿ . . . no le gusta al señor . . .? _____

   _____// Pues según (*according to*) . . . , ¿en qué estación . . .?

   Estamos en _____

3. -- Lisa, ¿vas al cine conmigo esta noche?
   --No, Carlos. Estoy ocupada.
   --Entonces, ¿ . . .?
   --Ah, no, Carlos. Mañana voy a estar muy fatigada.

   (. . .) ¿Por qué no va . . .? _____// ¿Y . . .?

   _____// Dígame: en su opinión, ¿Lisa

   está muy interesada . . .? _____

M.: . . . , estamos de acuerdo. En fin, ¿qué diferencia hay . . .?

#8. *Ser y estar* **con adjetivos**

• *Ser* + **un adjetivo describe una característica normal del sujeto.**

--¿Cómo es tu novia?   *What is your girlfriend like?*

--Es fantástica. //¡Cómo yo!//   *She's fantastic. Just like me!*

•*Estar* + un adjetivo describe nuestra condición o apariencia en cierto momento.

¿Cómo <u>está</u> tu novia?//

--<u>Está</u> mejor, gracias.//

How is your girlfriend (feeling)?

She's better, thanks.

Ahora observe otra vez, y repita:

Linda <u>es</u> muy bonita.// --Como una
artista de cine.

*Linda is very pretty. -- Like a
movie star.*

Ay, Linda, ¡qué bonita <u>estás</u>!//

--Gracias. <u>Eres</u> muy amable./

Oh, Linda, how pretty you look!

--*Thank you. You're very nice.*

Rosa <u>es</u> muy pálida, ¿verdad?//

*Rose is very pale-complexioned,
isn't she?*

--No.// La pobre <u>está</u> pálida //
porque está cansada.//

*No. The poor thing is pale (at the
moment) because she's tired.*

G.: ¿Estamos listos (*ready*) ahora para . . . juego (*game*)? (. . .)

¿De quién hablamos?

Bárbara	**Esteban**	**Marcos**	**Rosario**
(está enferma con un virus)	(trabaja día y y noche)	(es el peor estudiante de la clase)	(es una persona maravillosa)

Escuche cada (*each*) pista. Después indique de quién hablamos. Por ejemplo:

1. Está en la cama. <u>*Bárbara*</u> _____ _____ // 2. Siempre está

ocupado. _____ // 3. Es . . . talentosa.

_____ // 4. No está preparado para . . .

_____ // 5. La pobre

está ausente de . . . _____

6. . . . está muy poco interesado . . . _____

_____ 7. . . . demasiado industrioso _____

_____ 8. Ella es muy generosa y . . . _____ //

P.: Y esos adjetivos no son suficientes.

G.: ¿ . . . ? Pues pasamos inmediatamente . . .

P.: (. . .) ¡Adelante!

#9. Más sobre los adjetivos

- **Los adjetivos descriptivos van normalmente después del nombre (*after the noun* !).**

un sofá rojo//	*a red sofa (color)*
una alfombra china//	*a Chinese rug (nationality)*
mueblos muy finos//	*very fine furniture (category)*
casas espaciosas//	*spacious houses (size)*

¿Qué opina Ud.?

1. ¿Es mejor ser el hijo . . . o . . . ? _____

_____ 2. En una casa, ¿ . . . una cocina hermosa o un comedor . . . ?

_____ 3. Hablando

(*Speaking*) de casas, ¿le gustan . . .   modernos o antiguos? *Me gustan más* _____

_____ (. . .) 4. En su

opinión, ¿son mejores los coches . . . o los japoneses? _____

_____ 5. ¿Es mejor . . . _____

- **Usamos la forma femenina del adjetivo para crear adverbios.**

__adjetivo__	------------>	__adverbio__ (*-ly*)
rápido// *quick*		**rápid<u>a</u>mente**// *quickly*
lento// *slow*		**lent<u>a</u>mente**// *slowly*

Ahora continúe Ud.:

claro // *clear*	_____ //	
perfecto//	_____ //	
cortés// *polite*	*cortésmente* //	
probable//	_____ // ¡Exactamente!	

--¿Terminamos inmediatamente?//	*Shall we finish immediately?*
-- Sí.// Seguramente.//	*Yes. Surely.*

P.: ¿Cómo? (*What!*) ¡Todavía no!

G.: ¡ . . . ! Hay una cosa más . . .

#10. Los verbos *ir* (*to go*) y *dar* (*to give*)

    (ir)   **voy, vas, va //**   *I go, am going, etc.*

              vamos, vais, van//

   ¿Tú vas?--Sí, voy.//   *Are you going? --Yes, I'm going.*

    Todos vamos mañana.//   *We're all going tomorrow.*

    dar// doy, das, da//   *I give, am giving, etc.*

    damos, _____ , _____   (...)

Conversaciones al instante

(Indique la forma correcta del verbo, y después conteste las preguntas:)

1. yo: ir al cine _____// nosotros: ir a clase _____

_____ // Ahora conteste: De verdad, ¿Ud. va a otra . . . ? _____

_____ ¿Va a estar en . . . ? _____

_____ Pues si su profesor(a) da un examen, ¿Uds. van a estar . . . ? *Sí, vamos*

(No, no) _____   (...)

2. tú.: dar una fiesta _____ // Uds.: dan dinero (*money*)

_____ Díganos: ¿Ud. da muchas . . . ? _____

_____ (...) ¿Uds. dan . . . ? _____

Ejercicio escrito (Vamos a hablar otra vez de Ud. . . .)

1. ¿Cuál es su campo de concentración ("*major*"). . . ? _____

_____ 2. ¿Cuándo . . . estudios?

_____

3. La verdad, ¿está Ud. contento (contenta) _____

_____ 4. ¿. . . extraescolares (*extra-curricular*)

_____

5. ¿Qué tipo . . . ? (Use 3 adjetivos para describir . . .) _____

_____

P.: ¿Sabe? Me fascinan . . .

G.: Otro día, vamos a . . .   Por ahora, . . .

P.: Y que todo le vaya bien. (*Good luck to you!*)

I. **Experiencias visuales**

HISTORIA DE VENEZUELA

□□

HISTORIA DE VENEZUELA es una publicación periódica que, en cien cuadernos, recoge todo el proceso histórico de este país, desde los tiempos más remotos hasta el presente. Su redacción está a cargo de un brillante grupo de escritores que figuran entre nuestros más autorizados historiadores.

●Época prehispánica

●Descubrimiento y conquista

●Período colonial : 1a parte (1600 a 1700)

●Período colonial: 2a parte (1700 a 1800)

●La Independencia   (1800 a 1821)

●Gran Colombia (1821 a 1830)

●Movimiento liberal, Revolución Federal y guzmancismo (1830 a 1889)

●Desde 1890 hasta nuestro día

HISTORIA DE VENEZUELA

Suscripciones:

Las peticiones de suscripción a esta publicación deben dirigirse a **DISTRIBUCIONES EDIME**, Edificio Caoma, Pasaje A-12, Avenida Urdaneta, Caracas, Venezuela. Deberán venir acompañadas de cheque a nombre de **DISTRIBUCIONES EDIME**. Se especificarán claramente nombre y señas del suscriptor y a partir de qué número desea empezar la suscripción.

Los precios de suscripción son los siguientes:

Para seis, números	22
Para doce números	42 **Bs.**
Para veinte números	70

□□

¿Ud. no sabe todas estas palabras? Pues no importa. Adivine (*Guess*) por el contexto y díganos:

1. ¿Cuál es la materia (*subject*) de esta colección? _____

2. ¿En cuántos volúmenes consiste? _____

3. ¿Quiénes son sus autores? _____

4. ¿Qué épocas de la historia venezolana cubre? _____

5. ¿Adónde dirigimos nuestra petición de suscripción? _____

6. ¿Cuáles son los precios de suscripción? _____

II. Palabras en uso

Complete estas mini-conversaciones usando siempre un interrogativo del Grupo 1 y una palabra o expresión del Grupo 2.

1
¿Qué?
¿Dónde?
¿Cuándo?
¿Quién(es)?
¿Cuál(es)?
¿De dónde?
¿Cuánto?
¿Cuántas?
¿Cómo?
¿Por qué?

2.
un televisor pequeño • mis vecinas •
Aquí, en el salón grande • De Chile •
Porque estoy nerviosa. • Aquéllos. •
Muy poco. • No, antes. •
¡Demasiadas! • ¡Muy rápidamente!

1. ¿_____ va a ser la fiesta? -- _____

2. ¿_____ no hablas con el profesor? -- _____

3. ¿_____ son esas chicas nuevas? -- _____

4. ¿_____ personas hay en tu clase? -- _____

5. ¿_____ tiempo dan para completar el examen? -- _____

6. ¿_____ son sus abuelos? -- _____

7. ¿_____ van a ir? ¿Mañana por la noche? -- _____

8. ¿_____ tienes allí en tu escritorio? -- _____

9. De todos los muebles aquí, ¿_____ le gustan más? -- _____

10. ¿_____ hablan los cubanos? -- _____

III. Ejercicios suplementarios

#7. "Where are you?": A first look at the verb *estar*

A. Imagine Ud. que está en su casa. ¿Dónde están las cosas siguientes?:

las alcobas _____ el cuarto de baño _____

_____ la estufa _____

el refrigerador _____ el televisor más grande _____

_____ sus papeles y libros _____

el estéreo _____ su ropa (*clothing*) _____

B. ¿En qué países están estas ciudades?

Bogotá _____ Buenos Aires _____

Lima _____ La Habana _____

San Juan _____ Quito _____

#8. *Ser or estar ?*

A. Situaciones

1. Tu madre es una persona muy interesante. ¿Cómo describes sus mejores
    atributos?   Por ejemplo: ¿Es generosa? ¿optimista? ¿activa? ¿cariñosa?, etc.

    _____

    ¿Cuáles son sus cualidades negativas? _____

2. Tú tienes un virus hoy. ¿Cómo describes tu condición? : ¿Estás de buen o de mal

    humor? _____ ¿Estás todo el día en la cama? _____

    _____ ¿Estás muy enfermo (enferma)?

    _____ ¿Estás listo (lista) para ir a la escuela mañana?

    _____

B. Complete las frases siguientes usando *ser o estar*:

1. Esta universidad _____ de tiempos coloniales. -- Sí, _____ muy antigua.

2. ¿De dónde _____ el doctor Vega? -- (Yo) No _____ segura. Posiblemente

   _____ peruano.   3. Mis amigos _____ ahora en Quito, de vacaciones.

   -- ¿_____ satisfechos con el "tour"?   4. En mi opinión, tú _____ el mejor

   estudiante de la clase. -- ¡Ya no! (*Not any more!*) _____ cansado de estudiar.

   5. ¿Dónde _____ mis papeles? -- Aquí _____, con tu pluma. 6. ¿_____

   enferma Julia?. _____ muy pálida (*pale*) hoy. -- No, ése _____ su color

   natural.   7. Nosotros no _____ pobres, pero no _____ muy ricos. --

   Para mí, Uds. _____ (Vosotros _____) millonarios.   8. ¿Cómo _____

   Uds. hoy? --Bien, gracias. ¿Y Ud.?

#9. How to describe things: About adjectives and their position

----

pequeña • frío • difíciles • jóvenes • vieja • feo • mayor

Ahora conteste indicando siempre lo contrario. Por ejemplo:

¿Es un tipo muy guapo? -- *No. Es un tipo muy feo.*

1. ¿Uds. viven en una ciudad <u>grande</u>? _____ 2. ¿Tu

familia prefiere un clima <u>caliente</u>? _____

3. ¿Tú vives en una casa <u>nueva</u>? _____ 4. ¿Dan

exámenes <u>fáciles</u> aquí? -- Ay, no. Siempre _____

5. ¿Usan todavía esos muebles <u>viejos</u>? --No. Ahora usan estos _____

_____ 6. Micaela tiene una hermana <u>menor</u>, ¿verdad? --No.

Tiene una _____, y dos hermanos _____

#10. The verbs *ir* (*to go*) and *dar* (*to give*)

Conteste según el modelo: ¿Uds. van mañana? -- *No, vamos hoy.*

1. Doctora Díaz, ¿Ud. da el examen hoy? -- No, _____ mañana.

2. ¿Vas ahora a clase? --No, _____ a la biblioteca.   3. ¿Uds. van (Vosotros vais)

también? -- No, _____ al gimnasio.   4. ¿El estado da dinero a esta universidad?

-- Sí, _____ un poco.   5. Uds. dan (Vosotros dais) lecciones de tenis? --Sí, _____

_____ todas las tardes.   6. ¿Nosotros vamos a ser los primeros? -- No,

Uds. _____ (vosotros _____) a ser los segundos. --iQué suerte (*luck*)!

Ahora díganos: ¿Qué cosas dan los padres a los hijos? ¿Y qué cosas dan los

hijos a los padres? _____

_____

IV. Composición creativa

1. Ud. desea describir a sus padres todos los atributos de su nuevo novio (su nueva novia). Diga Ud.: ¿Cómo es él? (¿Cómo es ella?)

2. iUf! Hay un personaje muy desagradable en un programa famoso de televisión. ¿Quién es esa persona? ¿Por qué no le gusta a Ud.?

3. Tú vas a una agencia de coches usados para vender (*sell*) tu carro. ¿Cómo describes esa maravilla mecánica? (Por ejemplo: ¿Es grande o pequeño? ¿económico o costoso? ¿viejo o nuevo? ¿De qué color es? ¿Está en perfecta condición? ¿Está muy limpio (*clean*)? ¿Cómo imaginas la conversación con el agente?

LECCION CUATRO: Sobre utensilios y aparatos

M.:   . . . , ¿comenzamos?

A.:   (. . .) ¿ . . . ? _____ ¿Y tú, . . . ?

M.:   (. . .) Pero, ¿no vamos. . . ?

A.:   (. . .) Primero, tengo una idea. . . ¿ . . . un poco de café para los tres? ¿Qué dice . . . ?

M.:   (. . .) Pero, ¿qué tazas (*cups*). . . ?

A.:   ¿Aquí no hay nada?

M.:   (. . .) Todas esas cosas están en . . .   (¡ . . . !)   Claro. Porque vamos a comenzar . . .

Palabras ilustradas

Escuche bien, y escriba el **número** correcto debajo de cada ilustración.

¿Qué cosas usamos?

1. Vamos a tomar la sopa (*soup*). ¿Qué . . . ? _____ //

2. . . . rosbif. ¿Qué utensilios . . . ? _____ // Y un
   plato también! (. . .)

3. ¡Ay, qué calor . . . ! Díganos: ¿Qué aparato . . . ? _____ //

4. . . . escuchar unos discos. ¿ . . . ? _____ //

5. . . . una comida caliente(*hot meal*), ¿ . . . tenemos que usar? _____

A.: Suficiente, ¿ . . . ?

M.: Pues, ¿qué dice Ud., . . .? ¿Pasamos a . . . ? Bueno, escuche:

Escena de la vida *(Scene from life)*

Enrique: Teresita..   Soy yo. ¿Dónde estás?

Teresa: En la sala. ¿Cómo estás, querido?   *dear*

Enrique: Bien. Pero tengo un hambre feroz.   *I'm starving.*
  ¿Qué hay de comer?   *to eat*

Teresa: Nada. La estufa no funciona.

Enrique: Entonces, comemos algo frío.

Teresa: Imposible. El refrigerador no funciona.
  ¿Por qué no vamos a un restaurante,
  Enrique? Yo cocino todos los días.

Enrique: ¿No hay café, con una tostada?   *slice of toast*

Teresa: El tostador y la cafetera no funcionan.

Enrique: ¡Qué cosa, eh! Muy bien, vamos al
  restaurante.

Teresa: Bueno. Pero primero tengo que hablar
  con Rafael . . . ¡Rafael! ¡Ra-fa-el! . . . Tu
  papá y yo vamos a comer a un restaurante.
  Por favor, hijo, ¿me enchufas otra vez los   *will you plug in again*
  aparatos de la cocina? Y después, tomas algo   *for me*
  bueno de comer. Gracias, hijo. Un beso . . .   *kiss*
  Vamos, Enrique, ¿eh?   *Let's go*

A.: ¡Qué . . . ! . . . viene cansado (*tired*), y la comida no está preparada.

M.: ¡ . . . ! . . . trabaja también todos los días. ¿Quién prepara . . . y de . . . ?

A.: Pues, tú tienes razón, pero. .

M.: Dígame, . . .: ¿Con quién simpatiza Ud. más (*do you side*) -- . . . ? *Yo simpatizo*

_____

A.: A propósito, ¿sabe Ud. . . . ? *Sí, sé*   *(No, no sé)*_____

  ¿Quién cocina . . . ? _____

M.: ¿Sabe? No me gusta terminar . . .   Pero realmente, . . .

A.: Es verdad.   Y comenzamos con algo (*something*) . . .

84

Uso activo

#11. El verbo *tener* (to have)

En efecto, Ud. ya sabe sus formas singulares.   ¿Recuerda?:

Tengo una familia muy grande.// --¿Ah?//   *I have a very large family. --Oh?*

    Pues, ¿cuántos hermanos **tienes**?// (tú)   *Then how many brothers and*
    (¿cuántos hermanos **tiene**?)// (Ud.)   *sisters do you have?*

Ahora, éstas son sus formas plurales.

No tenemos suficientes sillas para la   *We don't have enough chairs for the*
reunión.//   *meeting.*

--¿Cuántas **tenéis**?// (vosotros)   *How many do you have?*
(¿Cuántas **tienen**?)// (Uds.)

•El verbo *tener* tiene muchos usos especiales. Por ejemplo:

-- (. . .) ¡Ay, perdón!// **Tengo mucho**   (. . .) *Oh my, excuse me. I'm very*
   sueño.//   *sleepy.*

--Entonces,// ¿por qué no vas   *Then why don't you go*
   temprano a la cama?//   *to bed early?*

--**Tienes razón.**// Pero **tengo que**   *You're right. But I have to*
   trabajar esta noche.// **Tengo que**   *work tonight. I have to prepare*
   preparar algo para mañana.//   *something for tomorrow.*

M.: --¡Ay, pobre! (*Poor thing!*) Repita una vez más:

--¿Uds. **tienen hambre**?//   *Are you hungry?*

--No, pero **tenemos mucha sed.**//   *No, but we're very thirsty.*
   ¿**Tienen** una limonada?   *Do you have a lemonade?*

M.: ¿ . . . ? Pero sí tenemos. . . , con más expresiones ilustradas.

Ejercicio escrito

Primero, mire las ilustraciones, y diga:

tener frío// **mucho frío**//   **tener calor**//

85

tener hambre//   ¡Muchísimal!//   **tener mucha sed//**

tener miedo//   **tener sueño//   ¡Ay, perdón!//**

¿Comprende?   Pues escuche ahora, y conteste por escrito (*in writing*):

¿Qué tienen estas personas?

1. --Por favor, tengo que . . . inmediatamente. Un . . . , un poco de sopa, cualquier
cosa (*anything at all*).

Dígame: ¿Tiene mucha . . .? _____

2.--¿Qué pasa aquí? ¿No hay aire . . . ?

Diga otra vez: ¿Qué tiene..? _____

3. --¡Dios mío! ¿Qué es eso? ¡Ay, no!   Yo no entro por . . .   ¡Ayy!

¡ . . . ! Dígame: ¿ . . . ? _____

4. --Agua. Por favor, un poco de . . . O té frío, o limonada.

(. . .) Conteste otra vez: ¿ . . . ? _____

5. Son las dos de la mañana y tengo que . . .   Por favor, . . . un poco de . . .

Conteste una vez más: ¿ . . . ? _____

M.: (. . .) Y ahora, ya que (*now that*) sabemos . . . , vamos a aprender. . .

#12. **Los verbos *venir* (*to come*), *decir* (*to say or tell*) y *oír* (*to hear*)**

tener// (*to have*) **tengo, tienes, tiene//**   tenemos, tenéis// **tienen//**

venir// (*to come*) **vengo, vienes, viene//** venimos, venís// **vienen//**

¿Ya ve (*See?*) Son casi idénticos. (. . .)

decir// (*to say, to tell*) **digo, dices, dice**// decimos, decís// **dicen**//

oír// (*to hear*) **oigo, oyes, oye**// oímos, oís, **oyen**//

Conversaciones al instante

Escuche las preguntas, y después conteste según las indicaciones.

1. Roberto, ¿tú tienes tiempo? --No . . . ahora.   <u>*No, no tengo tiempo ahora.*//</u>

2. Dígame, ¿Ud. viene mañana? --No. El lunes.   <u>*No. Vengo*_____</u>//

3. Señor, ¿dice Ud. la verdad? --Sí, siempre . . . _____//

4. (. . .) ¡Dios mío! ¿Qué oye Ud.? --Una cosa muy rara. _____ //

M.: Sí. Yo oigo . . . también.

A.: Bueno, ya no (*not any more*) oímos nada (*nothing*) , ¿ . . . ?_____ (. . .)

5. ¿Tienen Uds. muchos muebles? --No . . . muy pocos.

   <u>No, tenemos_____</u> //

6. Dígame, ¿vienen Uds. a las nueve? --No. A las diez.

   _____// Otra vez: _____

7. (*Música*) ¿Oyen Uds. la música? --No. Nada.

   _____ // (¡Qué curioso! Pues . . .)

8. Chicos, ¿decís algo (*something*)?--Sí, . . . muy importante.

   <u>Sí, decimos_____</u>

A.: Nosotros también, . . . Como (*like*): El artículo 13, sobre. . .

#13. Verbos que son irregulares en la forma de ¨yo¨

• En ciertos verbos, la forma de ¨yo¨ termina en –go.

hacer//	*to make, to do*	**hago**//	*I make, I do*
salir//	*to go out, leave*	**salgo**//	*I go out, I leave*
poner//	*to put*	**pongo**//	
traer//	*to bring*	**traigo**//	
caer//	*to fall*	**caigo**//	

Las otras formas son regulares: **hago,** haces, hace// hacemos // etc.

¿Me haces un favor? --¿Sólo
uno? // Por ti hago un millón.

*Will you do me a favor? --Only
one? For you I'll do a million.*

•**En otros verbos, la forma de ¨yo¨ termina en -zco**

producir// *to produce*   **produzco**//

conocer // to know (*a person or a place*)   conozco//

A propósito, ¿recuerda Ud. el verbo **saber** (*to know a fact, or how to . . .*)?

_____Pues observe la diferencia entre <u>saber</u> y <u>conocer</u>:

¿Tú <u>conoces</u> San Diego?//

--No <u>conozco</u> mucho la ciudad. //
Pero <u>sé</u> que es hermosa. //

Do you know San Diego?

*I don't know the city too well.
But I know that it's beautiful.*

M.: Bueno, una vez más, vamos a oír . . .

Mini-diálogos

   Como siempre, escuche y conteste, ¡de una manera brillante!

1.-- Linda, ¿tú sabes quiénes vienen . . . ?
  --No tengo la menor idea, Toño.
  --Pues no importa. Yo traigo mi tocadiscos. Tú traes tus . . . , iy ya estamos
    (*we're all set*)!

¿Qué dice?: ¿Van a tener música . . . o . . . ? _____

_____ ¿. . . conocen a todos los invitados (*guests*)? _____

_____ //

A.: ¡Qué cosa! Yo no . . .   Bueno, adelante.

2. --¿Sabes? Mañana salgo a las seis en punto (*on the dot*). Tengo que estar en
    Laredo antes del mediodía.
  --Lo sé, Conchita.   Pero, ¿vas a conducir con cuidado (*drive carefully*)?

Conteste: ¿Sale . . . mañana Conchita? _____

¿Sabe Ud. quién . . . ? _____

3. --Señores, yo hago el mejor producto que hay en el mundo. Y pongo mi
reputación sobre eso.

Conteste una vez más: ¿Tiene . . . confianza (*confidence*) . . . ? _____

_____ ¿Es una profesional o . . . de negocios

(*business*)? _____

M.: Seguramente. Y ahora, . . .

A.: Perdona, . . .   Pero, . . .,   no hay tiempo para nada . . .

M.: ¡ . . .! ¿Ni (*not even*) para el el doble negativo? (. . .)

#14. El doble negativo

(. . .)

nada//   *nothing, (not) anything*

   ¿Qué hay?--No hay nada.   *What's up? --There's nothing.*

nadie//   *nobody, (not) anybody*

   (*al teléfono*) ¿Sí?// Con mucho   *Yes? . . . I'd be glad to.*
      gusto.// . . . Alberto,//es para ti.//   *. . . Albert, it's for you.*
   --No.// No hablo con nadie.   *No. I won't talk to anybody.*

nunca//   *never, (not) ever*

   Marisa// ¿no terminamos nunca?//   *Marisa, won't we ever finish?*

M.: Pues claro. Con un . . . , ¡y ya!

Ejercicio Escrito

Conteste negativamente, según las indicaciones. Por ejemplo:

¿Qué sabe Ud.?   -- ¡Hombre! **No sé nada**//
¿Uds. **siempre** hacen eso? --**No. Nunca hacemos eso // No hacemos eso nunca.**//
¿Tú vas con Dorotea? --¿Yo? **Yo no voy con nadie**//

M.: ¡Ay, qué hombre más negativo!   Pues Ud. y yo . . .

1. ¿Qué . . . ? --*¿Yo? Yo no* _____

2. ¿Tú *siempre* . . . ? --*¿Yo? Yo* _____

3. ¿Uds. conocen a . . .? -- *¡Hombre! Nosotros no* _____ *a nadie* ____

4. ¿ . . . *mucho* en estas . . .? --*¿La verdad? No* _____

   _____ (. . .)

A.: Pues en ese caso, no hablamos . . .

M.: Al contrario, . . . En la próxima sesión, . . . muchísimo más. Hasta entonces, . . .

I. Experiencias visuales

Ahorre $160

$528 Reg. $688

TV a color de 27" diagonales

Oferta válida jasta el 30 de noviembre de 1991

•Los colores son más brillantes con nuestro tubo Super Chromix
•Nuestro selector de canales permite cambiar al toque de los botones

Primero díganos: ¿Qué significa "Ahorre $160"? _____ ¿Qué

significa "lavado de alfombras? _____ Ahora explique en

sus propias palabras qué ofrecen en estos cuatro anuncios (*ads.*) _____

_____

_____

II. Palabras en uso

¿Para qué sirven?

Estudie primero los aparatos y utensilios del Grupo A. Después, busque (*look for*)
sus funciones en el Grupo B. Por ejemplo:

A.

(1) una aspiradora

(2) un ventilador

(3) un calentador

(4) un acondicionador de aire

(5) un tocadiscos

(6) una bombilla

(7) tenedor y cuchillo

(8) una cuchara

(9) un radio

(10) un televisor

(11) una estufa

(12) una nevera (o refrigerador)

(13) un vaso

(14) una taza

(15) un lavaplatos eléctrico

B.

___ para comer rosbif

___ para mantener las cosas frías

___ para tomar café o té

___ para circular el aire

_1_ para limpiar las alfombras

___ para tomar sopa

___ para calentar la casa

___ para escuchar discos

___ para combatir el calor

___ para poner las luces

___ para oír diferentes programas

___ para tomar agua o limonada

___ para lavar los platos, vasos. etc.

___ para ver diferentes programas

___ para preparar platos calientes

¿Cuáles de estas cosas no son eléctricas? _____

_____

¿Cuáles usa Ud. todos los días? _____

_____

¿Cuáles tienen que ser de metal? _____

_____

En su opinión, ¿cuáles son los más necesarios? _____

_____

III. Ejercicios suplementarios

#11. The verb *tener* and its uses

Responda:

1. Si vivimos en un clima tropical, ¿normalmente tenemos frío o calor?_____

_____ ¿Y si la temperatura baja un día a 15º C? _____

_____ 2. Si yo digo que el chocolate tiene pocas calorías, ¿tengo razón

no? _____ ¿Y si digo que el melón tiene pocas? _____

_____ 3. Si tú tienes diecinueve años, y tu hermana tiene veintidós, ¿quién

es mayor? _____ Si la fecha de nacimiento de tu madre

es el 10 de agosto de 1950, ¿cuántos años tiene ella ahora? _____

_____ 4. ¡Pobres! ¿No tienen nada de (*to*) comer? -- Muy poco. . .

¿De qué sufren esas personas? _____ ¿De qué sufren si no

tienen agua? _____ 5. ¡Ay! Mañana tenemos examen, y yo no sé

nada. El profesor me va a suspender. . . ¿Cómo describe Ud. mi estado psicológico en

este momento? _____ 6. Son las tres de la mañana, y Uds.

trabajan todavía. ¿Cómo describen su condición? *(Nosotros)* _____

_____ Pero tienen que terminar un documento muy importante, y

tienen que trabajar rápidamente.¿En qué situación están Uds. ahora? _____

_____ 7. Si vuestra casa no está muy limpia y vienen invitados mañana,

¿qué tenéis que hacer esta tarde? *(Nosotros)* _____ _____ A

propósito, si la alfombra está sucia, ¿qué aparato tenéis que usar? _____

_____

#12. *Venir , decir , and oír*

A. Complete usando *venir* (to come) , *oír* (to hear) , *o decir* (to say or tell) :

1. Chiss (*Shh.*) (Yo) _____ una voz extraña. ¿Ud. no _____ nada? Escuche.

2. ¿A qué hora _____ Jorge? -- No estoy segura. Isa y él siempre _____ tarde.

3. ¿Qué _____ (tú)? ¿Estamos de acuerdo? --(Yo) _____ que es muy difícil

pero me gusta tu idea. 4. ¿De dónde _____ (tú) ahora? -- _____ del labora-

torio. 5. ¿Vosotros _____ a mi casa? -- Claro que vamos, si hay tiempo. 6. El

periódico _____ que mañana va a hacer frío. -- Pues nosotros _____ la

la radio, y (ellos) _____ lo contrario.

B. Frases en serie   (Cambie el verbo y el posesivo según el sujeto nuevo)

1. <u>Vengo</u> de <u>mi</u> casa.

Mati y yo _____

¿Tú _____?

¿Los chicos _____?

¿Vosotras _____?

2. No dicen sus nombres.

Yo _____

Nosotros _____

Niño,¿_____?

¿Por qué no _____ Ud. _____

#13. Verbs with special *yo* – forms

A. ¿Cuál es la respuesta lógica? (Relacione las columnas 1 y 2.)

(1)

1. ¿Estás muy ocupada?

2. ¿Pongo la lámpara sobre tu mesita?

3. Nunca salgo hasta la medianoche.

4. ¿Qué traes allí?

5. ¿Ud. conoce Los Angeles?

6. ¿Sabe a qué hora viene el tren?

7. ¡Cuidado! Vas a caer.

8. El Japón produce muchos aparatos.

(2)

____ Eso es muy tarde para nosotros.

____ Traigo algo para los niños.

____ Siempre. Y estoy muy cansada.

____ Yo no caigo nunca.

____ No, sobre mi escritorio.

____ Muy bien. Yo vengo de allí.

____ Sí. Conozco bien sus productos.

____ A las siete menos quince.

B. Mini-diálogo

1. --Pedro, ¿tú conoces al señor Alonso García?
   --Sí, lo conozco (*I know him*) muy bien.
   --¿Y tú sabes que es un artista famoso?
   --Sí, lo sé.
   --¿Y sabes que viene a visitar nuestra escuela?
   --Sí, lo sé. Viene el diez de febrero.
   --Pues, ¿cómo lo sabes?
   --Es fácil. Es mi padre.

Conteste ahora: 1. ¿Quién viene a visitar nuestra escuela?_____

_____ 2. ¿Cuándo viene? _____

_____ 3. ¿Cómo sabe esto Pedro? _____

4. ¿Conoce Ud. a una persona famosa? _____

_____ (¿A quién?) _____

#14. The double negative

A. Cambie según el verbo nuevo:

1. No sé nada. (preparo, escribir, comer, traer) _____

_____ 2. No hay nadie aquí. (entrar,

trabajar, vivir, subir) _____

_____ 3. No comemos eso nunca. (admitir, hacer, oír, decir) _____

_____

B. Ahora díganos tres cosas que Ud. no hace nunca. *Yo nunca* _____

_____

IV. Composición creativa

1. (*dos o tres personas*)

   Ud. y sus amigos hacen planes para ocupar una pequeña casa abandonada este verano. La casa está en buenas condiciones y tiene electricidad. Pero no tiene muebles ni (*nor*) nada de eso. ¿Qué utensilios, aparatos eléctricos y muebles traen Uds.?

2. Imagine Ud. que tiene que pasar un año en una isla (*island*) desierta. ¿Qué cosas lleva (*do you carry*) allí? ¿Cómo va a pasar su tiempo?

REPASO PRIMERO: Lecciones 1-4

Examen de comprensión

M.: (. . .) ¿ . . . ? _____ Sí, yo sé que tenemos examen hoy. Pero . . .
A.: Es verdad. Por ejemplo, vamos a comenzar con . . .

I. Dictado ilustrado
Escuche bien, y después escriba bajo la ilustración correcta.

_____

¿_____? --_____

_____

¿_____?

--¡_____!

¿_____? --¡_____!

M.: Bueno, vamos a repetir . . . Escuche otra vez:

(*All four sentences are now repeated.*)

M.: ¡Y ya! Pasamos ahora a la segunda parte . . .

II. ¿Comprende Ud.?

Escuche, y después indique la conclusión correcta. Por ejemplo:

Hace mucho calor hoy.   **—Pues naturalmente . . .**   **a. Es el invierno.**
b. Es el otoño.
c. Es el verano.

1. ¿ . . . ? --Ah, sí, por favor . . .   a. Hay muchas personas aquí.

   b. Hace mucho frío.

   c. Tengo mucha hambre.

2. ¿ . . . ? --   a. Porque no tengo tiempo.

   b. Porque tengo demasiada sed.

   c. Porque tienen mucha razón.

3. ¿ . . . ? --Tres. Por eso (*That's why*). . . a. La sala ya está limpia.

   b. Tenemos que subir y bajar todo el día.

   c. No tiene escaleras.

4. ¿ . . . ? --No puedo . . .   a. No tengo el número de su teléfono.

   b. Siempre apaga la radio.

   c. No hay televisión allí.

5. (. . .) --Es verdad . . .   a. Tengo que lavar los platos.

   b. Voy a comprar una lámpara nueva.

   c. Hay demasiadas bombillas en esa lámpara.

M.: (. . .) Y ahora, . . . A ver qué contesta . . .

III. Vamos a conversar

1. Dígame: a. ¿Es ...? _____ b. ¿Tiene

 ..., o ...? _____ (Yo ... ¿Y tú, Alberto? --

 También. Nuestro ...) c. ¿Tienen Uds. ...? _____

_____ d. ¿ ... en su cuarto? _____

_____

M.: ¿ ...? En mi casa ... --uno blanco y negro ...   Pero no tengo tiempo para ver ...
A.: Siempre es así, ¿ ... ? _____ Pues hablando de otra cosa, ...

2. ¿ ... sale ...? _____ (...)

 b. Entonces, ¿ ... ? _____

 c. ¿ Cómo va ...? ¿ ... o camina (*do you walk*)? _____

M.: ... , como yo (*like me*).
A.: (...) Ahora, una cosa más importante. Díganos ...

3. ¿ ... favorita? _____

 ¿ ...? _____

A.: (...) Y ahora vamos a repetir ...   (*The questions are repeated now.*)

IV. Use la imaginación

1. ¿Qué dicen ...? _____ -- _____

2. ¿ ...? _____ 3. ¿Cómo es ...?

(Use por lo menos dos adjetivos descriptivos.) _____

4. ¿ ...? _____

5. En su opinión, ¿ ... ? _____

97

M. : (. . .) Pero en realidad, ¿sabe? Estos dos jóvenes . . . Y si pasamos al . . . , vamos a oír . . .

V. Ejercicio de interpretación

--Nico, aquí traigo . . .

-- ¡Qué bien! Pero . . . funciona.

--¿Desde cuándo?

-- Desde ayer.

--¿Y tú . . . hacer la reparación?

--¡Qué va! Yo no sé nada de . . .

--Entonces, ¿por qué . . . ?

--Porque . . .   Y mi padre no paga por . . .   Oye, Julita. ¿Tú . . posiblemente . .
¿tú me das 10. 000 hasta (*until*) . . . ?

--¡ . . . ! ¡ Yo . . . que tú!

Conteste ahora:

1. En su opinión, ¿qué . . . ? ¿ . . . ? _____

2. . . . , ¿cuántos . . . ? _____

3. ¿Por qué no es posible . . . ? _____

_____

4. ¿ . . . aptitud mecánica . . . ? _____

5. ¿Trabajan . . . ? _____ ¿ . . . dice Ud.

eso? _____

M.: Precisamente. ¿ . . . ? Con esto terminamos . . .   Mucha suerte. . .

A.: Hasta muy pronto.

LECCION CINCO : <u>El cuerpo humano</u>

R.: (. . .) _____ Diga conmigo, ¿eh?: ¡Ah, qué cara!// La cara de un ángel.// ¡Qué ojos!// Negros como el carbón (*as coal*).// ¡Qué dientes!// Blancos como la nieve (*as snow*).//

B.: (*a la distancia*) Rafael . . .

R.: ¡Qué labios!// ¡Qué rara perfección!//

B.: (. . .)

R.: (. . .) Vamos a continuar. . .: ¡Qué nariz!// Ni (*neither*) grande ni pequeña.// ¡Qué cerebro!// Brillante//, genial (*genius*).// ¡Qué cuerpo!// Fuerte (*strong*)//, atlético//.

B.: (*entrando*) Pero, Rafael, ¿otra vez? ¿Cómo vas a hacer . . . , si siempre tienes ese espejo (*mirror*) en la mano?

R.: Ah, perdón. Pero cuando miro esta cara. . . i . . .! En serio (*seriously*), ¿ . . .?

_____ Siempre es un gusto pasar estos momentos. . . Bueno, vamos a comenzar. . .

Palabras ilustradas

Mire por un momento las ilustraciones. Ahora escriba la <u>palabra</u> correcta debajo de cada una.

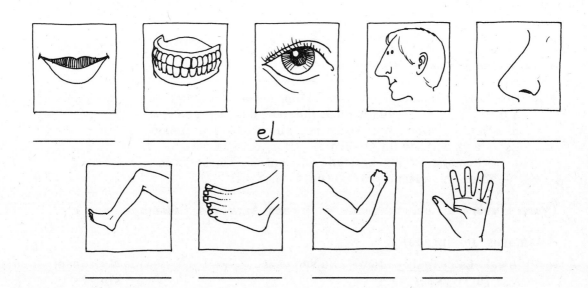

_____   _____   el _____   _____   _____

_____   _____   _____   _____

R.: (. . .) Ahora, ¿qué dice? ¿Hacemos . . .

Asociaciones

Escuche cada palabra del Grupo A. y después diga la asociación más lógica.

A. (El cuerpo humano)   B. (Asociaciones)

1. la boca _____//   caminar • tocar el piano

2. los ojos _____//   comer, hablar • ver, mirar

3. los pies _____//   bonita, fea • rubio, moreno

4. los dedos _____//   • oír y escuchar

5. el oído _____//

6. la cara _____//

7. el pelo _____//

B.: A propósito, ¿de qué color. . .? *Mi* _____ (. . .)

R.: Y sus . . . , ¿. . .? _____ ¿Sabe una cosa . . .? Los ojos de mis
padres son . . . , pero yo tengo . . .

B.: (. . .) "Tan (*as*) negros como . . ."

R.: Pero en realidad. . . , ¿qué importa el aspecto físico de uno (*does one's physical
appearance matter*), ni el color . . . ? Eso no significa . . .

B.: ¿ . . .? Pues escuche nuestro cuento (*story*):

El jurado *(The jury)*

(Estamos en la corte municipal.)

<u>Abogado</u> de la defensa: Y en conclusión, señoras y señores,   *lawyer*
la decisión está en sus manos. Miren Uds. la cara de
mi cliente. Miren Uds. esos ojos sinceros. Y díganme:
¿Es ésta la cara de un criminal? ¿O es ésta la cara
de un hombre bueno, <u>honrado</u>, decente? No, señoras   *honest*
y señores, mi cliente es inocente, inocente.

(Vamos ahora al cuarto donde el jurado hace sus deliberaciones.)

(Miembros del jurado)

1: ¡Qué va! Es <u>culpable</u>, digo. ¿No ven esos   *Nonsense! / guilty*
ojos <u>furtivos</u>?   *sneaky"*

2: ¿Y los labios <u>finitos</u>? Esa boca es cruel. Yo tengo   *thin*
buena nariz para esas cosas.

3: ¿Y qué dicen de esos dedos largos y delgados?
Ésas son manos de <u>ladrón</u>.   *a thief*

4: Pero miren Uds. Yo soy violinista, y mis manos
son así.   *like that*

1: Ajá. Pero Ud. no tiene ojos furtivos.

2: <u>Ni</u> boca cruel.   *Nor*

4. Pero señores, tenemos que usar la cabeza, no la
emoción.

2: Pues claro. Pero, con esas piernas <u>fuertes</u> que   *strong*
tiene, para escapar de la escena del crimen.
<u>¡Uy, cómo corren!</u>   *Ooh, can they run!*

3: Es verdad. <u>Desde los pies hasta</u> la cabeza, uno   *From his feet to*
ve que es ladrón. ¿Saben? Yo no entiendo cómo
un hombre así puede tener <u>una esposa tan hermosa.</u>   *such a pretty wife*

2. <u>Ni yo.</u> ¡Qué mujer, eh! ¡Qué cara! ¡Qué pelo!   *Neither do I.*

4: Pues yo no sé. Con una esposa <u>como ella,</u> el corazón   *like her*
me dice que el hombre es decente.

3: Pues, ¿quién sabe? <u>Tal vez</u>. Tal vez.   *Perhaps.*

1: ¡Qué va! ¿Con esos ojos furtivos?

2: ¿Y esos labios crueles?

B.: (!...!) ¿Ya ves, ...? Para muchas personas, el aspecto físico ...

R.: No puede ser. Digame, mi estudiante: En su opinión, ¿es posible ver el carácter ...

en su cara? _____

Entonces, ¿hay ... o "labios crueles"? _____

B.: Perdone,... Pero tenemos que ... a otra cosa. Como (*like*)..., y ...
(¡ Ay, cruel!)

Uso activo

#15. Verbos de cambios radicales (*Stem-changing verbs*)
Preste mucha atención ...

(e > ie)

pensar// (*to think*)

pienso, piensa, piensa//	*I think, you think, he ..., etc.*
pensamos, pensáis//	*we..., you-guys ...*
piensan//	*they think. you (Uds.) ...*

¿Recuerda Ud. el verbo **cerrar** *(to close)* ? yo c<u>ie</u>rro, tu c<u>ie</u>rras,// mi tío ...//

101

entender// (*to understand*)

entiendo, entiendes, entiende// entendemos, entendéis// **entienden**//

sentir// (*to feel; to regret, feel sorry*)

siento, sientes, siente// sentimos, sentís// _____ // (Así es.)

El verbo irregular **querer** (*to want; to love--a person*) es similar en el presente:

quiero, quieres, quiere// queremos, queréis// _____ (. . .)

(o > ue)

Otros verbos de cambios radicales toman las formas siguientes:

contar// (*to count; to tell*)

cuento, cuentas, _____// contamos, contáis// **cuentan**//

mover// (*to move*)

muevo, _____, _____//; movemos, movéis// _____ //

morir// (*to die*)

muero, _____, _____ // morimos, morís// _____ //

Y otro verbo "irregular: **poder** (*to be able, "can"*)

puedo, puedes, puede/ podemos, podéis// _____ //

R.: Ahora, ¿qué dice? ¿Podemos practicar. . .?

Conversaciones al instante

Repita, y después conteste según las indicaciones. Por ejemplo:

¿<u>Cierro</u> las ventanas?// (*Do I close. . . ?*) --No. (Tú) *Cierras* las puertas.//

1. ¿<u>Entiendes</u>?// -- Sí, (yo) _____ perfectamente.//

2. ¿<u>Recuerdas</u>?// --No, _____ nada.//

3. ¿<u>Puedo</u> entrar?// -- Sí, (tú) _____ , si quieres. //

4. ¿Ud. <u>siente</u> frío?// -- Al contrario, _____ calor.//

5. ¿<u>Uds. comienzan</u> a estudiar?//--Sí, (nosotros) _____ este año.//

6. ¿<u>Contamos</u> contigo? (*Can we count on you?*)// -- Claro, (Uds.) _____

   conmigo.// O como dicen . . . (vosotros) _____ conmigo.//

B.: ¿. . .?

R.: Absolutamente. ¿Qué quieres pedir (*ask for*)?

B.: . . ., nada más (*that's all*).

#16. __Más verbos de cambios radicales: e › i__

Hay verbos que usan una fórmula un poco diferente.   Diga conmigo:

pedir// (*to ask for, request*):

pido, pides, pide //   pedimos, pedís, **piden**//

¿Qué diferencia hay entre **pedir** y **preguntar?**

- **Pedir** hace una petición (*request*).   Pedimos un favor. Pedimos dinero, etc.
- **Preguntar** hace una pregunta (*asks a question*):   ¿. . .?

¿Ud. quiere pedirme algo?   *Do you want to ask me for something?*

--No. Sólo quiero preguntar   *--No. I just want to ask (inquire)*
si me necesita.   *whether you need me.*

(. . .)

servir//   (to serve)

sirvo, sirves, _____// servimos, ser_____ , // **sir**_____   (. . .)

repetir// (to repeat): **repito**// etc.

B.: No tenemos que continuar, ¿ . . .? _____

R.: Así pienso yo. Sólo vamos a escuchar. . .

Situaciones

A ver cómo contestamos.

1. --No puedo comer mucho ahora porque mi clase comienza a las . . .
   ¿Qué pido --cereal con una banana, o un plato de rosbif con patatas?

Ud. pide _____

2. --Es el mediodía y tenemos hambre, pero estamos a dieta y no queremos cosas
   de . . .   ¿Qué pedimos--una pizza, o una ensalada de vegetales?

Pedimos _____

3. --Tengo un pequeño . . . Mi mejor amigo viene . . .   Pero mi . . . no funciona. . .
   ¿Qué sirvo-- un sándwich frío con un coctel de frutas, o sopa caliente y una
   hamburguesa?

Ud. sirve _____

103

4. --Uds. están . . .   En este momento aprenden los verbos de cambios . . .

¿Qué verbo repiten: <u>hablar</u>, o <u>comenzar</u>?   Repetimos _____ //

Repetimos <u>comer</u> o <u>contar</u>? _____ ¿<u>querer</u> o

<u>comprender</u>? _____

R.: (. . .) Y ahora, ¿qué dices? ¿Pasamos a los complementos (*object pronouns*) . . . ?

B.: Sí, pero solamente . . .

#17. <u>Los complementos *me, te, nos*. . . (*me, you, us, etc.*)</u>

(. . .)

me// me, to me, (to) myself

--¿<u>Me</u> quieres?//   *Do you love me?*

te// you, to you, (to) yourself

--<u>Te</u> adoro.//   *I adore you.*

--¿<u>Me</u> dices la verdad?//   *Are you telling me the truth?*

--¿Piensas que <u>te</u> miento?//   *Do you think I lie to you?*

--¿Quién sabe, hombre?// Tú   *Who knows, man? You*
   <u>te</u> conoces// mejor que yo.//   *know yourself better than I do.*

(¡ . . . !) En fin, vamos a repetir otra vez:

nos// us, to us, (to) ourselves

os//   you-folks, to you, (to) yourselves (*Spain*)

--No lo entiendo.// <u>Nos</u> conocen//   *I don't understand it. They know*
   pero no <u>nos</u> hablan.//   *us, but they don't speak to us.*

--Es que no <u>os</u> recuerdan,//   *It's that they don't remember*
   nada más.//   *you, that's all.*

B.: Puede ser. (*That may be.*) Pero hay una cosa que siempre tenemos que recordar.
¡La posición de los complementos con respecto al verbo!

R.: Eso sí. (*Yes, indeed.*) La posición normal . . .

(OBJECT PRONOUNS NORMALLY GO RIGHT <u>BEFORE</u> THE VERB!)

--¿<u>Me</u> quieres?//   *Do you love me?*
--<u>Te</u> adoro.//   *I adore you.*
--¿<u>Me</u> dices la verdad?//   *Are you telling me the truth?*

R.: Con el infinitivo . . .

(With an infinitive, there are two ways to place the pronouns.)

¿<u>Te</u> voy a mentir?//   *Am I going to lie to you?*
¿Voy a mentir<u>te</u>?/

104

No <u>nos</u> quieren ver.//   *They don't want to see us.*
No quieren ver<u>nos</u>.//

Ahora, una observación más.   Preste mucha atención:

(Affirmative command: pronoun at the end!)

¿Me llama Ud.?   *Are you calling me?*
Llámeme.//   *Call me!*

¿Nos escribe?//   *Will you write to us?*
Escríbanos.//   *Write to us.*

B.: ¿ . . . ? Pues en otra ocasión vamos a . . .

R.: Sí. Por ahora, es más interesante . . .

Relaciones humanas

(Vamos a usar las formas familiares, porque estas preguntas son muy personales.)

1. ¿Qué piensas tú?   ¿Te ama realmente tu novio (novia)?

¿Te llama todos los días? *Sí, (No, no) me* _____ ¿Te

presenta a su familia? _____ ¿Te invita a

muchos lugares (*places*) ? _____

¿Te miente ? _____ ¿Te ayuda (*help*) con tus problemas?

_____ *mis* _____ ¿Te consuela cuando

estás triste (*sad*)?_____ *cuando estoy*

¿ Te trae regalos (*gifts*)? _____ ¿Te dice

siempre que te quiere? _____ *me quiere.*

2. ¿Nos estiman mucho nuestros amigos?

¿Nos invitan a todas ..? *Sí, (No, no) nos* _____ //

¿Nos llaman . . . ? _____// ¿Nos consultan

cuando . . . ? _____ ¿ . . . piden dinero

todo el tiempo? _____ ¿. . . sus

secretos más íntimos?_____

¿Tratan de (*Do they try to*) ayudarnos si pueden? _____

R.: Ahora, ¿nos permites a nosotros hacerte unas preguntas especiales? Francamente, ¿nos consideras buenos maestros? _Sí, (No, no) os considero_

_____ ¿Nos comprendes siempre? _____

¿Nos escuchas con atención? _____

Pues . . . , escúchanos ahora. Porque antes de terminar, hay una cosa más.

#18. El infinitivo después de una preposición

Aquí el español es muy diferente del inglés.   Por ejemplo:

--Antes de salir,// cierre las
ventanas.//--Por supuesto.

*Before going out, close the
windows. --Of course.*

--Después de terminar tus estudios,//
¿dónde vas a vivir?//

*After finishing your studies,
where are you going to live?*

--Al entrar en mi último año,//
me voy a decidir.//

*Upon entering my last year,
I'll decide.*

R.: (. . .) Ahora, ¿qué piensan? ¿Practicamos con un . . .?
B.: Sólo si . . .   Cinco preguntas fáciles.

Ejercicio escrito

(Otra vez, vamos a hablar entre amigos: _me, te, nos, os_)

1. ¿Me . . .? _____ 2. Después de

salir . . . , ¿me quieres acompañar (*go with me*) a . . . _____

_____ 3. ¿Te puedo . . .?_____

_____

4. Posiblemente, ¿ . . . este fin de semana (*weekend*) . . .? _____ _os_

_____ 5. ¿Qué piensas? Al (*upon*) completar. . . ,

¿vas a continuar . . .? _____

_____

R.: Por lo menos (*at least*), tienes que. . . , ¿no? _____

B.: Pues como siempre, nos encanta (*we love to*) . . .   Hasta la próxima vez, . . .

R.: Y cuídate (*take care of yourself*), . . .

I. Experiencias visuales

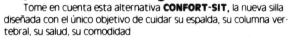

Confort-Sit
Sistema patentado

La primera silla inteligente

Tome en cuenta esta alternativa **CONFORT-SIT**, la nueva silla diseñada con el único objetivo de cuidar su espalda, su columna vertebral, su salud, su comodidad

Reduce el efecto de la gravedad en su espalda

Cuando usted esta sentado en una silla convencional, la parte inferior de su espalda y sus glúteos soportan **todo el peso de su cuerpo**, más el efecto descendente de la gravedad sobre su cuerpo. Muchas de las molestias de espalda y cuello, son el resultado de estar mucho tiempo e incorrectamente sentado. Desafortunadamente la mayoría de las sillas convencionales son diseñadas sólo pensando en la estética y se olvidan de su espalda.

En casa o especialmente en el trabajo

CONFORT-SIT es el perfecto complemento de su computadora personal o de su escritorio. Úsela para leer, tocar o escuchar música, o para trabajar en su laboratorio, oficina, consultorio, etc.

Pídala hoy mismo, garantía total

Si no queda totalmente satisfecho, la devuelve y le reembolsaremos su dinero.

Adivine ahora por el contexto:

Hay numerosas expresiones aquí que Ud. no conoce. Pero no importa. ¿Puede Ud. explicar en inglés el significado de las frases siguientes?

1. "Esta silla está diseñada para *cuidar* su espalda y su columna vertebral, su salud y su *comodidad*?" . . . *What is this chair designed to do?* _____

   _____ *If "commodity" doesn't make sense here, what else can "comodidad" mean? (Pista: Una silla "cómoda" es una silla "confortable".)*

2. "*Pídala* hoy mismo, garantía total. *Pruébela* por 15 días, y si no queda totalmente satisfecho, la *devuelve* y *le reembolsaremos* su dinero". . . *What do they want you to do this very day?* _____ *What happens if you're not satisfied?* _____

Ahora díganos en sus propias palabras qué ofrecen en este anuncio (*ad*).

II. Palabras en uso

A. La palabra intrusa

Hay una palabra en cada grupo que no corresponde al tema. Identifique esa palabra, y díganos por qué es "la intrusa".

1. nariz, boca, labios, cara, corazón, ojos, orejas _____

2. dientes, boca, pierna, estómago, digestión, lengua _____

3. brazo, mano, cara, dedos, tocar el piano, uñas, pie _____

4. pelo, cabeza, rubio, moreno, alto, corto, largo _____

B. Asociaciones

¿Cuántas asociaciones puede Ud. encontrar en el grupo 2 para cada cosa del grupo 1?
(Hay más de una (*more than one*) para cada una.)

1.

un tocadiscos _____

_____

la boca _____

_____

tiempo _____

_____

poner o apagar _____

2.

escuchar • hablar • tocar música

• la radio • comer • dientes •

horas • las luces • la televisión •

días, semanas, meses, años • discos

• oír • labios • grande, pequeña

• mucho, poco

III. Ejercicios suplementarios

#15-16. Stem (or "Radical-) Changing Verbs

Frases paralelas (*Cambie según las indicaciones*)

1. <u>Ud. recuerda</u> el número, ¿no? (Tú, Juan, Uds., nosotros, vosotros)

_____

2. <u>Comienzan</u> muchas cosas. (servir, pedir, repetir) _____

3. <u>Pienso</u> ir con ellos. (Laura, ¿Tú?, ¿Vosotros?, Anita y yo) _____

4. <u>Pueden</u> venir ahora. (querer, sentir, pensar, comenzar a) _____

_____

5. No entendemos sus ideas. (Yo, Ud., ¿Tú?, ¿vosotras?) _____

_____

#17. <u>Object pronouns: me, te, nos, os</u>

A. Conteste según los modelos:

> ¿Me quieres? -- Sí, muchísimo. *Sí, te quiero muchísimo.*
> ¿Nos dais algo? -- No, nada. *No, no os damos nada.*
> ¿Te ayudo? --Sí, . . . , por favor. *Sí, me ayudas, por favor.*

1. ¿Te traigo algo? -- Sí, el periódico, por favor. _____ *traes* _____

_____ 2. ¿Qué me pides? --Sólo tu amor. _____ *pido* _____

3. ¿Me das todo tu dinero? --¡Qué va! ¡Nada! _____ 4. ¿Te

gusta el español? -- Muchísimo. _____ 5. ¿Te mueres de

amor? --No, de fatiga. _____ 6. ¿Nos invitáis? --

Con mucho gusto. . . _____ *invitamos.* 7. ¿Nos recuerdas? --Sí,

muy bien. _____ 8. ¿Te sientes mal? --No, . . . mejor. _____

_____ 9. ¿Os llaman? --Sí, todo el tiempo. _____

_____ 10. Escúcheme. -- No, . . . Ud. a mí. _____

#18. <u>Using the infinitive after a preposition</u>

Miscelánea: (Conteste escogiendo siempre la <u>segunda</u> alternativa.)

1. ¿Uds. van al cine antes o después de comer? _____

2. ¿Quién va a pagar (*pay*), ¿ellos o tú? _____ 3. ¿Tus primos

vienen a vivir contigo o sólo a visitarte? _____

4. Al salir de tu casa, ¿enciendes o apagas las luces?_____

_____ 5. Sin estudiar, ¿es normal sacar notas (*get grades*) buenas o

malas? _____ 6. En su opinión, ¿es más fácil

aprender a hablar o a leer una lengua? _____

IV. Composición creativa

Imagine que Ud. tiene la oportunidad de crear una persona perfecta. ¿Cómo va a ser su aspecto físico? (Indique todos los detalles.) ¿Cómo va a ser su personalidad?

LECCION SEIS: En caso de emergencia

(Sirenas de policía, etc. Diferentes voces: "¡Socorro! . . . ¿Qué pasó? . . .¡Manden por un médico! ¡Esto es una emergencia! . . . ¡Robo! ¡Ladrón! . . ."

B.: ¡ . . . ! ¿Qué pasa? (*What's up?*)

R.: Pienso que . . .

B.: Pero, ¿qué puede ser? Yo no veo . . .

R.: (. . .) Ya pasó. (*It's over.*) Vamos . . .

B.: En seguida. Pero, ¡qué . . .! En fin (*anyway*) . . . ¿ . . . ? _____
¿Sabe por qué . . .? Porque acabamos de tener (*we've just had*) . . .
¿No me cree? (*You don't believe me?*) Pues mire . . .

Dictado ilustrado
Repita primero, y después escriba debajo de la ilustración apropiada.

B.: Bien, ...   (*Más sirenas y voces.*) ¡ ...! ¿Hay otra ...? Pues vamos a ver qué pasa. Escuche ...

El accidente

Sr. 1: ¡Rápido! ¡Pidan una ambulancia! Hay una persona <u>herida.</u>   *injured*

Sr. 2: Sí, en seguida. Hay dos personas heridas.

Sr. 1: ¿Dos? No. Sólo una.

Sr. 2: Dos.

Sra. 1: ¡Manden por un médico!

Sr. 2: Hay dos, digo.

Sr. 1: Una. ¡Una!

Sra. 1: Aquí viene la policía.

Sr. 1: Hay sólo una persona herida, no más.

Sr. 2: Hay dos. ¿Qué sabe Ud.?

Sr. 1: Más que Ud.

Policía: Por favor, señores. Díganme, ¿qué pasa? ¿Quién me puede <u>explicar</u> ...?   *explain*

Sr. 1: Pues, señor policía, no sé más que <u>esto.</u>   *this*
Yo estoy en mi casa aquí. Oigo un <u>grito.</u>   *shout*
Salgo a ver qué es. ¡Y veo a una persona
<u>tendida en el camino.</u>   *lying in the road*

Sr. 2: Hay dos personas.

Sr. 1: Una. ¿Dónde está la segunda?

Sr. 2: Allí.

Sr. 1: Yo no veo a nadie.

Sr. 2: Pues yo, sí.

Sr. 1: Imposible.

Policía: <u>Con calma</u>, ¿eh? Quiero saber exactamente ...   *Take it easy*

Sra. 1: Mire, señor policía, yo <u>lo sé todo.</u> Hay dos   *I know all about it.*
coches--uno pequeño, el otro grande, y. .

Sra. 2: ¿Coches? ¡Qué va! No hay un accidente. Hay
un incendio.

Sra. 3: Es verdad. Yo oigo que una persona grita
"¡Socorro! ¡Fuego!"

Sra. 4: No grita "¡Socorro!" Grita "¡Ladrón! ¡Robo!"

Sr. 3: No, no, no. Grita "¡Asesino!" Y después hay
una persona tendida en el camino.

Sr. 2: Dos personas.

Sr. 1: Una.

Sr. 2: Tú necesitas <u>anteojos</u> para ver.   *eyeglasses*

111

Sr. 1: Tú <u>los necesitas</u> más que yo.   *need them*

Sr. 2: ¿Ah, sí? Entonces, ¿ves <u>el doble</u> sólo cuando   *double*
<u>bebes</u>?   *you drink*

Sr. 1: ¿Beber, yo? ¡Te voy a enseñar quién bebe y
quién no!

    (*Los dos comienzan a <u>pelear</u>.*)   *fight*

Voces: "Por favor, señores." "<u>Dale,</u> hombre."   *Let 'em have it!*
"Señores, señores . . ."

Sra. 3: ¡Manden por un médico! Hay tres personas
heridas.

Sra. 4: ¡Cuatro, mujer! ¿No ves? ¡Hay cuatro!

    (*Sirenas*)

B.: .Por favor, . . . Me duele la cabeza ya. Dígame, . . .: En su opinión, ¿ . . . de

verdad como (*really like*) éstas? _____

R.: ¡ . . . ! Pero, hablando de la "verdad" . . .

¿Verdad o falso? (Escuche, y conteste.)

1. Al principio (*At the beginning*) de este episodio , hay mucha conmoción

   y . . . ¿ . . .? _____

2. El problema es que . . .   _____

3. Un testigo (*witness*) dice que . . . , pero . . . ¿ . . .? _____

4. . . . a pelear. _____

5. . . . todos los testigos . . . _____ (. . .)

B.: ¡ . . . ! ¿Qué hacemos, . . ., si esto comienza de nuevo (*all over again*)?

R.: (. . .) Pasamos a . . ., y no les prestamos atención.

B.: (. . .) Por ejemplo, comenzamos . . .

Uso activo

#19. El <u>a</u> "personal"

(<u>a</u> —→ person receiving action)

--¿Conoce Ud. <u>a</u> Marcos Suárez?//   *Do you know Mark Suarez?*

--No. Pero conozco <u>a</u> su hermano.//   *No. But I know his brother.*

--¡Qué raro!// Marcos no tiene   *That's funny. Mark doesn't have*
hermanos.// (**No <u>a</u> after <u>tener</u>!**)   *any sisters or brothers.*

--Pepe, ¿a quiénes invitas?//

Joe, whom are you inviting?

--Sólo a Roberto// y a Rosario//
   y a Micaela y a ..//

Only Robert and Rosario
   and Michelle and..

--¿Y a mí?//

And me?

--Claro, chica.// Siempre a ti.//

Of course! Always, you.

R.: ¿ . . . ? _____ Pues vamos a oír . . .

Mini-diálogos

Como siempre, escuche, y después conteste:

1. --Luis, ¿te gusta vivir en esta ciudad (*city*)?
   --Así, así. No conozco a muchas personas.
   --Pues, paciencia. Eres nuevo aquí todavía.

Conteste: ¿ . . . muy contento . . .? _____

_____// A propósito, ¿conoce Ud. a . . .? _____

_____

2. --¿Sabe? Mañana vamos a visitar a la familia de mi esposo. Y, ¡Dios mío!,
      cuántos parientes tiene! ¡No sé todos los nombres todavía!
   --¡Ay, qué cosa!

¿Qué dice Ud.? ¿ . . . ? _____ ¿ . . . ?

_____

3. --¡Rápido! Llamen en seguida al . . . !
   --¿ . . . ? ¿Hay una emergencia?
   --Sí, y muy grave.

Conteste otra vez: ¿A quién van a llamar . . .? _____

_____ // En su opinión, ¿ . . . primero al . . . o al . . .? _____

_____

R.: (. . .) Pues bien, adelante. . ., sobre los complementos de la tercera persona. . .

B.: Importantísimo.

#20. Complementos de la tercera persona (*him, her, etc.*)

lo//   him, it, you (Ud.)--*masc.*

¿El periódico?// Sí, lo tengo.//

The newspaper? Yes, I have it.

¿Ramos?// Lo admiro mucho.//
--Y él lo admira a Ud.//

Ramos? I admire him a lot.
   And he admires you.

B.: ¿Nos ayuda ahora a continuar?   Por ejemplo:

¿Traes el tocadiscos? -- Sí, __*lo*__ traigo.

Entonces, ¿no vas a usar el televisor? --No, no voy a usar_____.//

No _____ voy a usar.//

1a//   her, it, you (Ud.)--*fem.*

¿Elisa Robles?//   No, no la
  conozco.//
--Pero ella la conoce a Ud.//

*Elisa Robles? No, I don't
  know her.
But she knows you.*

¿Cerramos la puerta ahora?//
--No, la cerramos a las seis.//

*Shall we close the door now?
No, we close it at six.*

La sala. ¿La limpiamos? --Sí, _____

La cocina. ¿La lavamos?   --No. Hoy no _____

los//   them, you (Uds.)--*masc.*

¿Usan Uds. estos vasos?//
--No, no los usamos.//

*Are you using these glasses?
No, we're not using them.*

¿Recomiendan Uds. estos platos? --Ah, sí, _____ recomendamos.

¿Uds. van a comer esos sándwiches? --Sí, vamos a comer_____//

_____ vamos a comer.//

Y para terminar: **las//**   them, you (Uds.)--*fem.*

¿Apagáis ahora las luces?//
--Sí, las apagamos.//

*Are you turning out the lights now?
  --Yes, we're turning them out.*

¿Cambiáis las bombillas? --Sí, _____ cambiamos ahora mismo (*right now*).//

¿Ponéis las otras? --Sí, _____ ponemos en seguida.//

B.: (. . .) Sí, de verdad. Ahora, . . .
R.: Y sea (*be*) brillante, ¿ . . . ?

le//   to him, to her, to it, to you (Ud.)

Hablo a Lisa.//
Le hablo.//

*I speak to Lisa.
I speak to her.*

Voy a escribir a Juanito.//
Voy a escribirle.//
Le voy a escribir.//

*I'm going to write to Johnny.
I'm going to write to him.*

¿Me dice Ud. la verdad?//	*Are you telling me the truth?*
--Siempre <u>le</u> digo la verdad.//	*I always tell you the truth.*

les//   to them, to you (<u>Uds.</u>)

Hablo a Lisa y Sarita.//	*I'm speaking to Lisa and Sarah.*
<u>Les</u> hablo <u>a ellas</u>.//	*I'm speaking to <u>them</u>. (Emphatic)*
--Voy a escribir a los chicos.//	*I'm going to write to the kids.*
Voy a escribir<u>les</u>.//	*I'm going to write to them.*
<u>Les</u> voy a escribir.//	
--¿Y no vas a escribirnos <u>a</u> <u>nosotros</u>?//	*And aren't you going to write to <u>us</u>? (emphatic)*
--Claro.// <u>Les</u> voy a escribir <u>a</u> <u>Uds</u>.// Voy a escribir<u>les</u> todos los días.//	*Of course. I'm going to write to <u>you</u>. I'm going to write to you every day.*

B.: Ahora, ¿qué me dice? . . .

¿Vamos a practicar?

(. . .) Esto va a ser muy breve. Responda usando siempre *le* o *les*.

1. ¿Mandas algo <u>a Juanita</u>? --Claro. Siempre . . .

   Siempre le mando algo.//

2. ¿Qué vamos a decir <u>a nuestros amigos</u>? --Nada.

   No vamos a decirles nada.// (No les vamos _____)//

3. ¿<u>Me</u> pasa Ud. un papel?--Más, si quiere.

   _____ *paso más ,* _____//

4. ¿Cúanto tiempo <u>me</u> dan Uds.? --Una semana.

   _____ *damos* _____ \// (¡Menos mal!)

5. ¿Cuándo <u>nos</u> traen las fotos? -- Mañana.

   _____ *traen* _____//

6. ¿Puedes pedir ayuda <u>a tu padre</u>? --Sí, un poco.

   Sí, puedo pedirle _____ // *Le puedo* _____//

7. ¿Vas a escribir pronto <u>a tus abuelos</u>? --Ah, sí. Esta tarde.

   _____ *les esta tarde.// Les* _____//

B.: Dígame . . . ,   ¿le gustan . . . ? _____ Ah, ¿qué me cuenta?

R.: La verdad, a mí me gusta más . . .   Es mucho más . . .

B.: Tienes razón. Pero cuando hablamos del verbo "gustar" . . .

R.: ¿ . . . ? Ah, ésa es otra cosa . . . Pienso que le va a interesar. (. . .)

#21. Cómo usar "gustar"

Diga con nosotros:

--Entonces, señor,// ¿le gusta el apartamento?//

Well, sir, do you like the apartment? (Is it pleasing to you?)

--Me gusta mucho.// Pero a mi esposa// no le va a gustar.//

I like it very much. But my wife won't like it. (To her it is not going to be pleasing!)

--¿Por qué?//

Why?

--Porque está en el piso catorce.// ¡Y no hay elevador!

Because it's on the fourteenth floor. And there's no elevator!

B.: (. . .) Bueno, mi estudiante, ¿ . . . un poco de propaganda? (. . .)

--¿Les gusta a Uds. el español?//

Do you-all like Spanish?

--Ah, sí. Nos gusta muchísimo.//

Oh, yes. We like it very much. (It is very pleasing to us!)

--¿Y a sus amigos les gusta también?//

And do your friends like it too?

--A todos nos gusta.// Y sobre todo// nos gustan Ud. y Rafael .//

We all like it. And we especially like you and Ralph

R.: ¿Sabe Ud., . . . ? Ud. dice las cosas más amables (*nicest things*)! Y porque es tan (*you're so*) amable, le vamos a dar . . . muy fácil.

B.: Ah, pero Ud. es demasiado simpático, . . .

R.: (. . .) ¡Es mi carácter! En fin, ¿qué les parece (*what do you think*), . . . ?

B.: Fantástica idea. A ver . . .

Gustos y disgustos

Responda: "Sí, me gusta(n) muchísimo." o "¡Uf! No me gusta(n) nada (*at all*)."

1. ¿Qué deportes le gustan? : ¿ . . . el baloncesto (*basketball*)? <u>Sí,</u>_____

   <u>muchísimo. (¡Uf! No</u> _____ <u>nada.)</u> ¿ . . .?_____

   _____ ¿ . . . el boxeo? _____ (¡ . . .!)

2. ¿Qué le gusta de comer? : ¿ . . . la pizza? _____ ¿ . . .?

   _____ ¿ . . . gustan los dulces (*sweets*)? _____

   _____ ¿ . . . la cerveza (*beer*) _____

   _____ ¿ . . .? _____

116

3. ¿Les gusta a Uds. cuando tienen que limpiar . . . ? _____

¿ . . . cuando tienen que lavar los platos? _____ ¿ . . .

vienen tarde? _____ ¿ . . . otras personas usan sus cosas

. . . ? _____ ¿ . . . les dan exámenes? _____

B.: Por favor, . . . , no nos gusta hablar de . . .

4. ¿Qué cosas les gustan a sus familiares (relatives)?   ¿Les gustan a sus padres los

amigos de Ud.? (Do your parents like . . . ?) Sí, les gustan _____ (No,

_____ A propósito, ¿ les gusta a sus amigos visitar . . . ? Sí, les

gusta _____ (No, _____). ¿Les gustan a sus hermanos las

mismas cosas (same things) que le gustan . . . ?_____

¿Le gustan a su madre las mismas cosas que . . . ? _____

B.: . . . esas preguntas son un poco largas (long), . . . Y el tiempo corre (is racing
   by).
G. Tienes razón.   Entonces vamos en seguida . . .

Ejercicio escrito

Como siempre, conteste.

1. ¿ . . . ? _____

2. La verdad, ¿ . . . actividades . . . o las oportunidades . . . ? _____

_____

3. ¿Les . . . ? _____

4. Francamente, ¿qué les gusta más a Uds.? ¿ . . . o . . . pero fácil? _____

_____

R.: Yo no sé si estoy de acuerdo. . .   En fin, nos nos queda más tiempo (we're out
   of time) para . . . Así que (So) le digo por ahora un cariñoso . . .

B.: Y le damos un fuerte abrazo. . .

ACTIVIDADES INDIVIDUALES

I. Experiencias visuales

¿HERIDO?

**NOS ESPECIALIZAMOS
EN CASOS DE
ACCIDENTES**

**Carros • Autobuses •
Caídas • Construcción
• Negligencia médica**

CONSULTA GRATIS

Si no colectamos dinero
para usted, no le cobramos
nada. Hablamos español
y podemos ir donde usted

LLAMAR: 233-5599

Robles y Soler

ABOGADOS

104 3ra Avenida, 2do piso

¿Sabe Ud. leer?

1. ¿Qué profesión ejercen Robles y Soler?
   (Qué es un "abogado"?)

   _____

2. ¿Cuál es su especialidad?_____

   _____

3. ¿Qué incentivos les ofrecen a los
   clientes?

   _____

   _____

   _____

4. ¿Cuál es su número de teléfono? _____

   _____¿Y dónde están sus oficinas?

   _____

Imagine Ud. ahora que es víctima de un accidente. ¿Va Ud. a estos abogados? ¿Por

qué? _____

_____

II. Palabras en uso

A. <u>Correspondencias</u> **(Use la lista a la derecha** -- on the right -- **para completarlas.)**

1. "Débil" es a "fuerte" como "debilidad" es a _____

2. "Socorro" es a "socorrer" como "descanso" es a

   _____

| descansar • doloroso • |
| avisar • salud • |
| fuerza • pedir |

3. Un "aviso" (*notice*) es a _____ como una petición es a _____

4. "Enfermo" es a "enfermedad" como "saludable" es a _____

5. "Peligro" es a "peligroso" como "dolor" es a _____

B. iEs lo mismo! (*It's the same thing!*)

   ¿Cómo relaciona Ud. las palabras de los grupos 1 y 2?

1.

cansado _____

auxilio _____

fuego _____

dolor _____

en seguida _____

enfermería _____

avisar _____

2.

> hospital • incendio •
> notificar • ayuda •
> sufrimiento •
> inmediatamente •
> fatigado

III. Ejercicios suplementarios

#19. The Personal a

   Conteste escogiendo la primera alternativa:

1. ¿Conoce Ud. mejor a Miguel o a su hermano? _____

2. ¿Visitas a tus padres esta semana o la semana que viene? _____

_____ 3. ¿Vas a llamar a Esteban ahora o más tarde? _____

_____ 4. ¿Uds. ven más a Elena o a Adela? _____

_____ 5. ¿Debemos invitar a Mario también o sólo a Eduardo? _____

_____ 6. ¿Te llaman a ti o a mí? (*iCuidado!*)

_____ 7. ¿Escogen Uds. a Marisol o a Rita? _____

_____ 8. ¿Tenéis más primos o más primas? _____

_____

#20. Third person object pronouns

   Complete, insertando el complemento correcto. Por ejemplo:

   ¿El libro? --Sí, *lo* tengo.   ¿Los Ramírez? --No, no *los* conozco.

1. ¿Tu pluma? No, no _____ veo. 2. ¿Las ventanas? Ya _____ tengo cerradas.

3. ¿Angel Ramos? Sí, _____ conozco muy bien.   4. ¿La verdad? Siempre _____ digo.

119

5. ¿Los papeles? _____ termino ahora mismo.   6. ¿La casa? _____ mantienen muy limpia.   7. ¿El propietario? No, no _____ conocemos.   8. ¿Llamadas telefónicas? _____ recibo todos los días.   9. ¿El número de su teléfono? No _____ recuerdo.

10. ¿A Miguel? No, no _____ hablo nunca.   11. ¿A mis padres, dices? Claro, _____ escribo todas las semanas. 12. ¿A Ud.? Siempre _____ comunico mis planes. 13. ¿A ese ladrón? No, no _____ doy nada. No _____ tengo compasión.   14. ¿A Sally? Díga_____ que _____ mando todo mi amor.

#21. How to use *gustar*

Conteste enfáticamente siempre, según los modelos:

¿A Ud. le gusta mucho el tenis? (Sí_) *Sí, a mí me gusta mucho.*
¿A Uds. les gusta ese programa? (No_) *No, a nosotros no nos gusta.*
¿Le gustan a José esas ideas? (A él, muy poco.) *A él le gustan muy poco.*

1. ¿Le gustan a Ud. los conciertos de "rock"? (Sí, enormemente.) _____

_____ 2. ¿Les gusta a Uds. la música nueva? (Sí, muchísimo.)

_____ 3. ¿A ti te gusta la comida (*food*)

aquí? (No. . . nada.) _____ 4. ¿A tus padres les gustan

tus compañeros? (No siempre.) _____

5. ¿Te gustan a ti los amigos de tus padres? (Sí, a veces.) _____

_____ 6. ¿Le gustan a Ud. las mujeres muy independientes?

(Claro que . . .) _____ 7. ¿Le gustan a Ud.

los hombres muy agresivos? (No. . .) _____

_____ 8. ¿Les gustan a Uds. más las lecciones en la clase o en el laboratorio?

(En la clase.) _____

IV. Composición creativa

Ud. es maestro/ maestra de colegio y quiere preparar una lista de avisos para sus estudiantes en caso de emergencia. ¿Qué consejos (*advice*) les da Ud.?

1. En caso de un incendio en este edificio, Uds. deben . . .
2. En caso de un accidente de automóvil, Uds. deben . . .
3. En caso de un robo en su casa, Uds. deben . . .
4. En caso de una emergencia de salud, Uds. deben . . . ¿Qué nos dice Ud.?

120

LECCION SIETE: ¿Qué debo llevar?

G.: (. . .) _____ ¿Qué . . .? ¿Todo le va . . .? _____ ¿Y a ti , . . .?

P.: Divinamente. Hoy es mi cumpleaños (*birthday*).

G.: Ya lo sé, . . . ¡Felicidades! En efecto, aquí . . . regalo (*gift*)-- de parte de (*from*) . . .

P.: (¡ . . . !) Ahh, . . . Pero, ¡qué amables son Uds.!

G.: Lo puedes abrir . . . , si quieres.

P.: (. . .) Pero, ¿me permiten adivinar . . . lo que es (*guess what it is*)?

G.: (. . .) Entonces sólo te voy a decir que es . . . de vestir (*of clothing*).

P.: ¿ . . . de llevar (*to wear*)? ¡ . . . ! Siempre . . . ropa. ¿ . . . ? ¿Me quiere ayudar?

¿Cuál es el regalo?

Mire las ilustraciones por un momento. correcto debajo de cada ilustración.   **Ahora escuche, y ponga (put) el número correcto debajo de cada ilustración.**

G.: Tu regalo contiene (*contains*) una de estas cosas o combinaciones.
P.: ¡ . . . ! Uds. son tan (*so*) generosos. Pues vamos a adivinar.

(1) Pregúntele si hay . . . en el paquete (*package*). ¿_____

_____? -- ¿ . . .? No, hay . . . (*Cross out the items above if the clues don't apply.*)

(2) Pregúntele si usamos . . . ¿_____?-- (. . .)

(3) ¿ . . . para caminar? -- (. . .)

(4) Pregúntele si . . . ¿_____? -- . . .
normalmente . . .

(5) Dime, ¿ . . . me cubren (*cover my*) . . .? -- . . ., hasta (*up to*) los pies.

Ajá! ¿Sabe . . . qué hay en el regalo? _____ //

P.: ¡Mil gracias . . . (. . .) Y perdónenme por tomar tanto (*so much*) tiempo.

G.: No hay problema, . . . En efecto, ya que (*since*) . . . ,   aquí tenemos un pequeño cuento (*story*) . . .

Cuento: "La decisión"

Alicia: Mamá . .

Madre: ¿Sí?

A.: ¿Qué debo llevar hoy?

M.: Yo no sé. ¿Adónde vas?

A.: <u>Fuera.</u>   *Out.*

M.: ¿Adónde fuera?

A: No lo sé todavía.

M: Pues si tú no sabes adónde vas, ¿cómo voy a saber yo qué debes llevar?

A: Por favor, mamá. Me <u>prometiste</u> . . .   *you promised*

M.: Bueno. ¿Por qué no llevas el vestido amarillo? Es muy bonito.

A.: Sí, pero está sucio.

M.: Entonces, ¿el pantalón verde con la camiseta <u>gris</u>?   *gray*

A.: No. No estoy <u>de humor.</u>   *in the mood*

M.: ¿La falda roja con la camisa azul?

A.: ¡Uf! No me gustó esa falda cuando la compré.

M.: Entonces, ¿por qué la compraste?

A.: Porque <u>bajaron</u> el precio, y . .   *they lowered*

M.: ¿Ah? Pues, . . . ¿que dices del vestido blanco, el nuevo que te compramos para tu cumpleaños?

A.: No puedo, mamá. Lo voy a usar mañana en la fiesta de Mariana.

M.: Entonces tú tienes que decidir <u>por ti sola.</u>   *by yourself*
Yo estoy <u>ocupada.</u>   *busy*

A.: ¿Demasiado ocupada para hablar con tu hija?

M.: De ropa, sí.

A.: Entonces no voy a salir.

M.: Muy bien, Pasas la tarde en casa.

A.: Pero no quiero. Quiero salir.

M.: ¿Para dónde?

A.: No sé.

M.: Entonces, ¿por qué no vas?

A.: Porque no tengo qué llevar. Por favor, mamá, ¿no me quieres ayudar?

G.: ¡ . . . ! ¡Qué muchacha!

P.: Pero si es . . . Todas son así, ¿ . . . ? _____ Dígame, ¿Ud. conoce . . . ?

_____

G.: A proposito, ¿le interesa a Ud. . . . ? *Sí, me . . .*_____ (*No, . . .* _

_____) ¿Compra . . . ? _____

P.: El problema es . . . muy costosa, ¿ . . . ?   Las cosas . . .   cuestan . . .

G.: No todas, . . . Estas lecciones, por ejemplo, . . .

P.: (. . .) Sobre todo . . .   Esa parte es gratis.

G.: Entonces, adelante . .   Hoy . . . el tiempo pretérito

Uso activo

#22. El pretérito (The preterite -- simple past tense)

(-ar verbs)
caminar// (to walk)

caminé//   **caminaste//**   **caminó//**   *I walked, you walked, etc.*

--¿Sabes?// Caminé cinco millas hoy.//   *You know? I walked five miles today.*
--¡Qué bien!// ¿Dónde caminaste?//   *Great! Where did you walk?*
--En el parque.// Ana caminó conmigo.//   *In the park. Ann walked with me.*

caminamos//   **caminasteis//**   **caminaron//**   *we walked, you, they . . .*

¿Cuánto tiempo caminaron?//   *How long did you walk?*
 --Caminamos solamente una hora.//   *We walked for only an hour.*
  Muy rápido, ¿eh?   *Pretty fast, heh?*

G.: ¡ . . . ! Para hacer eso, uno necesita práctica.
P.: Y para saber . . .   Así que vamos a practicarlo con . . .

Situaciones

1. Imagine Ud. que compró varias cosas ayer en su tienda favorita. Díganos:

   ¿Compró solamente . . . o . . . también? *Compré*_____

   ¿Pagó . . . o con tarjeta (*card*) de crédito? *Pagué*_____

   ¿Le costó más o menos de (*than*) . . . ? _ *Me costó*_____

P.: Hoy día (*Nowadays*) todo cuesta . . . ¡ . . . , qué precios! (. . .)

   2. Anoche dos coches chocaron (*collided*) cerca de tu casa. ¿Cómo trataste de

   (*did you try to*) ayudar? ¿Avisaste . . . ? _____ *avisé*_____

   ¿Llamaste . . . para las víctimas? _____

   ¿Las llevaste (*Did you take them*) en . . . ? _____

123

3. Uds. trabajaron hasta muy tarde anoche. Díganos: ¿Estudiaron para . . . ?

Sí, estudiamos _____ (*No,* _____)

¿Completaron todo el trabajo? _____

En fin, ¿descansaron . . . ? _____

G.: Pues descanse por un momento ahora, y . . .

(–er and –ir verbs)

aprender// *to learn*

aprendí//	**aprendiste//**	**aprendió//**	*I learned, etc.*
aprendimos//	**aprendisteis//**	**aprendieron//**	*we, you-all, they . . .*

¿Qué aprendiste ayer?// (¿Qué   *What did you learn yesterday?*
aprendió Ud.?) // --No aprendí   *I didn't learn anything. I fell*
nada.// Me dormí en la clase. //   *asleep in class.*

escribir// *to write*

escribí, escribiste, escribió//   *I wrote, etc.*
escribimos, escribisteis// _____ //

¿Uds. ya escribieron los informes?// (¿Ya   *Did you-all write your reports*
escribisteis los informes?)//--Los   *yet? -- We wrote them all,*
escribimos todos,// menos el último.//   *except the last one.*

Más situaciones

4. Tú llegaste tarde a clase esta mañana. ¿Qué excusas le ofreciste al profesor?:

¿Que saliste . . . ? *Sí, que salí* _____ (*No, que no salí*

_____) ¿Que perdiste (*you missed*) el autobús? _____

_____ ¿Que recibiste una importante llamada telefónica?

_____

5. Uds. aprendieron muchas cosas nuevas la semana pasada (*last week*). Díganos:

¿Aprendieron . . . ? _____ *aprendimos* _____

¿Leyeron algo (*something*) . . . en el periódico? _____ *leímos* _____

_____ ¿Oyeron . . . ? _____ *oímos* _____

_____

G.: ¡ . . . ! Ahora, ¿ . . . ? ¿Comprende . . . ? _____ Pues escuche entonces . . .

#23. El pretérito de *ser, ir y dar*

Ir y **ser** son absolutamente idénticos en el pretérito. (...)

(**ser** *to be;* **ir** *to go*)

fui, fuiste, fue// fuimos, fuisteis, fueron// *I was, I went, etc.*

--¿Adónde fuiste ayer?// — *Where did you go yesterday?*

--Fui con Diego al cine.// Y después fuimos a un concierto.// Fue una noche fabulosa.// — *I went with Jim to the park. And then we went to a concert. It was a great evening.*

--¿Ah, sí?// ¿Fuisteis los únicos de nuestro grupo? — *Really? Were you the only ones from our group?*

--Hombre, no.// ¡Tu novia y Jorge fueron también.// — *Man, no! Your girlfriend and George went too!*

Dar (*to give*) es similar al verbo **ver** (*to see*).

di, diste, dio// dimos, disteis, dieron// *I gave, etc.*
vi, viste, vio// etc.

¿ . . . ? _____ Pues, ¿quiere repetir otra vez?

--Dígame,// ¿Tere les dio el número de su teléfono? — *Tell me, did Teryy give you her telephone number?*

--No.// Pero le dimos el número de nuestra casa,// si nos quiere llamar.// — *No. But we gave her the number of our house, if she wants to call us.*

Conversaciones al instante

Ud. sabe hacerlas, ¿. . .? Responda según las indicaciones:

1. ¿Tú fuiste a la biblioteca anoche? -- No. Al cine. *No. Fui al cine//*

   ¿Fue buena la película (*movie*)? -- Excelente. _____// En efecto, la vimos dos veces.

2. ¿Uds. fueron a México este verano? -- Sí. A Cancún. *Sí, fuimos* _____ //

   ¿Ud. fue también? --Sí, por una semana. -- *Sí, yo* _____ //

3. La Navidad pasada (*last Christmas*), ¿qué regalo le diste a Robi? -- Un suéter

   hermoso. --*Le di* _____ Y él, ¿qué te dio a ti? -- Unos guantes

   lindos. *Me* _____ _____

Diga otra vez, y observe:

--Me dio unos guantes lindos.//   *He gave me some beautiful gloves.*
  Pero no me gustó el color.//   *But I didn't like the color.*

-- ¿Y . . .?   *So . . .?*

--<u>Se lo</u> expliqué a Robi.// Y él   *I explained it to Robby. And he*
  <u>me los</u> cambió.   *exchanged them for me.*

G.: Entonces todo resultó (*turned out*) bien.

P.: Sí. Fue muy fácil. Como el artículo . . . ,

#24. Dos complementos juntos (*Two object pronouns together*)

Como siempre, escuche bien y repita:

Me mandan.//   *They're sending me.*
Lo mandan.//   *They're sending it.*
Me lo mandan.//   *They're sending it to me.*

¿ . . .? Pues diga otra vez:

    ¿**Te** dicen . . .?//   *Do they tell you . . .?*
    ¿**La** dicen?//   *Do they tell (or say) it.?*
    ¿**Te la** dicen?//   *Do they tell it to you?*

Ahora, sea brillante . . .

Le mandan . . .//   *They're sending (to) him . . .*
Los mandan.//   *They're sending them.*
Se los mandan.//   *They're sending them to him.*

    Voy a decir**les** . . .//   *I'm going to say to them . . .*
    Voy a decir**lo**.//   *I'm going to say it.*
    Voy a decír**selo**.//   *I'm going to say it to them.*
                              (Or: "tell it to them".)

A practicar
  Por ejemplo, repita:

1. Me enseña <u>la lección</u>.//   *He's teaching me the lesson.*
   <u>La</u> enseña.//   *He's teaching it.*
   <u>Me la</u> enseña.//   *He's teaching it to me.*

2. Elda nos mandó <u>el cheque</u>.//   *Elda sent us the check.*
   <u>Lo</u> mandó ayer. //   *She sent it yesterday.*

   _____//   *She sent it to us . . .*

3. ¿Te compraron _esos vestidos_?//   *They bought you those dresses?*
   ¿_Los_ compraron todos?//   *They bought them all?*

   ¿_____?//   *They bought all of them for you?*

   Ahora, mucho cuidado, ¿eh?

4. Le pongo _una curita_.//   *I'll put a band-aid on him.*
   _La_ pongo en seguida.//   *I'll put it on right away.*

   _Se_ _____//   *I'll put it on him . . .*

5. ¿Les bajaste _los precios_?//   *Did you drop the prices for them?*
   ¿_Los_ bajaste mucho?//   *Did you drop them a lot?*

   ¿_____?//   *Did you drop them a lot for them?*

G.: ¿ . . . ? Pues sólo nos queda ahora. . .

Ejercicio Escrito

Conteste:

1. ¿ . . . el sábado pasado (_last Saturday_)? _____

   _____ ¿ . . . gustó? _____

2. Si Ud. les pide algo a sus padres (_ask your parents for something_), ¿se lo . . . ?

   _____ ¿ . . . ?

   _____

3. La verdad, ¿ . . . Uds. mucho . . . ? _____

   _____ ¿ . . . ? _____

4. En su opinión, ¿ . . . ? _____

P.: Pues en todo caso (_in any case_), Ud. fue . . . Otra vez, . . . por todo.

G.: Y feliz cumpleaños, . . . (Dígame, . . . , ¿Ud. cree (_do you think_) que le gustó . . . ?

127

I. Experiencias visuales

PRECIOS MILAGROSOS ≠ PARA SEMANA SANTA

Ropa en todos los diseños, marcas y colores
   para estrenar en esta Semana Santa
   a precios como caídos del cielo.

Y PUEDE PAGAR CON TARJETA DE CREDITO.

Ahora díganos: 1. ¿Cuál es el nombre de esta tienda? _____ ¿Cómo lo

interpreta Ud.? _____ ¿Y qué significa para Ud. su "lema" (*motto*):

"EL MEJOR MODO PARA ESTAR DE MODA?_____

2. ¿Para qué época del año ofrecen estos "especiales"? _____

3. Según la ropa que vemos aquí, ¿qué clase de tienda es? _____

¿A qué clientela sirve? _____ 4. ¿Puede Ud. estimar (en

dólares americanos) los precios que cobran por estos artículos de vestir? _____

_____ 5. ¿Qué

piensa Ud. que significan las palabras "Ropa en todos los *diseños, marcas* y colores?

_____

II. Palabras en uso

A. Combinaciones (Combine los artículos de los grupos 1 y 2.)

1.

corbata _____

sombrero _____

zapatos _____

saco _____

impermeable _____

pijama (piyama) _____

falda _____

camiseta o jersey _____

bufanda _____

2.

> paraguas • camisa • abrigo •
> blusa • calcetines • levis •
> bata y zapatillas • guantes •
> pantalones

Ahora, ¿puede Ud. usar algunas (*some*) de estas combinaciones para describir cómo

está vestido (vestida) en este momento? _____

_____ ¿Qué ropa usó para salir ayer? _____

B. Español--> inglés (¿Con qué palabras españolas se relacionan éstas en inglés?)

festival, feast, festive: _____ ; malady, malcontent, malfeasant _____ ;

benefactor, beneficial _____ ; manufacture, manipulate _____ ; recipient

_____ ; connoisseur, recognize, incognito _____ ; vestment,

divest _____ ; embrace _____; chemise _____

III. Ejercicios suplementarios

*22. The preterite tense of regular verbs

A. Frases paralelas (Cambie según el verbo nuevo.)

1. <u>Compré</u> un coche nuevo ayer. (ver, recibir, usar, manejar--*drive*)

_____

2. ¿Dónde <u>aprendiste</u> eso? (presentar, comprar, comer, ver)

_____

3. Lo <u>comprendió</u> inmediatamente. (llamar, apagar, abrir, cerrar)

_____

4. Comimos a la una. (comenzar, terminar, descansar, salir)

_____

5. ¿Las llamasteis? (avisar, contestar, entender, conocer)

_____

6. Uds. los contaron, ¿verdad? (limpiar, mover, escribir, encontrar)

_____

B. **Conversaciones al instante** (**Conteste según las indicaciones.**)

1. ¿Ud. la llamó? -- Sí, ayer.   <u>Sí, la llamé ayer.</u>   2. ¿La avisaste del peligro? --Sí,

_____ en seguida. 3. ¿Vivió Ud. allí por mucho tiempo? --No, _____

allí por un mes. 4. ¿Ya le escribiste a María? --Sí, _____ la semana

pasada. 5. ¿Tú cerraste las ventanas? --No. José las _____. 6. ¿Te gustó el

programa? --Sí, _____ muchísimo.   7. Díganme, ¿les hablaron Uds.

en español? --No, (nosotros) les _____ en inglés. 8. ¿Compraron Uds.

los zapatos? --No. Sólo _____ unas zapatillas. 9. ¿Comieron Uds. bien?

--No, _____ muy poco. 10. Pero, ¿por qué? ¿No les gustaron los platos?

--No. ¡No nos _____ los precios! 11. Chicos, ¿me llamasteis? -- No, _____

_____ 12. ¿Recibisteis la información? --Sí, la _____ el lunes.

#23. The preterite of *ser, ir* and *dar*
   Conteste escogiendo una de las alternativas:

1. ¿Fue Ud. a la escuela ayer o pasó el día en casa? _____

2. ¿Les dio mucho o poco trabajo su profesor(a) de español esta semana? _____

_____ 3. ¿Fueron Uds. al laboratorio o estudiaron solamente

en la clase? _____ 4. Antes de venir a

esta universidad, ¿fuiste a una escuela pública o a una escuela privada? _____.

_____ 5. ¿Fuiste en la escuela secundaria un(a)

estudiante mediano (mediana) o excepcional? 6. ¿Tus padres te dieron dinero

para venir a la universidad, o lo ganaste (*earned*) tú? _____

130

#24. Using two object pronouns together

A. "Sí, se lo. . . No, no se lo . . ." Conteste según los modelos:
¿Me da Ud. su libro?--*Sí, se lo doy.* ¿Nos trae Ud. unas sillas?--*Sí, se las traigo.*

1. ¿Me pasa Ud. su lápiz? *Sí,* _____ 2. ¿Me dice Ud. la verdad? _____

_____ 3. ¿Me da diez dólares? _____ 4. ¿Me manda la nota? _____

_____ 5. ¿Me indica Ud. su dirección (*address*)? _____

6. ¿Nos copia Ud. estos papeles? ___ *se los* _____ 7. ¿Nos limpia Ud. el piso? ____

_____ 8. ¿Nos dice las respuestas? ____ _____ 9. ¿Nos

abre las puertas? _____ 10. ¿Nos paga ese precio? _____

B. "Ya te lo . . .": Conteste usando las formas familiares, y el pretérito del verbo.
José, ¿me lo mandas?--**Ya te lo mandé.**   ¿Me la das ahora?--**Ya te la di.**

1. Mamá, ¿me la compras? *Ya* _____ *compré.* 2. ¿Me lo explicas?--Hombre, __

_____ *expliqué.* 3. ¿Me los cuentas? _____ 4. ¿Me las repites?

-- _____ *repetí diez veces.* 5. ¿Me lo escribes? _____

6. ¿Me los pides? _____ 7. ¿Me lo preguntas? _____

C. "Sí, nos lo . . .": Conteste una vez más según los modelos.
¿Se lo dieron a Uds.?--**Sí, nos lo dieron.** ¿Os la explicó? --**Sí, nos la explicó.**

1. ¿Se la contó a Uds.? _____ 2. ¿Se las dio a Uds.? _____

_____ 3. ¿Se los pagó? _____ 4. ¿Se la leyeron? _____

_____ 5. ¿Os lo llevó? _____ 6. ¿Os las sirvió? _____

_____ 7. ¿Os la compraron? _____

IV. Composición creativa: "Consejero/a de modas" (Fashion adviser)

Ud. conoce todas las nuevas tendencias en las modas masculinas y femeninas. ¿Qué ropa recomienda Ud. para jóvenes de su edad en estas situaciones?

a. Una entrevista en una agencia de empleo

b. Su primer día de clases en la universidad.

c. Una fiesta de Navidad en casa de sus futuros suegros (*in-laws*)

d. El matrimonio de su mejor amiga (A propósito, ¿qué colores recomienda Ud.?)

LECCION OCHO : Sobre la comida

A.: (...) ¿Qué tal? _____ Dígame, ¿ ... _____

_____ ¡Qué curioso!

M.: ¿ ... dices eso, ...? Si es la hora usual ...

A.: Pero yo no ... a estas horas. ¡Y hoy me muero (*I'm dying*) ...!

M.: Pues ..., te puedo traer ...

A.: Mejor, me traes un elefante, i y ...!

M.: Entonces, oye. Tal vez si ..., eso te quita (*will take away*) el apetito.

A.: ¿Tú piensas ...?

M.: Definitivamente.

A.: (...)

Menú (Mire las ilustraciones, y diga ...)

la carne // pescado // pollo // hamburguesa // el jamón // ensalada // lechuga // un tomate //

un pan // mantequilla // huevo // queso // el café // el té // crema // la leche //

fideos // salsa // papas fritas // el pastel de manzana // helado (s) //

132

A.: (. . .) Esto no me ayuda nada.

M.: ¿ . . . ? Entonces, ¿ . . . ? ¿Hacemos unas . . . ?

Combinaciones
Escuche, y después conteste, con una de las cosas del Grupo B.

A

1. **chile con** _____//

2. lechuga con _____ //

3. _____ con _____ //

4. _____ con _____ //

5. _____ con _____//

6. _____ con _____ //

Ahora conteste sin nuestra ayuda:

7. _____ con _____

8. _____ con _____

9. cereal con _____

10. fideos con _____ // (. . .)

B

tomate . . . **carne** . . .

papas fritas . . .

mantequilla . . .

huevos . . . crema . . .

helados. . . banana . . .

limón . . .

albóndigas (meatballs)

A.: ¿ . . .? Todavía tengo . . .

M.: Paciencia, . . . Ahora viene . . . Posiblemente eso te quita . . .

Cuento: Banquete

(La escena es un restaurante en el centro de Madrid.)

Camarero: Buenas tardes, señores. ¿Y qué desean para   *waiter*
        comenzar? ¿Usted, señora?

Sra.: A ver . . . Bueno. Sopa de cebolla, con queso.   *onion soup*

Sr. : Y para mí, un coctel de camarones.   *shrimp*

Cam.: Muy bien. ¿Y el plato segundo?

Sr.: Rosbif con papas fritas y coliflor.

Sra.: Y para mí, pollo "a la americana", con arroz y
        guisantes.   *peas*

133

Cam.: Excelente, señores. ¿Y la ensalada?

Sr.: De lechuga, con mayonesa.

Sra.: Para mí, <u>otra igual.</u>   *the same*

Cam.: ¿Y <u>de postre?</u>   *for dessert*

Sr.: <u>Flan</u> con caramelo, y café.   *custard*

Sra.: Pastel de manzana, con helado de chocolate.

Cam.: Magnífico, señores. Y buen apetito.

Sr.: Un momento, por favor, señor camarero. . <u>Mira,</u>   *Look, dear*
<u>querida</u>. ¿Por qué no tomas tú una ensalada de
<u>espinacas, con aceite</u> y vinagre. Y la comemos,   *spinach, with oil*
<u>mitad, mitad.</u>   *half and half*

Sra.: Cómo no, querido. Y tú tomas la ensalada de
lechuga con <u>salsa</u> francesa, no con mayonesa.   *dressing*

Sr.: Buena idea.

Cam.: Muy bien, señores. Una ensalada de espinacas
con aceite y vinagre..

Sr.: Y tomates y <u>anchoas.</u>   *anchovies*

Cam.: Y otra de lechuga, con salsa francesa.

Sra.: Y <u>hongos.</u> Me gustan las ensaladas con hongos *mushrooms*

Cam.: Pero señora, el pollo "a la americana" ya viene
con hongos.

Sra.: ¿Ah, sí? Entonces, ¿no me pueden servir el
pollo sin hongos?

Cam.: Cómo no, señora. Pero el pollo sin hongos
es pollo "a la francesa", no "a la americana".

Sra.: <u>No importa.</u> Entonces, tomo el pollo "a la   *It doesn't matter.*
francesa", con fideos y <u>espárragos.</u>   *asparagus*

Sr.: Perdona, querida, pero ahora tienes dos platos
franceses--el pollo, y la ensalada con salsa
francesa.

Sra.: Es verdad. Entonces, tomo la ensalada con
mayonesa.

Sr.: No, <u>mi vida.</u> Los camarones también tienen   *darling*
mayonesa.

Sra.:   Tienes razón. Señor camarero, <u>en lugar de</u>   *instead of*
        camarones, ¿nos trae Ud. un plato de sardinas
        en aceite?

Sr.:   Pero, amor mío, mi ensalada tiene anchoas. Y las
        anchoas no van bien con las sardinas en aceite.

Sra.:   Claro. Entonces quiero las sardinas con salsa
        italiana.

Cam.:   Pero señores, el pollo con fideos y espárragos
        es pollo "a la italiana". ¿Por qué no pide el pollo
        "a la <u>rusa</u>"?   *Russian*

Sra.:   Está bien.

Sr.:   Pues en ese caso, en lugar de la sopa de cebolla
        y del rosbif . . .

Sra.:   Y del flan con caramelo y el pastel de manzana . . .
        Señor camarero, ¿nos trae Ud. otra vez el menú?

A.:   ¡ . . . ! Bueno, ¿estás mejor, . . . ?

M.:   ¿ . . . ? ¡Qué va! ¡Venga (*bring on*) ese elefante!

A.:   (. . .) Vengan primero unas preguntas sobre . . .

¿Qué dice Ud.?

Imagine Ud. que está en aquel restaurante. El camarero le habla. ¿ . . . ?

Camarero: (. . .)

Ud.: _____

Cam.: ¿Qué desea . . . ? ¿Un coctel de . . . ?

Ud.: _____

Cam.: ¿Y después? ¿Quiere sopa de cebolla o . . . ?

Ud.: _____

Cam.: (. . .) Ahora, para el plato principal, ¿qué prefiere . . . ?

Ud.: _____

Cam.: (. . .) ¿Y lo (la) quiere con . . . ?

Ud.: _____

Cam.: Pues, ¿qué vegetal . . . ?

Ud.: _____

Cam.: Y para terminar, ¿ . . . el pastel de . . . o . . .?

Ud.: _____

Cam.: ¿Y lo toma Ud. . . .?

Ud.: _____

Cam.: (. . .) Se lo traigo . . .   Buen provecho. (*Enjoy your meal.*)

M.: Ud. fue . . . , ¿sabe? Ahora , . . . , ¿todavía quieres ese . . .?

A.: (. . .) En este momento, . . . me parece (*seems*) más interesante. Por ejemplo, . . .

Uso activo

#25. El pretérito de verbos de cambios radicales: *sentir, dormir, etc.*

Observe el cambio especial en los verbos que terminan en -ir.

(3rd person: e > i)

sentir//   *to feel; feel sorry, regret*

sentí, sentiste, **sintió//**   *I felt, (I regretted), you, etc.*
sentimos, sentisteis, **sintieron//**   *we, they, you-all . . .*

Yo sentí algo raro en él.// ¿No lo **sintió** Ud.? -- Sí.// Sobre todo// cuando **pidió** limón para su café.//	*I felt something strange about him. Didn't you feel it? -- Yes. Especially when he asked for lemon for his coffee.*

(3rd person: o > u)

dormir// *to sleep*

dormí,   dormiste,   **durmió//**
dormimos, dormisteis, _____//

Tus padres no fueron a tu fiesta.// ¿Se **sintieron** mal?// --No.// Es que no **durmieron** nada // la noche anterior.	*Your parents didn't go to your party. Did they feel sick? --No. It's that they didn't sleep at all the night before.*

M.: La verdad, yo no dormí tampoco (*either*) anoche.

A.: ¿Ah? ¿Qué te pasó?

M.: Pues . . . fuimos al restaurante que conocimos aquí en el cuento. Y la comida que nos sirvieron me indigestó del todo.

A.: (. . .)

¡Qué comida más confusa!

Nosotros pedimos varias cosas, y ellos nos sirvieron cosas de la misma categoría, ¡pero todas diferentes! Use la columna a la derecha para saber qué comimos.

1. Yo pedí rosbif y me sirvieron _____ //

2. Pedí tomates y me sirvieron _____ //

3. Luis pidió cerveza y la mesera le dio _____ //

4. Paco pidió papas fritas y el camarero le sirvió _____//

5. Fela repitió dos veces: "Esta carne necesita sal." Y le sirvieron _____//

6. . . . , yo pedí café, y el camarero me trajo (*brought*) _____//

> vino • azúcar • jamón • lechuga • arroz • chocolate caliente

A. ¿Te trajo . . .? ¡Imposible! Si nuestros estudiantes no saben todavía la palabra . . .

M.: Eso se puede remediar . . . Pasemos . . . ,

#26. Verbos que son irregulares en el pretérito

Estos verbos usan casi siempre la misma fórmula, sobre todo en las formas de "yo" y de "Ud., él, ella". Observe . . .

tener//	**yo tuve//**	*I had*	**Ud. tuvo//**	*you had*
estar//	**yo estuve//**	*I was*	**Ud. estuvo//**	*you were*

venir//	**vine, vino//**	*I came; you, he, she came*
hacer//	**hice, hizo//**	*I made, I did; he, she, etc.*

Vamos a continuar. Repita una vez más:

tener// tuve, tuviste, tuvo// tuvimos, tuvisteis, _____//

(Otros verbos del mismo tipo)

poder//	**pude//**	*I could, I was able to*
poner//	**puse//**	*I put . . .*
querer//	**quise//**	*I wanted to, I loved*
saber//	**supe//**	*I knew, learned*

decir   (Note, por favor, el cambie especial.)
dije, dijiste, dijo//   dijimos, dijisteis, dijeron//   *I said, you said, etc.*

traer//
traje // *(I brought)*   **trajo //** *(he, you brought)*   **trajeron //** *(they, etc.)*

producir
produje//   **produjo//**   **produjeron//**

Mini-diálogos

1. --En fin, Antonio, ¿pudiste hablar con el jefe (*boss*)? ¿Qué te dijo?

--No me dijo nada. ¡No quiso verme!

--¡Ay, qué hombre ése!

Conteste: a. ¿Con quién quiso hablar . . .? _____ //

b. ¿Y pudo . . . ? _____ // El jefe no quiso verlo.//

c. Dígame, ¿qué piensa . . . ? _____ (. . .)

2. --Sarita, ¿qué hicieron tú y Edgar ayer?

--No hicimos casi nada. Estuvimos todo el día en casa. A las cuatro, mis primos vinieron y nos trajeron arroz con pollo. Tuvimos una buena comida, ¡y ya!

Conteste otra vez: a. ¿Estuvieron muy ocupados . . .? _____

_____ b. ¿ . . . a verlos? _____

c. ¿Qué les trajeron . . .? _____ (. . .) d.

¿ . . . hicieron? _____ // e. Según esta

conversación, ¿ . . . fue ayer? _____ //

M.: En efecto, yo pasé el día . . . , atendiéndome a mí misma (*myself*). Dormí hasta . . . Después me bañé, me lavé . . . , me preparé un buen almuerzo, . . .

A.: ¡Qué bien! Muchas veces uno . . . para pensar en sus propias (*own*) . . .

M.: Como ahora. Porque en este momento tenemos que . . .

#27. Los pronombres reflexivos (*myself, yourself, etc.*)

Me lavo.// *I wash myself. (I'm getting washed.)*
Te lavas.// *You wash yourself. (. . .)*

Julita se lava.//	*Julie is washing herself (getting washed).*
¿Se lavó bien la cara?//	*Did she wash her face well?*
Yo me llamo Alberto.// ¿Cómo te llamas tú?// ¿Cómo se llama Ud.?	*My name is (I call myself) . . . What is your name? (How do call yourself?)*
¿Y vosotros?// ¿Cómo os llamáis?// -- Nos llamamos . . . //	*And you guys? What are your names? -- Our names are . . . (We call ourselves . . .)*

A propósito: ¿Cómo se llaman sus padres? *Mis padres* _____

_____ ¿ . . . ? _____

138

Más importante, ¿ . . . ? *Me llamo* _____

M.: ¡Por fin (*At last*) . . . !   Y ahora queremos conocerle. . .

A.: De acuerdo. Éste es un buen momento para sacarle un perfil (*get a profile*) . . .

Perfil psicológico

Díganos: 1. Se considera Ud. . . . serena o nerviosa? *Me considero* _____

_____ 2. ¿ . . . egoísta (*selfish*) o generosa? _____

_____ 3. ¿Se divierte Ud. más (*do you enjoy yourself*) solo/sola o . . . ?

Me divierto más _____ 4. ¿Se cuida (*take care*) mucho? _____

me cuido _____ (Todos debemos cuidarnos.) 5. ¿Se pone a veces en peligro? _____

me pongo _____ 6. ¿Sabe Ud. controlarse en . . . crisis? _____ *sé*

controlarme _____ 7. ¿ Se siente capaz (*Do you feel*

capable) de . . . ? _____

Pues vamos a jugar (*play*) . . .

Psicológo por un momento

¿Cómo analiza Ud. los problemas de estos pacientes?

---
complejo de inferioridad • complejo de superioridad • depresión •
egoísta (*selfish*) • hipocondríaco • inhibiciones
---

1. Ramiro Salazar . . . mejor que todas . . . No tiene amigos porque . . . *En su*

opinión, ¿qué tiene . . . ? _____// 2. Miguel

Romero, por otra parte, se estima . . . Se considera feo, . . . *¿Qué . . . ?* _____

_____// 3. Ofelia Cajal . . . y talentosa. Pero

tiene miedo de expresarse cuando . . . *¿De qué sufre . . . ?* _____//

4. Martirio Ordóñez se interesa . . . propios deseos. *¿Cómo la describe Ud.?* _____

_____// 5. Lucho Ortega . . . salud. Pero se atribuye (*attributes*) todas las

enfermedades imaginables. *¿Cómo . . . ?* _____//

6. Finalmente, Rosalía Pereda se siente melancólica . . . En efecto, una vez quiso

suicidarse. ¿ . . . ? _____//

M.: ¡ . . . ! Tenemos que hacer algo por ella.   ¿Qué piensas, . . . ?

A.: (. . .) ¿Tal vez (*Maybe*) . . . hablarle sobre . . . ?

M.: ¡ . . . !   Por favor, Rosalía, no le escuche. . . Ud. sí, . . . y observe.

(reflexive —> English "get . . . ")

Trabajo demasiado.// --¡Cuidado! Te vas a enfermar.//	*I work too hard. -- Watch out! You're going to get sick.*
¿Quién abrió la puerta? --Yo no. No sé cómo se abrió.	*Who opened the door? —Not I. I don't know how it got open.*
¿A qué hora se cierra el café?// -- --Ya se cerró. // Se abre mañana a las siete.//	*What time does the café close? --It already closed (got closed). It opens tomorrow at seven.*

A.: ¿ . . . ? _____ Pues terminamos entonces . . .

Ejercicio escrito

1. ¿ . . . ambiciosa? _____

   ¿ . . . mayor deseo. . . ? _____

2. ¿Se divirtió . . . ? _____ ¿ . . . hizo?

   _____ (. . .)

3. ¿ . . . se abrió _____

   ¿ . . . se va a cerrar? _____

M.: ¿Oyes, . . . ? ¿Quieres ir allí . . . ?

A.: (. . .) Mejor, ¡venga ese elefante!

M.: Así que . . . Suerte (*Good luck*), . . .

A.: Y cuídese.

I. Experiencias visuales

¡Tan ricos como se hacen en casa!
Congelados Clásicos del Caribe GOYA

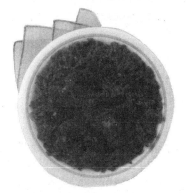

A Nuestro Gusto
= Sabor Criollo

Con ingredientes puros y naturales
Hervidos o en microondas . . .
¡siempre deliciosos!

Díganos: 1. ¿Vienen fríos o "al clima" (*at room temperature*) estos "Congelados Clásicos del Caribe? _____ Antes de usarse, ¿dónde se deben guardar (*keep*) para mantenerse congelados? _____

¿Prefiere Ud. calentar estos platos en un horno de "microondas" o hervidos (en agua de 100 centígrados)? _____ 2. ¿Qué clase de café es éste?_____ ¿Qué cualidades especiales tiene? _____

_____ 3. ¿Qué hay en el paquete de Lemac? _____

II. Palabras en uso

A. ¿Qué nos sirvieron?

Ayer fuimos a visitar a unos amigos nuestros. Estuvimos allí varias horas, y éstas son las cosas que nos sirvieron. ¿Puede Ud. identificarlos?

_____ _____ _____ _____ _____

A propósito, ¿qué comidas piensa Ud. que tomamos con esos amigos?:   ¿el desayuno? ¿el almuerzo?   ¿la comida de la noche?

B. La palabra intrusa

¿Puede Ud. encontrar en cada grupo la palabra que no corresponde al tema? Después indique cual es el tema de cada uno.

1. hamburguesa, biftec, rosbif, cerdo, langosta, cordero, ternera

    La palabra intrusa: _____   El tema: _____

2. vino, leche, maíz, café, té, agua, jugo de naranja, cerveza

    La palabra intrusa: _____   El tema: _____

3. naranja, toronja, piña, manzana, pera, melón, cebolla, fresas

    La palabra intrusa: _____   El tema: _____

4. espinacas, zanahorias, maíz, papas, lechuga, tomate, pastel, apio

    La palabra intrusa: _____   El tema: _____

5. tortas, bizcocho, helados, fruta fresca, guisantes, pasteles

    La palabra intrusa: _____   El tema: _____

III. Ejercicios suplementarios

#25-26. The preterite of -_ir_ stem-changers and of irregular verbs

A. Frases paralelas: Cambie según las indicaciones:

1. El pobre murió.

Las víctimas _____

Nosotros casi _____

Tú _____

2. ¿Quién lo trajo?

_____ (decir)

_____ (pedir)

¿Quiénes _____?

3. ¿Ya vinieron?

¿_____? (estar)

¿_____? (hacerlo)

¿_____? (traerlo)

4. Yo no lo dije.

_____ (hacer)

(Nosotros) _____

_____ (saber)

5. ¿Fuiste con él?

¿_____? (venir)

¿Ud. _____

¿Uds. _____?

6. No quisieron verme.

El jefe _____

¿Tú _____?

¿_____? (poder)

B. Un poco de lógica

Escoja el verbo lógico para completar cada frase, y úselo en el tiempo pretérito.

1. Gerardo y Rufo se lo _____ (**decir, ir**), pero nadie los creyó (_believed_).

--¿Por qué? --Porque en otras ocasiones (ellos) _____ (**mentir, sentir**).

2. ¿Por qué no nos _____ Ud. (**servir, pedir**) el dinero a nosotros? --Porque

(nosotros) no _____ (**poner, querer**) causarles problemas.

3. ¿Quién _____ (**venir, tener**) primero-- tú o Juanita? --Yo _____ (**venir,**

tener) primero, pero _____ que (**tener, ser**) salir temprano.

4. Nadie _____ (**poner, poder**) dormir anoche. --¿Por qué? --Porque vosotros

_____ (**hacer, saber**) mucho ruido (_noise_).

5. Y tú, ¿cuándo _____ (**saber, estar**) la noticia (_news_)? -- Cuando

_____ (**estar, ser**) en la estación de radio esta mañana.

6. ¿Qué _____ Ud. (**hacer, ir**) anoche? --Yo _____ (**hacer, ir**) al cine.

Primero, complete estas frases, indicando que el sujeto se hizo la acción a sí mismo. Y después respona. Por ejemplo:

¿Cómo _te_ llamas? -- _Me llamo_ Juan Canarias. ¿Y cómo _se llaman_ Uds.?

1. Si uno quiere ser un verdadero (_real_) adulto, tiene que preparar_____ para el futuro. Tiene que educar_____ . Tiene que acostumbrar_____ a aceptar la responsabilidad. Tiene que aprender a defender_____ contra la adversidad. --¿Y tú? ¿Ya _____ preparaste para todas esas cosas? -- ¡Qué va! Yo _____ considero un niño para siempre.

Díganos: ¿Ud. se considera un adulto (una adulta) ya o se considera un niño (una niña) todavía? _____

2. ¿_____ divirtieron Uds. anoche? --Pues _____ divertimos al principio (_at first_). Pero pronto _____ cansamos de la misma (_same_) música, de la misma comida, de la misma conversación, y decidimos encontrar_____ otra cosa más interesante.

Díganos francamente: ¿Se cansa Ud. a veces de la conversación de tus amigos? _____

_____ ¿Y de tus familiares? _____

_____

3. Tú _____ llamas Jaime, ¿verdad? --Sí, pero prefiero llamar_____ Diego. _____ siento más confortable así.

Díganos otra vez: ¿Cómo se llama Ud.? (¿Cuál es su nombre completo?) _____

_____ ¿Cómo prefiere llamarse? _____

IV. **Composición creativa**

¿Tiene Ud. una receta (_recipe_) favorita? Pues haga una lista en español de todos sus ingredientes, y usando estos términos también:

una taza _one cup_   una cucharada _a tablespoonful_
media taza _a half cup_ una cucharadita _a teaspoonful_
una libra _a pound_   una onza _an ounce_   un kilo, medio kilo, etc.

Ahora lea su lista a sus compañeros de clase. A ver si ellos pueden adivinar qué plato es.

Examen de comprensión

B.: (. . .) _____ ¿Qué me cuenta? ¿Está de humor (*Are you in the mood*) para . . .? ¿ . . . facilísimo? _____ Pues, ¿qué hacemos, . . .?

R.: Comenzamos, no más (*that's all*). . .

I. Dictado Ilustrado

Escuche, y escriba debajo de la ilustración apropiada. Recuerde: escuche primero.

¡_____ !

--_____

_____

¿_____? -- _____

_____

(The dictation is now repeated.)

B.: (. . .) Ahora, a ver cómo hace . . .

II. Un poco de lógica

Como siempre, escuche, y después escoja la conclusión más lógica.

1. — . . . llover fuerte.   —No importa.

      a. Aquí tengo mi paraguas y mi impermeable.

      b. Avise a los bomberos.

      c. Me compré una nueva bata.

2. —¿Sabes? Me siento . . . —Pues claro, . . . demasiado.

      a. Tú debes descansar más.

      b. Debes ponerte una venda o una curita.

      c. Debes salir de casa más temprano.

3. — ¿ . . . ? —Sí. ¿ . . . ? —Porque . . .

      a. no lavaste los platos.

      b. usaste toda el agua caliente.

      c. no avisaste a nadie.

4. — . . . , me duelen . . .   —Pues posiblemente . . .

      a. debes leer con mejor luz

      b. debes comer cosas menos calóricas

      c. debes tomar un antiácido después de comer

5 —¿ llevó ayer Rosita? — Su y — ¿ !

      a. ¿No sintió frío?

      b. ¿No tuvo mucho calor?

      c. ¿Pudo dormir así?

B. ¿ . . . ? _____ ¿De veras? (*Really?*) _____ Pues adelante . . .

III. ¿Qué contesta Ud.?

1. Para comenzar, vamos a hablar un poco sobre . . .   Por ejemplo, dígame: a. ¿Toma

Ud . . . . ? _____

Pues b. ¿ . . . por la mañana? _____

_____ c. ¿ . . . el almuerzo? _____

_____ d. Como Ud. sabe, según la

costumbre hispana, la comida más fuerte (*heavy*) es la de la tarde, . . .   ¿ . . . , al

mediodía o por . . . ? _____

_____ A propósito, ¿ . . . ? _____

R.: ¿Y tú , . . . ?

B.: Por supuesto. Pero . . .   Bueno, hablando de otras cosas, . . . :

    2. a. ¿ . . . ? *Comencé* _____

       b. ¿ . . . decidió . . . ? _____

       c. Y más importante, ¿ . . . _____

R.: Realmente, debe.

B.: (. . .) Ya habla, . . .   Y sobre todo, sabe usar . . .

IV. Use la imaginación

Mire por un momento estos dos anuncios (*ads*), y escuche:

Ahora use la imaginación, y díganos:

1. ¿ . . . aparecieron (*appeared*) . . . ? _____

      _____

2. ¿ . . . para personas mayores? _____

3. ¿Qué piensa Ud.? ¿ . . . ? _____

4. ¿ . . . o . . . estudio individual? _____

      _____

5. ¿ . . . ? _____

B.: (. . .) A mí me parece (*it seems*) . . . En fin, . . .

IV. Ejercicio de interpretación

Escuche, y conteste:

(. . .)

--¿Qué pasó?

-- (. . .) Un hombre . . . en el parque.

--¡Qué horror! Pero, ¿quién . . . ?

--Nadie lo sabe. No le encontraron ninguna (*any*) . . .

--¡Qué raro (*How odd!*)

--Y hay otras cosas . . . Mire. Llovió fuerte todo el día . . . ?

--Sí. E hizo (*And it was*) . . .

--Pero . . . salió sin chaqueta, sin . . . , sin . . . Y con un traje . . . y zapatos muy usados.

--¡ . . . !

--¿ . . . ? Yo no sé. ¡La policía descubrió . . . en un bolsillo de sus pantalones!

¿Qué nos dice Ud.?:

1. ¿ . . . víctima . . . ? _____

2. ¿ . . . identificar? _____

3. ¿Qué tiempo (*weather*) hizo . . . ?_____

4. ¿ . . . vestido el hombre? _____

5. Curiosamente, ¿ . . . ? _____

_____

6. ¿ . . . ? ¿ . . . o lo obtuvo (*got it*) . . . ? _____

_____

B.: ¡Qué misterio . . . ! Pero no vamos a resolverlo . . .

R.: Claro. Porque . . . está terminado. Gracias por . . .

B.: Y como siempre, le deseamos . . .

LECCION NUEVE: El hombre interior

R.: (. . .) _____ ¡Qué gusto de estar . . . ! Pero dime, Bárbara, ¿tú sabes . . . ?

B.: (. . .) De nuestros sentimientos y pensamientos y sueños (*thoughts and dreams*). . .

R.: (. . . ♪♫♪)

B.: Ah, sí, del amor . . y de sus complicaciones. Por ejemplo, escucha . . . que tuve el otro día con una de mis ex-amigas.

R.: ¿ . . . ? ¿ . . . tu amiga todavía?

B.: Ya no. (*Not any more.*) (¿ . . . ?) Porque . . . y vas a ver. Ud. también, . . . ¡No lo va a creer!

♀♀♀♀♀♀ ♀♀♀ ♀♀

Nilda: Hola, Bárbara. ¿Cómo estás?

Bárbara: Bien, Nilda. ¿Y tú?

N.: Divinamente. ¡Qué gusto de verte, chica!

B.: <u>Igualmente.</u> Pero, ¿qué me cuentas? <u>¿Qué hay de nuevo?</u>   *Me too. / What's new?*

N.: Bueno, ¿tú conoces a Esteban Murillo, ¿verdad?

B.: Claro.

N.: Pues, ¿sabes? Esteban está enamorado de Yolanda Rojas.

B : ¡Qué bien! Me alegro. Deben ser muy felices.

N.: No. Porque Yolanda no lo ama a él.

B.: <u>Lástima.</u> Lo siento.   *Too bad.*

N.: Yolanda espera casarse con Alonso Madrigal, el novio de Carmen Losada.

B.: ¡No! Entonces Carmen <u>debe estar</u> muy triste, ¡y <u>enojada!</u>   *must be angry*

N.: Al contrario. Está contenta, porque ella quiere a Luis Arenal.

B.: Entonces, ¿tú crees que ella y Luis. . ?

N.: Lo dudo. Porque Luis está muy preocupado. El <u>teme a</u> los padres de Carmen, porque ellos saben que él está enamorado de otra mujer.   *is afraid of*

B.: ¿Ah, sí?

N.: ¿Quieres saber de quién?

B : No me importa.

N.: Pues es un secreto. ¡Luis está enamorado de mí!

B: ¡Qué va, chica! ¡Luis está enamorado de mí!

R.: ¡ . . . ! Ahora entiendo por qué hablaste de . . .

B.: Ahora, si Uds. quieren saber la conclusión de estos amores, escuchen mañana el próximo episodio de "Esteban y . . . y . . . y . ."

R.: No. En . . . , estoy contento con repetir la primera parte de éste. ¿ . . . ? _____
Por favor, diga conmigo:

--Hola, . . . ¿ . . . ? //
--Bien. ¿ . . . ?//
-- (. . .) // ¡Qué gusto de verte, . . . !//
--Igualmente.// Pero, ¿ . . . cuentas?// ¿Qué hay . . . ?//
-- . . . // tú conoces a Esteban Murillo, ¿ . . . ?//
-- (. . .) //
-- ¿ . . . ?// Esteban está enamorado de . . .//
--¡Qué . . . !// Me alegro.// Deben ser . . . //
-- (. . .) // Porque Yolanda . . . a él.//
--Ah, . . . //
-- . . . espera casarse con Alonso Madrigal,// el novio de Carmen Losada.//
--¡ . . . !// . . . debe estar muy triste,// ¡y enojada!//
--Al contrario.// Está . . . ,// . . . quiere a Luis Arenal.//

R.: (. . .) Aquí hay demasiadas . . .

B.: ¿No te lo dije? Cuando . . .

R.: Ah, sin duda. Pero el vocabulario . . . Por ejemplo, ¿qué piensa, . . . ? ¿Podemos . . . ?

Analogías

Escuche cada analogía, y termínela con la palabra correcta del Grupo B. Aquí tiene un modelo:

A

B

"Pensar" es a "pensativo" como "crear" es a

_____ _creativo_ _____. ¿ . . . ?

| creativo • casado • |
| dudoso • sentimiento • |
| pensador • deseado • |
| inolvidable • |
| preocupar • alegría • |
| tristeza • sueño |

1. "Pensar" es a "pensamiento" como "sentir" es

a _____

2. "Amar" es a "amado" como " . . . " es a

_____

3. "Odiar" es a "odioso" como " . . . " es a _____(_doubtful_).

4. "Esperar" es a "esperado" como " . . . " es a _____

5. "Soñar" es a "soñador " (dreamer) como " . . . " es a _____ (_thinker_).

6. "Enojado" es a "enojar" como " . . . " es a _____

7. "Desear" es a "deseo" como " . . . " es a _____

8. "Creer" es a "increíble" como " . . . " es a _____
(_unforgettable_).

9. "Feliz" es a "felicidad" como " . . . " es a _____ (_joy_).

10. "Sorprendido" (_surprised_) es a "sorpresa" como " . . . " es a _____ //

B. (. . .) Ahora, otra experiencia sentimental.

¿Bueno o malo?

Escuche nuestros comentarios, y después vamos a oír sus reacciones.

1. "Pedro, estoy muy enojada . . ." ¿Qué opina Ud.? ¿Esto es . . . ? _____ //

2. "Veo que Uds. están . . . --Más que alegres. Somos . . ." ¿ . . . ? _____

3. "¿ . . . ? Estoy muy preocupado . . ." ¿Cuál es su reacción . . . ? _____

4. "Rodolfo . . . odiosa." ¿ . . . ? : ¡Qué bien! o ¡ . . . horror! _____

5. " . . . teme mucho a . . ." ¿Qué comenta Ud.? : ¡ . . . ! _____

6. "Espero sacar "A" . . ." ¿Qué responde . . . ? : ¡ . . . ! _____

7. "No sé por qué, pero hoy estoy . . ." ¿Cómo contesta Ud. . . . ? _____

R.: (. . .) ¿Ya ves, . . . ? Las emociones no tienen que ser . . .
B.: Ni la . . . tampoco (*either*), si lo explicamos con cuidado. Así que, sea brillante . . .

Uso activo

#28-29. El tiempo "imperfecto" (*"I was going, used to go"*)

¿Recuerda Ud. el pretérito?: **soñar// soñé, soñaste**, etc. *I dreamt, you dreamt . . .*

El pretérito nos *informa* simplemente que algo *ocurrió en cierto momento o en cierto período de tiempo.* El imperfecto *describe* la acción pasada en su *proceso.*

Éstas son las formas usuales del tiempo imperfecto:

(-ar verbs)

soñaba, soñabas, soñaba// *I was dreaming, used to dream, etc.*

soñábamos// soñabais// soñaban// *we were dreaming, used to . . .*

--De niño,// yo siempre soñaba con monstruos.//	When I was a child, I would always dream about monsters.
--Así soñábamos todos.// ¿Y con qué sueñas ahora?	We all used to have those dreams. And what do you dream about now?
-- ¡Sueño contigo!//	I dream about you!

(-er, -ir)

creer // (*to believe*)

creía, creías, creía//	*I used to believe, you, etc.*
creíamos// creíais// _____	

vivir// vivía, vivías, vivía//, etc.   *I used to live, was living . . .*

--Cuando tú eras pequeña,// ¿creías en San Nicolás?//	When you were little, did you believe in Santa Claus?
--Sí, y que vivía en el Polo Norte.//	Yes, and that he lived in the North Pole.
--¿Qué dices?// ¿Que <u>vivía</u> allí? ¿Ya se mudó de casa?//	What are you saying? That he <u>used to</u> live there? Did he move away?

151

Hay solamente <u>tres</u> verbos que son irregulares en el tiempo imperfecto. Y ésos son:

ser//	era, eras, era//	*I was, I used to be, . . .*
	éramos, erais, eran//	*we were, used to be, . . .*
ir//	iba, ibas, iba//	*I was going, used to go, would go, etc.*
	íbamos, ibais, _____ //	*we were going , used to, . . .*
ver//	veía, veías, veía//	*I was seeing, used to see . . .*

--¿Fuiste a ver a Caty?//	*--Did you go to see Cathy?*
--Iba a ir, pero no tuve tiempo.//	*--I was going to go, but I didn't have time.*
--Pero antes la veías siempre.//	*--But before, you always used to see her.*
--Sí, éramos grandes amigas.//	*--Yes, we were great friends.*

R.: ¿ . . . compañeras de escuela?

B.: Exactamente. Y tengo tan buenas memorias . . . Dígame, ¿ . . . ?

¿Recuerda Ud.?

1. ¿Recuerda Ud. cuando era . . . ? _____

2. Cuando Ud. tenía diez años, ¿ . . . ? <u>Sí, me</u>_____ (No, no me_____

3. ¿Veía . . . ? _____

4. ¿Caminaban . . . o tomaban . . . ?_____<u>ábamos</u>_____

5. ¿Vivía . . . donde vive ahora? _____

6. ¿ . . . particular (*private*)?_____

7. Hablando entre amigos, . . ., cuando tú estabas triste, ¿ibas . . . ? <u>Yo</u>____ ____

_____

8. ¿ . . . ? _____

9. . . ., ¿eras . . . ? _____

B.: (. . . Me fascina . . . Pero. . .)

#29. ¿Imperfecto o pretérito?

Note la diferencia entre el imperfecto y el pretérito cuando se usan en la misma frase.

--Cuando Uds. salieron hoy,// ¿comenzaba ya a nevar?//	*When you went out today, was it already starting to snow?*
--No, pero llovía ,// y hacía mucho frío.//	*No, but it was raining , and it was very cold.*
--Entonces, ¿por que no regresaron?	*Then why didn't you come back?*

¿Qué pasaba cuando...? (Mire las ilustraciones, use la imaginación, y conteste.)

1   2   3   4   5

1. ¿Qué estación (*season*) ... era cuando llevé ...? _____ //

2. ¿Hacía ... cuando me puse (*I put on*) ...? _____ // 3. ¿Qué

tiempo (*weather*) ...? _____ // 4. ¿Qué piensa Ud.? ¿...

iba yo ...? _____ (...) 5. ¿...? _____ //

R.: ¿Qué le parece? ¿Esto necesita ...? _____
B.: Así creo yo.
R.: (...) Pero en realidad, en este momento sólo hay tiempo para ...

#30. Dos expresiones especiales de tiempo

• hace (*ago*)

Observe cómo usamos "hace ... " con un verbo en el pretérito o en el imperfecto.

--Conocí a Juanita hace tres días.//   *I met Joan three days ago.*

--¡No!// ¿Y están casados ya?//   *No! And you're married already?*

  (...) Bueno, repita otra vez:
--Hace seis meses// yo era muy delgada.//   *I was very slim six months ago.*

--¿De veras?// Pues, ¿qué te pasó?//   *Really? Well, what happened?*

B.: (...) ¿Sabes? Yo no sé si me gustan ...
R.: Ay, perdón ...   Por favor, diga una vez más:

--¿Dónde estaban Uds. hace diez minutos?//   *Where were you ten minutes ago?*

--¿Hace diez minutos?// Estábamos   *Ten minutes ago? We were in ...*
   en ... ¡Ay, por Dios!// ¡No recuerdo!//   *For Heaven's sake! I don't remember.*

R.: ¡Qué va! Estábamos aquí, practicando los usos ...
B.: Entonces, ...

Vamos a practicar

  Esta vez, vamos a contestar escogiendo la **segunda** alternativa.   Por ejemplo:

1. ¿Cuándo vino Ud. aquí--hace mucho o *hace poco tiempo?*

    --*Vine hace poco tiempo.*   //

2. ¿Entraste en este colegio en septiembre o hace ...?

    _____ //

3. ¿Uds. estuvieron en Chile este mes, o hace varios . . . ?

_____//

4. ¿Uds. los vieron recientemente, o hace . . . ?

_____//

5. ¿Cuándo les escribió Andrés -- hace unos días o . . . ?

_____

R.: Esto es . . . , ¿no le parece?

B.: (. . .) Sobre todo, porque tenemos . . . antes de acabar (*finishing*).

R.: Lo sé. Y esa cosa trata (*treats*) precisamente de una expresión . . . verbo "acabar".

- **acabar de + infinitive** *to have just (done something)*

  ("have just" --present tense of acabar)

  --¿Tienes hambre ahora?//   *Are you hungry now?*
  --No. <u>Acabo</u> de comer.//   *No. I have just eaten.*

  ("had just" --imperfect of acabar)

  --¿Por qué no tenías hambre anoche?//   *Why weren't you hungry last night?*
  --Porque <u>acababa</u> de comer.//   *Because I had just eaten.*

  ¿ . . . ? Vamos a continuar.

  Acabamos de verlos.//   *We have just seen them.*
  Acabábamos de verlos.//   *We had just seen them.*

  José, ¿tú acabas de llamar?//   *Joe, did you just call?*
  José, ¿tú acababas de llamar?//   *Joe, had you just called?*

B.: (. . .) Y ahora, sólo pasamos al . . . , hacemos unas preguntas rápidas, . . .

Ejercicio Escrito (Tome su pluma, y conteste.)

1. ¿Acaba Ud. . . . , o los comenzó . . . ? _____

_____ 2. Díganos, ¿ . . . ? _____

_____ 3. Hablando de otras cosas:

¿ . . . ocurrir un evento . . . ? _____

_____ 4. ¿ . . . nacer . . . ? _____

_____ Y para terminar:

5. ¿ . . . o de nevar . . . ? _____

B.: Pues bien, . . . le dijimos que íbamos a acabar, (. . .)
R.: (. . .) Nos encanta (*we just love to*) pasar . . . Hasta pronto, . . .

ACTIVIDADES INDIVIDUALES

I. Experiencias visuales

PSICO-TEST : Es usted una persona nerviosa?

Todos estamos sometidos a las contrariedades y angustias de la vida. Pero, ¿cómo reaccionamos? Esta prueba le ayuda a determinar si es Ud. una persona innecesariamente angustiada.

1. **Ponga la punta del lápiz sobre el número 1 y muévalo del 1 al 2, hasta el número 12.**

   a.¿Lo hizo en menos de 8 segundos? _____

   b.¿Lo hizo con tensión nerviosa? _____

2	8	12	5
10	7	3	6
4	11	1	9

2.

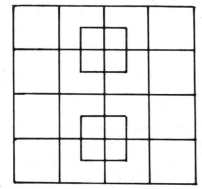

¿Cuántos cuadrados (squares) encuentra Ud. aquí? (Hay más de 18.) _____

3. **En su opinión, ¿debe formar parte de la vida la tensión nerviosa?**
   a. No, nunca.
   b. Sí, a veces.
   c. Sí, absolutamente.

4. **Cuando Ud. se enoja con alguien . . .**
   a. ¿le dice lo que (what) siente?
   b. ¿oculta (do you hide) sus sentimientos?
   c. ¿comienza a llorar (cry)?

5. **¿Qué le molesta más?**
   a. Las contrariedades de la vida diaria
   b. Pequeñas intrigas entre sus amigos
   c. Fricciones con otras personas

6. **Cuando se enfrenta con un problema importante:**
   a. No quiere pensar en eso inmediatamente.
   b. Lo discute con un pariente o un amigo.
   c. Trata de olvidarlo.

7. **¿Deja (Do you leave) Ud. las cosas para mañana?**
   a. Con frecuencia.
   b. Raramente.
   c. Casi nunca.

8. **Cuando piensa en el día siguiente,**
   a. ¿lo hace con miedo?
   b. ¿lo hace con placer (pleasure)?
   c. ¿no piensa, excepto si hay algo especial?

Resultados: 1. a. Sí. (10 puntos) b. Sí. (10 puntos)   2. Si encontró 40 cuadrados, 20 puntos.
3. a. 0 puntos b. 7 puntos c. 10 puntos   4. a. 0 puntos b. 4 puntos c. 10 puntos   5. a. 10 puntos b. 0 puntos c. 0 puntos   6. a. 4 puntos b. 10 puntos c. 0 puntos   7. a. 0 puntos b. 3 puntos c. 10 puntos   8. a. 0 puntos b. 10 puntos c. 5 puntos

Su análisis personal: 80 – 100 puntos: Normal. . . 20-49 puntos: Exceso de ansiedad (anxiety), pero por casos particulares, no como tendencia general. . . 0 a 19: Ud. es una persona muy tensa.

(Adaptado de Temas, Nueva York, Año XXXVIII, No. 443.)

155

II. Palabras en uso

A. Equivalencias

Las frases del Grupo 1 expresan la mismas (*same*) ideas que las del Grupo 2. ¿Puede Ud. descubrir siempre la frase equivalente?

1

1. Lo sentí mucho.
2. Teníamos miedo de ella.
3. No estoy preocupado por eso.
4. No recuerdo dónde viven.
5. Pienso que es verdad.
6. ¿Qué le parece esto?
7. Lo sé muy bien.
8. Sentimos mucha felicidad.

2

_____ No me importa.
_____ ¿Qué piensa Ud. de esto?
_____ Creo que tiene razón.
_____ La temíamos.
_____ ¡Ay, qué tristeza me dio!
_____ Tengo mucha información sobre eso.
_____ Estamos contentísimos.
_____ Olvidé el número de su casa.

B. Inglés-español
¿Con qué palabras en español se relacionan estas palabras inglesas?

1. vitality, vital _____ 2. odious _____ 3. desire _____

4. amorous, amiable _____ 5. pensive _____ 6. final _____

7. pardon _____ 8. surprise _____ 9. secure,

security, assure, insure _____ 10. pain _____ 11. maravelous

_____ 12. Felicitations!, felicity _____ 13. somnolence,

somnambulist _____ 14. enamored _____

15. A propósito, ¿qué significa el término médico "vital signs"?_____

_____ 16. ¿Es buena o mala "a felicitous occasion"? _____

III. Ejercicios suplementarios

#28. The imperfect tense

A. Presente → imperfecto

1. ¿Qué haces? _____-- Me preparo para salir. _____

_____ 2. ¿Dónde están Uds.? _____? -- Estamos

en el estudio.   3. Lo guardo (*I keep it*) en el corazón. _____

_____ --Debes olvidarlo. _____

4. Grita y llora (*cry*) como un loco. _____

--Siempre es así. _____ 5. Estamos en peligro. _____

_____ -- Claro, porque no os cuidáis. _____

_____ 6. Me siento muy enferma. _____ --

¿Y no tiene un buen médico? _____ 6. ¿No

vas a venir hoy? _____ -- Sí, pero tengo mucho que

hacer. 7. No las vemos mucho. _____ -- ¿Es que no

quieren o que no pueden? _____

B. Diálogos al instante (Responda según las indicaciones.)

1. Cuando Ud. era niño (niña) , ¿era grande o pequeño (-a) para su edad? -- _____

grande.   2. ¿Vivían Uds. en esta ciudad? --*No,* _____ *en otro estado.*

3. ¿Tenían Uds. muchos amigos? -- *Sí,* _____ *muchísimos.*   4. ¿Les

gustaba a Uds. la escuela? -- *Sí,* _____ *a veces.*   5. ¿Adónde iban

Ud. y su familia de vacaciones? -- _____ *a la Florida.*   6. Y tú, Cuco,

¿cuántos años tenías cuando entraste en esta escuela? -- _____ *diecisiete.*

7. -- ¿Qué hora era cuando regresaste al dormitorio anoche? -- _____ *las tres*

de la mañana.   8. ¿Estaban tus compañeros de cuarto? --*Sí,* _____

jugando a las cartas. 9. ¿A esas horas? ¿Y no se sentían (no os sentíais) cansados? --

Al contrario. <u>Nos</u> _____ *felices.* Hoy no hay clases.

#29. Imperfect or preterite?

Mini-cuento: Llene los blancos, con el imperfecto o el pretérito de los verbos:

Ayer cuando yo _____ a la universidad, _____ en la calle

(*street*) a uno de mis viejos amigos. **(caminar • ver)** Se _____ Marcos

Villena, y _____ una de las personas más simpáticas del mundo. **(llamar • ser)**

Le _____ "¡Marcos . . Marcos!", y le _____ con la mano. **(gritar •**

saludar--greet) con la mano. Pero no me _____ . **(contestar)**   No

_____ la cabeza siquiera para mirarme. **(volver la cabeza** --*turn one's*

head **)** Pues bien yo no _____ dispuesto a permitirle pasar sin hablarle.

(estar) Y así, _____ a correr hacia (*toward*) él. **(comenzar)**

"¡Marcos!", le _____ otra vez. **(decir)** Esta vez sí _____ la cabeza y

me _____ **(volver • ver)** Pero en lugar de sonreír (*instead of smiling*), me

157

_____ una mirada curiosa, y se _____ corriendo en otra dirección.

(dirigir • ir)   Ahora no lo entiendo. ¿_____ él o _____ otra persona? (ser)

¿Quién más (*else*) _____ ser? (**poder**)   Pero, ¿por qué no _____

hablarme ni mirarme? (**querer**)   No lo sé. No lo entiendo.

#30. Two special time expressions

A. Hace (*ago*). . . : Conteste según el modelo.

¿Vinieron hace una hora? (No, . . . dos.) _No. Vinieron hace dos horas._

1. Murió hace mucho tiempo? (No, . . . sólo un mes.) _____

_____ 2. ¿No estuvieron Uds. en México hace poco? (Sí, . . . dos semanas.)

_____ 3. ¿El profesor

les dio un examen hace una semana? (No, . . . casi quince días.) _____

_____ 4. ¿Cuándo aprendiste a jugar al tenis? (Hace

muchos años.) _____ 5. ¿Cuánto tiempo

hace que os graduasteis? (Hace un semestre) _____

B. acabar de (*to have just . . .*)

Frases paralelas : Cambie según las indicaciones

1. Acabo de subir.

¿Tú _____?

¿Uds. _____?

¿_____ saberlo?

2. Acabamos de verla.

Acabábamos _____

Elisa _____

¿Vosotros _____?

3. ¿Acababas de recibirlos?

¿Uds. _____ hacerlo?

¿_____ traérselo?

¿_____ dárselo?

4. Acaban de llamarnos.

_____ avisarle.

Acababan _____

Pío y yo _____

IV. Composición creativa

¿Qué experiencia tiene Ud. de la vida humana? Pues, escriba brevemente sobre uno de estos temas:

1. ¿En qué consiste ser feliz?
2. Mi concepto de una buena persona
3. Yo: La persona que era y la persona que quiero ser

158

LECCION DIEZ : ¿Qué cosas usamos?

G.: (. . .) _____ Escuche, ¿eh? (. . .)

P.: i . . . ! Pero, ¿qué fue. . .?

G.: (. . .) Diga Ud.: el reloj// (. . .) Ahora, ¿qué es. . .? _____
   Ah, ¿no lo sabía? Pues ésa`era la ducha (*shower*).//

P.: (. . .) ¿Qué está haciendo?

G.: Pues hoy . . . artículos de uso diario, ¿ . . . ?   (. . .)   Y yo los estoy ilustrando con
   efectos sonoros (*sound effects*).

P.: (. . .) Pero hay maneras más fáciles de hacerlo. Por ejemplo, . . .

Palabras ilustradas

**Mire por un momento las ilustraciones . . . Ahora escriba bajo cada una la palabra
correcta.**

_____ _____ _____ _____ _____

¿Qué busco?   (*What am I looking for?*)

(. . .)

1. "Acabo de . . ., y ahora necesito. . ." ¿Qué busco? _____

2. "i . . . tan (*so*) feo! Tengo que. . ." ¿ . . . ? _____

3. "i . . . ! Acabo de encontrar. . . que buscaba. Pero . . . mi cara. ¿ . . . ?

   _____

4. ". . . sucias. Pero no encuentro con qué . . . " ¿ . . . ? _____

5. "Salgo . . ., y necesito . . . secarme el cuerpo." ¿ . . . ? _____

G.: (. . .) Las . . . por sí solas (*by themselves*) no funcionan. Necesitan sonido
   (*sound*), como en. . .

P.: No siempre. . . Por ejemplo, escucha este "comercial" que oí . . .

159

Anuncio comercial

(Federico, un joven de cara triste habla con Ramiro,   *sad-faced*
su mejor amigo.)

Fed.: Ramiro, ¿por qué no me miran las chicas?
¿Por qué no quieren salir conmigo?   *go out*

Ram.: Bueno, Federico, te lo voy a decir. ¿Tú
conoces el desodorante "Suprima", el que ayuda a   *"Suppress", which*
noventa y nueve personas entre cien?   *out of*

Fed.: Sí. Lo uso todos los días.

Ram.: Pues me da pena decírtelo. Pero, ¡tú eres   *I hate to*
el número cien!

Fed.: ¡No! Pues, ¿qué puedo hacer?

Ram.: No hay problema. Tú necesitas la fórmula
"Suprima Doble Potencia"--la fórmula que sirve   *works*
para solamente una persona entre cien.

Fed.: Gracias, Ramiro. La compro en seguida. ¿Y
entonces, las chicas me van a amar?

Ram.: Todavía no, Federico. ¿Tú conoces la crema
dental "Lustre", y los cepillos "Brillo", y el   *"Shine"*
desinfectante "Purísimo", y las afeitadoras   *shavers "Scratch"*
"Raspa", y . . .

G.: ¡Basta (*enough*), . . .! Pati tiene . . . A veces estamos mejor (*better off*) sin sonido!

P.: (. . .) Pero, . . . ¡ese pobre Fernando! ¿Comprendió . . . ? Pues conteste entonces

¿Verdad o falso?

1. Fernando está preocupado porque . . . ¿Verdad o falso? _____//

2. . . . le recomienda . . .   _____ //

3. La fórmula Suprima Doble Potencia sirve . . .   _____ // (. . .)

4. Si Fernando . . . , las chicas . . .   _____//

5. . . . tiene que comprar . . .   _____ // (. . .)

P.: ¡ . . .! A propósito, díganos Ud.: ¿Qué crema . . . ? _____

_____ ¿ . . . jabón prefiere? _____ ¿Y con qué

champú se lava el pelo? _____

G.: ¡Ay, me puedo imaginar al . . . corriendo (*running*) de una farmacia a . . .

P.: Comprándose cepillos y antisépticos . . .

G.: Pues vamos a dejarlo (*leave him*) . . . Y nosotros pasamos . . .

Uso activo

#31 . Usando el participio de presente (*going, coming, etc.*)

(-ar ---> -ando)

estar// **estando**// *being*   **despertar**// _____ // *waking*

(-er, -ir ---> -iendo)

saber// **sabiendo**   ser// _____ //   escribir// _____ //

•**Los verbos como** *sentir* **y** *dormir* **son un poco diferentes.**

    sintiendo// *feeling*   **pidiendo**// *asking for*
    durmiendo// *sleeping*   **muriendo**// *dying*

•**Otras excepciones:**   poder// **pudiendo**// *being able to*
                    venir// **viniendo**// *coming*
                    decir// **diciendo**

•**¿Cómo usamos el participio de presente?** (. . .)

Lo hago ahora.//   *I'm doing it now. I'll do it now.*
Lo estoy haciendo ahora.//   *I'm (in the midst of) doing it now.*
Estoy haciéndolo ahora.//   *(Action in progress!)*

Nos miraba con terror.//   *He was looking at us with terror.*
Nos estaba mirando.// **estaba**   *There he was, looking at us with*
mirándonos // **con terror**//   *terror (at that very moment!).*

¿Qué están haciendo estas personas?   (**Mire las ilustraciones, y conteste.**)

1.
bañarse
baño

2.
ducharse
la ducha

3.
limpiarse
los dientes

1. ¿Qué está haciendo. . .? _____ // 2. Y esta persona, ¿. . .?

_____ Dígame, ¿a Ud. . . .? *Me gusta* _____ *me.*

3. ¿ . . . este joven? *Se* _____ ¿Cuántas veces al día (*a day*)

debemos limpiarnos . . .? _____//

Imagínese ahora que todo esto estaba ocurriendo ayer. ¿ . . . ? _____ Díganos:

¿Qué estaban haciendo?

4.  5.  6.

4. ¿ . . . este individuo? _____ // ¿A Ud. le gusta

. . . ? _____ *acostarme* _____ 5. ¿ . . . ? _____

_____ // ¿Qué piensa Ud.? ¿ . . . de la mañana? *Eran* _____

_____ 6. ¿ . . . ? _____ //

P.:   . . . parece que estaba soñando todavía.

G.: ¿Y qué . . . ?

P.: Vamos primero al . . . , y te lo voy a decir.   (. . .)

#32. Los posesivos **mío, tuyo,** etc.

¿Recuerda Ud. los posesivos que usamos <u>antes</u> del nombre (*before the noun*)?:

   <u>mi</u> amigo// <u>tu</u> casa//, etc.

Aquí tenemos otras formas que se usan solamente <u>después</u> (*after!*) del nombre:

mío// mía// míos// mías//	*mine, of mine*
Es un viejo amigo mío.//	*He's an old friend of mine.*
Estas cosas son mías.//	*These things are mine.*
tuyo// tuya// tuyos// tuyas//	*yours, of yours (my friend)*
suyo// suya// etc.	(*of*) *his, hers, its, theirs, yours*--**de Ud(s).**

--¡Qué muebles más hermosos!//   *What beautiful furnishings! Are*
   ¿Son tuyos?//   *they yours?*

--No. Son de mi tía Rosa.// Son   *No. They belong to my Aunt Rose.*
   suyos.//   *They're hers.*

--Pero la casa es vuestra,   *But the house is yours (belongs*
   ¿verdad?//   *to you-folks), doesn't it?*

--¿Nuestra?// No.// Es de mis   *Ours? No. It belongs to my*
   abuelos.// Es suya.//   *grandparents. It's theirs.*

--¡Entonces, Marisa,// ¿aquí   *Well, then, Marisa, isn't there*
   no hay nada tuyo?//   *anything of yours here?*

P.: Sí, hay, . . . Hay un . . . que hice para ilustrar este punto.

G.: ¡ . . . , por Dios! Pues adelante . . .

Ejercicio (Conteste según los modelos.)

1. ¿Esta comida es <u>tuya</u>? --Sí. **Es mía**// (Muy original, ¿eh? -- ¡ . . . !)

2. ¿Juan es amigo <u>de Rosalía</u>? --Ah, sí. **Es amigo suyo.**//

G.: Pero . . ., ¡este ejercicio es . . . !

P.: ¿No te lo dije? Pues . . .

3. ¿Los Suárez eran vecinos <u>suyos</u> (*of yours*)? --Es verdad. _____

_____ (*of ours*).//

4. ¿Tú eres prima <u>de Gonzalo</u>? --Claro. *Soy* _____ ___ (*of his*).//

G.: ¿ . . . ? Este ejercicio es increíble (*incredible*).

P.: Pues hay más . . .

G.: Tal vez (*perhaps*) . . . ¿Por qué no hacemos . . .?

P.: . . ., si quieres. Tú puedes comenzar . . . (. . .)

Preferencias

(Vamos a emplear por un momento las formas familiares: tuyo, vuestro, etc.)

**Por ejemplo: Mi clase es a las ocho de la mañana. La clase de ellos es a las diez.
¿Cuál prefieres--la mía o la suya?-- *Prefiero la tuya. O: Prefiero la suya.***

1. Mi coche es un Ferrari. El coche de Raúl es un Toyota. ¿Tú prefieres el mío o el

suyo? _____ // El mío (*Mine*) . . ., y el suyo . . .

Ahora, ¿ . . . ? _____ //

2. Nuestra casa está situada en Nueva York. La casa de los Núñez está en Arizona.

¿ . . . ? _____// (. . .) Pero escucha: La nuestra

(*ours*) es . . . La suya (*theirs*) . . ., y de estilo antiguo. ¿ . . . ? _____

_____// ¿Ya ves?

3. Estos discos míos son de ópera. Los discos de ellos son de "rock". ¿ . . . -- los míos o

los suyos? _____ No te oí. ¿Dijiste . . . ? _____

4. Estas revistas mías son de deportes. Las de Dori son de modas. ¿ . . . te interesan

más -- las mías o . . . ? *Me interesan* _____

G.: ¿Saben? Esto todavía necesita . . .

P.: Pues si quieren, . . . otro ejercicio original que hice.

G.: (. . .) Es tiempo de hablar . . .

Más sobre los reflexivos (*myself, yourself, etc.*)

Como ya sabemos, los pronombres reflexivos expresan varias ideas.

(subject --> to itself)

Me lavé.//   *I washed (myself).*
¿Te lavaste?//   *Did you wash up?*

¿<u>Se</u> lavó Ud. el pelo esta mañana? _____ *me lavé* _____

    Paco levantó el sillón.//   *Frank lifted up the chair.*
    Paco <u>se</u> levantó.   *Frank got up. (He lifted <u>himself</u>!)*

¿Ud. se levantó tarde o temprano . . . ? --*Me*_____
(¿Sabe? Yo me levanté . . .)

    Pongo el abrigo en el armario.//   *I put the coat in the closet.*
    <u>Me</u> pongo el abrigo.//   *I put on my coat. (. . . on myself!)*

¿Cuándo <u>nos</u> ponemos el abrigo -- . . .? *Nos* _____ _____

_____ // ¿Nos lo quitamos cuando. . .? _____ //

("to get . . .")

¿Tú rompiste la botella?//   *Did you break the bottle?*
--No.// No sé cómo <u>se rompió.</u> //   *--No. I don't know how it got broken.*

Dígame,// ¿<u>se casó</u> Juanita?   *Tell me, did Jane get married?*
   --Sí, y <u>se divorció.</u>// (. . .)   *--Yes, and she got divorced.*

. . . , ¿se casó recientemente . . . ? _____

_____ *mía.* (. . .)

G.: Ud. recordaba todo esto, ¿. . . ? _____ Pues ahora, . . .

• El "se" impersonal ("One. . . ")

--¿Cómo se sale de aquí?//   *How does one get out of here?*
                           (How do you . . . ?)

--Se toma la escalera automática.//   *One takes (you take) the escalator.*

--¿La . . qué?// ¿Cómo se dice   *The . .what? How do you say that*
   en inglés?//   *in English?*

P.: ¿ . . . ? Pues vamos a ver cómo hace . . .

Alternativas

Conteste, escogiendo siempre la <u>segunda</u> alternativa. Por ejemplo:

1. ¿Se habla español o <u>portugúes</u> en el Brasil? *Se habla* _____ //

2. Si hay un incendio, ¿se llama a . . . o a . . .? _____ //

3. Para un dolor de cabeza, ¿se toma un antiácido . . . ? _____ //

164

4. Para peinarse el pelo, ¿se usa una toalla o un . . . ? _____ //

5. Y para quitarse la barba (*remove one's beard*), ¿se usa el cepillo o la afeitadora?

_____ // (. . .)

•El reflexivo se usa para expresar la voz pasiva

--Aquí se habla español.//
    En efecto,// se hablan todas las
    lenguas aquí.//

Spanish *is spoken* here.
    In fact, all languages are spoken
    here.

--Pues claro.// ¿No se llaman Uds.
    "Las Naciones Unidas?

Well, of course. *Aren't you called*
    The United Nations?

Díganos: ¿Cuántas lenguas se enseñan . . . ? _____

_____ ¿Se ofrece un curso de verano? _____

_____ // Pues hablando . . . , ¿se construyó hace mucho . . . ?

_____ Y Ud., ¿ . . . se va

a graduar? _____

G.: Ud. tiene suerte, ¿ . . . ? Se le van a presentar tantas (*so many*) oportunidades, . . .
    de. . . , de adelantar (*get ahead*), de ayudarse a sí mismo.

P.: ¿De . . . , dices? Pues para eso tiene que aprender . . .

#34. "a mí misma, a sí mismo, etc."

Éstos son los reflexivos que se usan después de una preposición.

Ellos piensan sólo en sí.//
    Hablan sólo de sí mismos./

They think only of themselves. They
    talk only about themselves .(emphatic)

--Sí, son muy egoístas.

Yes, they're very selfish.

Vamos a protestar. // Vamos a pelear.//
    --Habla por ti mismo, Juan.

We're going to protest. We're going to
    fight. -- Speak for yourself, John.

G.: Bien. Y hablando por mí mismo, les digo: "Aquí . . ."

Mini-diálogos

Escuche, y después conteste.

1. --¡Caramba! Lisa acaba de comprarse diez nuevos vestidos.
    -- ¡Diez más! ¿Y cuándo va a ponerse los cien que tenía?
Conteste: ¿Para quién compró . . . ?_____ *misma.//*

En su opinión, ¿Lisa piensa más en (*about*) otras personas o . . . ? _____

_____

2. --Carmen y Pepe no le pidieron ayuda a nadie.   Lo hicieron todo por sí mismos.
   --¡Qué maravilla!

Díganos: ¿Cómo. . . ? _____

Según esto, ¿prefieren depender de (*depend on*) . . . o de . . . ? _____

_____

G.: (. . .) Pues bien, . . . , estamos llegando al final (*getting to the end*).   El . . . nos está
esperando (*waiting for us*), . . .

Ejercicio escrito

1. a. ¿Se acostó . . . ? _____

   b. ¿Era . . . ? _____

2. a. A las seis . . . , ¿ . . . ? _____

   b. ¿ . . . se despertó . . . ?_____

3. a. En su opinión, ¿ . . .   estudiándola o viviendo en el país . . . ? _____

_____ b. ¿Piensa Ud. (*Do*

you plan to) irse . . . ? _____

G.: Yo no sé. Ud. está aprendiendo . . .
P.: Y . . . otro día.   Por ahora, un afectuoso abrazo.
G.: Cuídese, y . . .

ACTIVIDADES INDIVIDUALES

I. Experiencias visuales

Aquí tiene Ud. cinco anuncios auténticos de productos familiares norteamericanos.
¿Puede Ud. decirnos cuál es cuál?

Head & Shoulders   <u>Tide</u>   Dove   *Scope*   *Bounty*

(1) ¿Con qué rapidez limpia esto . . . ? ¡En un instante!

Así de rápido limpia _____, y así de buena es. _____ absorbe lo que se derrama más rápido que cualquier otra toalla de papel. Ponga esa absorbencia a trabajar en su casa hoy.

(2) Deja el pelo verdaderamente limpio y sin caspa. Deja su pelo tan acariciable que dan ganas de tocarlo. _____ es la redefinición de limpio.

(3) Drama diario. . . La ropa de la familia Martínez quedó tan colorida como su fiesta de cumpleaños. El pantalón de Luisito, color lodo (*mud*). El traje de Nancy, del color del helado de chocolate. Y la camisa de Luis, ¡color de salsa de chile!
Final feliz. . . Así concluye cada escena del lavado de la familia Martínez. Todos felices, porque _____ limpia y quita muchas manchas difíciles.

Si tiene que estar limpio, tiene que ser _____

(4) _____ sin fragancia o en su forma original, contiene una cuarta parte de crema humectante. No reseca su cara como el jabón.

(5) _____ **presenta "Una escena de la vida"**

María: Mira, Cristina. Allí esta Raúl.
Cristina: ¡Voy a conocerlo!

*****

María: Ah, perdón. ¿Pero tú eres . . ?
Raúl: Me llamo Raúl, señorita. Con permiso, tengo que marcharme ahora. Adiós.

*****

(Más tarde en el cuarto)
Cristina: ¿Por qué no me quiso hablar Raúl?
María: ¡Es tu aliento, Cristina. Ese enjuague bucal que usas huele a (*of*) medicina. Tú debes usar _____ para un aliento fresco, con olor a menta, no a medicina.

*****

(Aquella noche. Raúl y Cristina están bailando.)
Raúl: Quiero bailar contigo toda la noche.
Cristina: Yo también. (*Aparte:* ¡Mil gracias a _____!)

Díganos ahora : ¿Pudo Ud. entender por el contexto las expresiones siguientes?

el aliento_____   un enjuague bucal _____   una mancha_____

un olor a menta _____   crema humectante _____   resecar _____

¿Cuál de estos anuncios le parece el más efectivo? _____

_____¿y el menos? _____

II. Palabras en uso

A. Asociaciones

Díganos cinco cosas o ideas que asocie con cada una de éstas:

bañarse _____

_____

levantarse por la mañana _____

_____

acostarse _____

_____

una botella _____

anteojos _____

una caja _____

B. ¡Al contrario! (Diga siempre lo opuesto -- *the opposite*):

divorciarse _____ sentarse _____ dormirse

_____ perder _____ dudar _____

olvidar _____ vivo (*alive*) _____

III. Ejercicios suplementarios

#31. Using the present participle : –ando, –iendo (*-ing*)

Conversaciones al instante. (Responda según las indicaciones.)

1. ¿Estás preparando la comida? (No. El almuerzo.) No. Estoy _____

_____ 2. ¿Están pidiendo ayuda? (Sí, demasiada.) _____

_____ 3. ¿Uds. están acostándose ahora? (No.

Levantándonos.) *No. Estamos* _____ (. . .) *Nos* _____

_____ // 4. ¿Estabas sintiendo mucho el frío? (Sí, muchísimo.) _____

_____ 5. ¿Ud. estaba mirándome? (No. A ella.) *No,*

estaba _____ *a ella.* // *La estaba* _____ // 6. ¿Estaban Uds.

durmiendo? (No. Descansando, nada más.) *No, estábamos* _____ _____

#32. **The possessives mío, tuyo. . . . (mine, yours, etc.)**

A. **Frases en serie** (Cambie según las indicaciones)

1. **Este cuarto es nuestro.**

_____ cuartos son nuestros.

Aquellos _____

_____ (de Uds.)

_____ alcobas _____

2. **Un amigo mío llamó ayer.**

_____ amigos _____

_____ nuestros _____

Una vieja amiga tuya _____

_____ (de vosotros)

B. **Alternativas** (Conteste escogiendo siempre la segunda). Por ejemplo:

¿Son de ellos o son tuyos estos botones? —*Son míos.*
¿Eran suyas o vuestras esas llaves? — *Eran mías.*

1. ¿Es de Ud. o de ella esta pasta dentífrica? -- _____ 2. ¿Es tuyo o mío este

cepillo? _____ 3. ¿Estas toallas son tuyas o de Miguel? _____

4. ¿El reloj es de Marcia o es tuyo? _____ 5. Los discos eran de tu hermana

o eran tuyos? _____ 6. Los aparatos que robaron, ¿eran de otras

personas o eran de Uds.? _____ 7. ¿Estos números son de ellas o

son nuestros? -- _____ (de Uds.) 8. ¿Aquellas cosas son vuestras o son

nuestras? -- _____ (*España--familiar*) 9. Las almohadas que

trajeron, ¿son nuestras o de ellos? _____ 10.¿Los invitados eran

parientes de ella o tuyos? _____

#33. **More about the reflexives**

A. **Conversaciones al instante** (Responda según las indicaciones.) Por ejemplo:

¿Uds. van a casarse ahora? —No, en abril. *No. Vamos a casarnos en abril.*

169

1. ¿Por qué no se cuidan Uds. más? --¡Qué va! Siempre . . . _____

_____ ¿Qué te preparaste para el desayuno? --Huevos con

tocino. _____

2. ¿Te divertiste anoche? --Sí, bastante. _____

_____ ¿Te alegraste de ver a Patricia? --Por supuesto. _____

_____ ¿Y ella se alegró de verte a ti? --No sé si . . . _____

_____ Pero Rufo se molestó conmigo.

3. ¿Te estás vistiendo? --Sí, ahora mismo. _____

¿Qué corbata te vas a poner? --La verde. _____

Entonces, ¿te vas a cambiar la camisa azul?--Sí, _____

B. Bancos de verbos. Complete usando los verbos indicados:

1. **levantarse • acostarse • sentarse • abrirse • despertarse • cerrarse**

a. ¿A qué hora _____ Ud. (*pretérito*) estas mañana? -- A las seis,

pero no _____ en seguida. b. Si tienes sueño, ¿por qué no _____

_____ temprano esta noche? c. Uds. caminaron mucho, ¿verdad?

Pues ¿por qué no _____ por un momento? d. ¿_____

a las diez aquí las tiendas? --Sí, y _____ a las ocho.

2. **irse • dormirse • perderse • cansarse • ponerse • enojarse • sentirse**

a. Vine completamente fatigada y _____ en seguida. --¿Y ahora _____

_____ Ud. mejor? b. ¿Por qué _____ (tú) siempre

conmigo? --Porque (yo) _____ furiosa cuando me mientes. c. ¿_____

_____ Uds. mucho ayer en el trabajo?--Sí, pero descansamos cuando

regresamos a casa. d. ¿No pueden Uds. quedarse un poco más? ¿Ya tienen que

_____ ? -- Sí, es tarde y no queremos _____ en el camino (*road*).

C. Un poco de lógica. Conteste:

1. ¡Caramba! Ya son las dos de la mañana. ¿Debo levantarme o acostarme? *Tú* _____

_____ 2. ¡Dios mío! Es de noche ya y no conocemos el camino. . .

¿Tienen miedo de perderse o de cansarse? _____

3. Estamos locamente enamorados. ¿Debemos separarnos o casarnos? _Uds._ _____

_____ _(Vosotros)_ _____   4. ¡Cuidado! El espejo se va a caer. . .

¿Va a romperse o repararse? _____ 5. Acabo de entrar en

mi casa. ¿Me quito o me pongo el abrigo? _Ud._ _____

D. A pensar, y contestar:

1. Si hace calor y no hay aire acondicionado, ¿se cierra o se abre la ventana? _____

_____ 2. Para subir al piso Número 10, se usa la escalera o se

toma el elevador? _____ 3. Si se sirve comida muy

grasosa , ¿se come bien o mal allí? _____ Y si se come siempre

esa comida, ¿se sube o se baja de peso (_weight_)? _____

4. Si una tienda está situada en un sector hispano, ¿qué lengua se debe hablar allí?

_____ 5. Si se dice en la radio que hoy va a llover, ¿qué

cosas se deben llevar? _____

#34. Reflexives that follow a preposition: _para sí mismo_, etc.
Conteste afirmativa o negativamente:

1. ¿Ud. habla mucho de sí mismo(-a) ? --_____

2. ¿Compraste toda esta comida para ti mismo(-a)? --_____

_____ 3. ¿Estás muy contento(-a) contigo mismo(-a)? _____

_____ 4. ¿Uds. tienen mucha confianza (_confidence_) en sí mismos? _____

_____ 5. ¿Hicisteis todos estos ejercicios por

vosotros mismos? _____

IV. Composición creativa

¿Cuáles son las cosas que se usan más en nuestra vida diaria? Háganos una lista de las
más esenciales, con el precio aproximado de cada una. . .

(_dos personas_)   Preparen Uds. un anuncio comercial para un producto de uso diario.
"El jabón LIMPIATODO, el mejor para . . . " "La crema dental ("pasta dentífrica) BRILLO"
"El perfume LOCA PASION. . . ", etc. A ver si nos pueden convencer.

LECCION ONCE: *Sigue derecho* (Go straight ahead. . .)

(Vamos a usar la forma familiar "tú" en esta lección.)

A.: (. . .) ¿Qué tal? _____ Bien. Espera. En un momento . . .   Pero, Marisa, ¿dónde están . . . ?

M.: Allí, encima del gabinete (*cabinet*). (¿ . . .?) Encima del gabinete que está junto a (*next to*) . . . (¿ . . .?) A la . . . que está en frente del . . ., que está al lado de (*beside*) . . ., que está cerca del . . .

A.: Ah, ¿me estás tomando el pelo (*kidding me*)?

M.: (. . .) Ya que (*since*) el tema hoy es "Sigue . . ."

A.: (. . .) Dime, . . . , ¿tú quieres hacer . . . rompecabezas (*puzzle*) con nosotros? Se llama . . .

¿Dónde está la llave? (*Where's the key?*)

Yo dejé la llave de mi carro aquí el otro día. Pero no recuerdo dónde la puse. Ahora vamos a ver si la encontramos juntos . . .

Primero, mira las ilustraciones, y repite:

Ahora mira esta ilustración. Escucha las pistas. Y por un proceso de eliminación, vamos a ver dónde está.

silla
espejo
cortinas
cómoda
televisión
ventana
mesita de noche
alfombra
escritorio
lámpara

•A propósito: ¡Usamos cada expresión y cada mueble solamente una vez!

1. ¿Está encima de la mesita . . .? -- . . . de ella.

2. ¿ . . . junto al . . .? -- . . . a él. No está cerca de . . . tampoco (*either*).

3. ¿ . . . las cortinas? -- . . . de ellas. No está cerca . . .

4. ¿ . . . dentro del . . .? -- . . . de nada.

5. ¿ . . . delante del . . .? -- . . . Ni . . . la cómoda (*chest*).

Entonces, ¡ya sé dónde . . . ! ¿La encontraste . . .? _____ (. . .)

A.: Pues hablando de distintas (*different*) direcciones, . . . adelante.
M.: ¿ . . . ?
A.: (. . .) Pero primero, hay . . .

Diálogo en la antigüedad

--Oye, hombre, ¿está cerca el Coliseo? · *Colosseum*

--Pues, muy lejos no está. Sigue derecho hasta la
   próxima esquina. Allí, delante del edificio · *corner*
   grande de las columnas, vuelve a la izquierda, · *with / turn*
   y camina dos cuadras más.// · *blocks*

--¿Y ahí está el Coliseo? · *there*

--Todavía no. Dobla esta vez a la derecha, y sigue · *Turn*
   hasta la Calle de los Guerreros. Allí, en frente · *Warriors*
   del Senado y al lado del Panteón encuentras . . .

--¿El Coliseo?

--¡Qué va! Allí está el Teatro Quince de Marzo, donde
   trabajo yo.

--Pero. .

--<u>Créeme</u>, amigo, la función nuestra es más interesante   *Believe me*
  que <u>la del</u> Coliseo. Hoy presentamos "Los Conspiradores",   *the one at the*
  con Julio César y Marco Bruto.

--Pero yo quería ver "Los cristianos <u>contra los leones</u>".   *against the lions*

--¿<u>Para qué?</u> Ya sabes quiénes van a <u>ganar.</u>   *What for? / win*

M.: ¡ . . . ! ¿Quién piensa en . . . ?
A.: (. . .) Mejor, no hablar. Sólo repite un poco, . . . A ver cómo lo pronuncias.

--Oye, hombre,// ¿está cerca de aquí el Coliseo?//

--Pues, muy lejos no está.// Sigue derecho// hasta la próxima esquina.// Allí,//
delante del edificio grande de las columnas,// vuelve a la izquierda,// y camina dos
cuadras más.//

--¿Y ahí está el Coliseo?//

--Todavía no.// Dobla esta vez a la derecha,// y sigue hasta la Calle de los
Guerreros.// Allí, en frente del Senado// y al lado del Panteón// encuentras . . . //

M.: ¿ . . . ?
A.: Pero, . . . ¿cómo lo sabías?
M.: Era una intuición, . . . Así que, vamos a pasar..,

Uso activo

*35. Dando órdenes a nuestros amigos: *"Do it, friend(s)."*

A. tú   (drop the final "s" of the present tense)

Si queremos darle una orden positiva a un amigo (una orden *positiva*, no negativa),
usamos la forma de <u>tú</u> en el tiempo presente , ¡sin la "s" final!

(Present tense)	(tú-command)
¿Hablas?// Are you speaking?	¡Habla! // Speak!
	¡Háblame! // Speak to me!
¿Comes?//	¡Come!// Eat!
	¡Cómelo! Eat it!

(¡ . . . !) Pues ayúdanos a continuar.

1. ¿Comienzas ahora mismo?   ¡ _____!//

2. ¿Duermes bien?   _____//

3. ¿Lo recuerdas?   ¡Recuér_____ ! //

4. ¿Te sientes aquí?   Sién_____ //

5. ¿Te vistes ahora?   Vís_____ //

6. ¿Se lo pides?   Pi_____ //

174

Por suerte (Fortunately), **hay sólo ocho formas irregulares.** (. . .)

Ven// (Come!)   **Ten...//** (Have!)   **Pon...//** (Put!)   **Sal//** (Leave! Go out!)

Ven acá, hijo, y dame un beso.// Bien.//	*Come here, son, and give me a kiss... Good.*
Ahora **ponte** el abrigo y **sal**.//	*Now put on your coat and go out.*
Y **ten** cuidado en el camino, ¿eh?//	*And be careful on the street, OK?*

Haz// (Do... I Make...!)   **Sé//** (Be...)   **Di//** (Tell..., Say...)   **Ve//** (Go!)

--**Hazme** un favor, Pepe.// **Ve** a Charo//	*Do me a favor, Joe. Go to Rosie,*
y **dile** que la necesito.//	*and tell her that I need her.*
--**Sé** paciente.// Más tarde lo hago.//	*--Be patient. I'll do it later.*

A.: (. . .)

Situaciones

1. a. Tu pequeño hermano Rufito está jugando en . . .   Está haciendo . . . , y el niño salió sólo con . . .   ¿Qué le dices?: "Ven acá y ponte un suéter." O: "Ven acá y

   lávate las manos." _____

   b. Rufito quiere entrar ahora con . . .   ¿Qué le dices?: "Muy bien, tráelos a todos." O:

   "Por favor, diles que no pueden." _____

   c. Por fin, Rufito entra y . . .   Pero el niño está muy . . .   ¿Qué le dices?: "Lávate primero la cara y las manos."   O: "Límpiate bien los dientes antes de comer."

   _____   (. . .)

2. a. Tu novio (novia) tiene   . . .   mañana , pero ya no tiene deseos de . . . ¿Qué le dices?: Olvídate de estudiar y sal conmigo." O: "Descansa por un rato y después vuelve a

   estudiar." _____

   b. Tu novio (novia) dice que no te puede ver . . .   porque quiere ir a . . .   ¿Qué le dices?: "Llévame a mí también." O: "Muy bien, vete -- ¡para siempre!

   _____   (. . .)

B. vosotros

Todos los mandatos afirmativos de "vosotros" se basan en el infinitivo.

• (infinitive: final "r" > "d")

entrar//	**Entrad por aquí.**//	*Enter here.*
volver//	**Volved hacia la derecha.**//	*Turn right.*
salir//	**Salid por el otro lado.**//	*Go out on the other side.*

Una situación más

a. Unos adolescentes están a punto de ... en el medio ...   ¿Qué les gritas tú?:
"Muchachos, cruzad en la esquina." o "Doblad hacia la izquierda, chicos."

_____

b. ¿Qué más les dices? : "Mirad por ambos lados." o " Seguid adelante, chicos."

_____

M.: ¿Quieres ... ?
A.: No podemos, ... Hay tanto que hacer (*so much to do*)...   Como ...

#36.   "Tan(to) ... como" — *as (much), as (many) ... as*

¡Dios mío!// Hay <u>tanto</u> trabajo aquí.// Y <u>tantos</u> problemas.// --	*Oh, my! There's <u>so much</u> work here. And <u>so many</u> problems. --*
¡Qué va! // Tú no tienes <u>tantas</u> obligaciones// <u>como</u> nosotros.//	*Nonsense! You don't have <u>as many</u> obligations <u>as</u> we (do).*

Repite otra vez:

Hablas <u>tan</u> bien, Marisa.//-- No <u>tan</u> bien <u>como</u> tú.// ¡Ni tanto!//	*You speak <u>so</u> well, Marisa. -- Not <u>as</u> well <u>as</u> you. Nor <u>as much</u>!*
En serio, Alberto,// ¡qué cansada estoy de repetir.// -- No <u>tan</u> cansada <u>como</u> nosotros.//	*Seriously, Alberto, how tired I am of repeating. --Not <u>as</u> tired <u>as</u> we (are).*

M.: ¿ ... qué te parece? ¿Hacemos ... ? _____ Tú los haces tan bien. Mira, éste ...

"La modestia es una virtud"

Simplemente responde según las indicaciones...   Por ejemplo:

¡Qué bien cantas!--Gracias. Pero no *canto tan bien* como tú.//
¡Cuántas cosas haces! --   No *hago tantas cosas* como debo.//   (¡ ... !)

1. ¡Qué brillante eres! --No _____ como tú.//   2. ¡Qué

generosos son Uds.! -- No _____ como Uds.//   3. ¡Qué

bien escribes! -- No _____ como otros estudiantes.//

(¿ ... ?) 4. Pero chicos, ¡cuánto español saben Uds.! -- No _____

_____ como debemos. //   5. ¡Cuántos amigos tenían Uds.! -- No _____

_____ como Uds.//   6. ¡Cuántas ideas tuvisteis! -- No tuvimos

_____ como vosotros.//

A.: . . . Tú eres . . .

M.: (. . .) Para otros estudiantes, . . .   Para ti, . . .

A.: Y así van a ser . . .

#37. Los usos de *para*

•para ---> (in order) to

Lo hice para ayudarte,//   *I did it (in order) to help you,*
   no para causarte problemas.//   *not to cause you problems.*
   --Claro, comprendo.//   *Of course, I understand.*

•para ---> (headed) for

Entonces, ¿mañana sales para   *So you're leaving tomorrow for*
   Madrid?//-- No. Para Valencia.//   *Madrid? -- No. For Valencia.*

•para ---> (intended) for

Esto es para ti.// Para tu cuarto.//   *This is for you. For your room.*
   --Gracias. ¡Qué divino!//   *Thank you. How lovely!*

•para ---> by or for (a certain time)

--Para el lunes,// acaba el libro.//   *For Monday, finish the book.*
--¿Para el lunes?// No puedo.//   *For Monday? I can't.*
--Entonces, hazlo para mañana.//   *Then do it by tomorrow!*
   (. . .)

•para ---> compared with, considering

De verdad,// para un extranjero//   *Really, for a foreigner*
   habla muy bien el español.//   *he speaks Spanish very well.*
   --Es verdad.// Para él es como   *That's true. For him it's like*
   su lengua materna.//   *his native language.*

M.: Créeme, . . . Así lo vas a hablar tú algún día.

A.: ¿Y cómo lo va a aprender . . . ?

M.: Pues practicando . . .

Un poco de lógica   (Escucha bien, y contesta.)

1. --Mira, encontré unos regalos preciosos para los niños.
   --Déjame ver.
   --No. Los estoy guardando (*keeping*) para el . . .

Contesta: ¿Para qué ocasión van a ser . . . -- para la Navidad o para el Día de los

   Enamorados (*Valentine's*)? _____//

177

2. --¿Los vemos en julio?
   --No. Salimos para . . . para el quince de mayo.

Dime: ¿Se van para Sudamérica o para . . . ? _____

3. --¿Qué me dice? ¿Que me repara el coche para el sábado? No, señor. Ud. dijo que lo
   iba a tener . . . antes.

   ¿Para qué dia prometió el carro el mecánico? _____ //

4. --Esa factoría producía solamente ropa para . . .   Dime: ¿Pude comprar allí

   una falda . . . ? _____

5. --¡Qué maravilla! El doctor Ríos es muy activo para su edad (*age*).

   ¿Qué piensas tú? ¿Es . . . el doctor? _____ //

A.: Y ahora, para terminar . . .

#38. **Los usos de *por***

   Por favor, presta mucha atención:

   • **by (by means of, or done by)**

¿Ese libro fue escrito por Borges?// --No. Por Márquez.//	*Was that book written by Borges?* *--No. By Marquez.*
Si quiere, señor,// le aviso por teléfono.// --Mejor, // mándamelo por Fax.//	*If you wish, sir, I'll advise you by phone.* *--Better yet, send it to me by Fax.*

Dime: ¿. . . ? _____ ¿Sabes mandar

documentos . . . ? _____ (. . .)

   • **through, by, along (location)**

El ladrón entró por aquella ventana// y pasó por este corredor.// -- ¡Ay, por Dios!//	*The thief came in through that window,* *and he walked along this hall. --For* *Heaven's sake!*

   •**for, in, during (a period of time)**

¿Te veo mañana por la mañana?// --No, por la tarde.// Y sólo por media hora.//	*Will I see you tomorrow (in the)* *morning? --No, in the afternoon. And* *only for a half hour.*

A propósito: ¿Tú funcionas mejor . . . ? _____

_____ ¡Como yo! (. . .)

178

•for (in exchange for), per

¿Qué me cuentas?// ¿Pagaste tres mil
  por esa moto?// Pero no vale ni el diez
  diez por ciento.//

What? You paid three thousand for
  for that motoryicle? But it's not worth
  ten percent of that.

Dime: ¿Cuánto se paga . . . ? _____
(. . .)

Observa cómo <u>por</u> busca también el <u>motivo</u> de una acción.
(por ←---- motive, reason)

•because of, for the sake of, in search of . . .

¿Por qué lo hizo?// ¿Por
  dinero?//--No, por amor.

Why did he do it? (For what reason?) For
  (the sake of, because of) money?--No,
  for love.

¡Por Dios!// Ve por el médico.//

For Heaven's sake! Go for (go and get) the

--En seguida.//

doctor. -- Right away.

A.: ¿ . . . ? Pues un corto . . . ,

Ejercicio escrito

Dime, ¿qué opinas?

1. Por lo general (*In general*), cuando . . . , ¿quién hace más por ellos, . . . ?

_____

2. ¿Y cuando . . . ? _____

Ahora una cosa más seria: 3. En tu opinión, ¿la mayor parte . . . actúan por motivos

egoístas (*selfish*) o . . . ? _____

_____ 4. ¿Y . . . de los robos se cometen por . . .

o . . . pura maldad (*meanness*)? _____

_____

A.: Oye, ¿quieres más preguntas, o . . . ? _____ Pues para mí, tu
  deseo es un mandato (*command*). (. . .)
M.: Y como siempre, cuídate. . .

I. **Experiencias visuales**

Atletas de 5 países en Cross de Cali
Más de mil participantes en carrera pedestre

MAPA DEL RECORRIDO

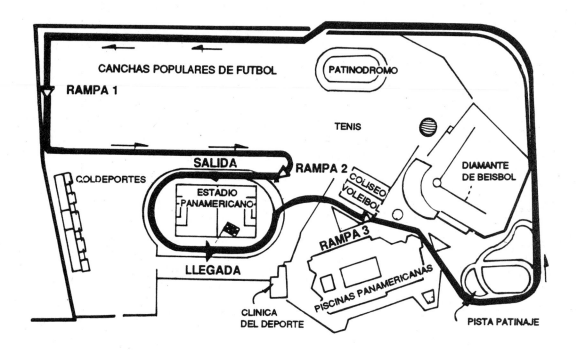

Banco de palabras:
1. cancha -- lugar donde se juegan diferentes deportes   2. carrera pedestre -- competición de correr a pie   3. piscina -- lugar donde se realizan los juegos acuáticos   5. patinaje - deporte que se hace con patines de ruedas (*rollers*) o de cuchilla (sobre el hielo).

Primero, dinos: ¿Qué clase de evento es éste? _____

¿Qué otras facilidades se encuentran en este centro deportivo? _____

Ahora estudia el mapa del recorrido, y utilizando expresiones como "delante de, detrás de, junto a, a la derecha de, etc." indica dónde están situados los lugares siguientes:

1. El diamante de béisbol _____

2. Las piscinas panamericanas _____

3. Las canchas de fútbol _____

4. El patinodromo _____

5. La salida y la llegada _____

II. Palabras en uso

A. "Go, go, go"

¿Cómo se dice en español?: to go _____ go away _____ go up _____

go down _____ go in _____ go out _____ go on (continue)

_____ go back (return) _____

B. Direcciones opuestas

Imagínate que quieres encontrar cierto lugar y que dos personas te están dando instrucciones sobre la mejor manera de llegar. El problema es que una persona te dice una cosa, y la otra te dice lo opuesto. ¿Cómo va a resultar esa conversación?

1. Dobla <u>a la derecha.</u> -- No. Dobla _____

2. Sigue <u>adelante.</u> -- No. Vuelve para _____

3. Camina calle <u>arriba.</u> -- ¡Ni modo! (*No way!*) Camina _____

4. Pasa <u>delante del</u> cine. -- Al contrario. Pasa _____

5. Está muy <u>cerca</u> de aquí. -- ¡Qué va! Está _____

6. Se encuentra <u>dentro de</u> la Plaza. --¡Cómo! Se encuentra _____

7. Está <u>en el medio</u> de la calle. -- ¡No, no, no! Está _____ (¡Caramba!)

C. Lógica lingüística

¿Recuerdas estas palabras?: cerca, lejos, delante, detrás, junto a. Pues contesta:

1. Si una persona vive en las <u>cercanías</u> de una ciudad, ¿vive en un barrio céntrico o en un área suburbana? _____ 2. Si Ramiro Robles es un pariente <u>lejano</u> de la familia Vásquez, ¿es un miembro de la familia "inmediata" o de la familia "extendida"? _____

_____ 3. En los Estados Unidos, si una persona se sienta en el asiento <u>delantero</u> de su coche, al lado izquierdo, ¿es el chófer o un pasajero? _____

_____ 4. Si dos personas van <u>juntas</u> a cierto lugar, ¿van al mismo tiempo o cada una por sí sola? _____ 5. Si una nación se considera <u>atrasada</u>, ¿es porque tiene mucha o poca capacidad tecnológica en este momento? _____

III. Ejercicios suplementarios

#35. Affirmative commands — *tú , vosotros*

A. "Hazlo, amigo." (Cambia a mandatos las preguntas siguientes. Por ejemplo:)

¿Comes hoy conmigo? *Come hoy conmigo.* ¿Lo haces mañana? *Hazlo mañana.*

1. ¿Me acompañas? _____ ¿Le permites ir también?

_____ 2. ¿Te levantas a las seis? _____

_____ Entonces, ¿te acuestas temprano esta noche? _____

_____ 3. ¿Me haces un favor? _____

¿Me lavas el pelo? _____ 4. ¿Sales ahora mismo? _____

_____ ¿Y vuelves pronto? _____ 5. ¿Vienes a nuestra

fiesta? _____ ¿Te diviertes con nosotros? _____

_____ 6. ¿Te vas para Cali? _____ ¿Tienes mucho

cuidado allí? _____ 7. ¿Nos los das? _____ ¿Me

los mandas por vía aérea? _____

B. "¡Hacedlo, chicos!" (¿Puedes dar estas mismas órdenes a varios amigos españoles?

_____

_____

_____

_____

_____

36. Equal comparisons: *as much, as many . . . as*

A. ¿*Tan* o *Tanto* . . .?

1. No teníamos _____ dinero como ellos, pero no nos importaba. 2. Si estás

_____ cansada, ¿por qué trabajas _____ ? 3. Tengo _____ cosas

que hacer hoy que no sé dónde comenzar. 4. No hay _____ jóvenes en este

mundo _____ inteligentes como yo. -- Ni _____ modestos. 5. Esta lección no

fue _____ difícil como pensábamos.

B. "¿Más? ¡No, igual!"

Contesta usando **tan**, o **tanto**, **tantos**, etc.   Por ejemplo:

¿Tú trabajas más que yo? --*No, pero trabajo tanto como tú.*
¿Tú eras mejor estudiante que él? --*No, pero era tan buen(a) estudiante como él.*

1. a. ¿Tú vives más cerca que nosotros? -- _____

_____ b. Entonces, ¿llegas más temprano que nosotros? -- _____

_____ 2. a. Uds. hicieron más que ellos? _____

_____ b. ¿Crees que ellos sabían menos que Uds.? ____

_____ *nosotros.* 3. a. ¿Uds. visitaron más lugares que la

otra vez? _____ b. ¿Ahora

conocen España mejor que yo?_____

4. a. ¿Estás más preparada hoy que ayer _____

_____ b. ¿Tienes más cosas para mañana que de costumbre (*usual*)? _____

_____

#37-38.   The uses of *para* and *por*

A. ¿Cómo se relacionan?

1.

Para tener éxito (*success*) en este mundo
Para ganar el amor de otra persona
Para mantener la salud
Para llegar más rápidamente a la ciudad
Para obtener el respeto de sus profesores

2.

hacer ejercicios . . . seguir una buena
dieta . . . tomar el autobús . . . tratarla
con consideración . . . trabajar . . .
tener buenas conexiones . . . ser
honesto . . . ser deshonesto . . . tomar el
tren . . . mostrarse interesado . . .
venir bien preparado . . . comprarle
regalos costosos . . . saber relajarse . . .
saber amar también . . . (¿Qué más?)

Toma las frases del Grupo 1 y complétalas usando las dos Grupo 2. Por ejemplo:

Para tener éxito en este mundo, uno debe (uno tiene que, es importante) . . .

_____

_____

_____

_____

_____

B. Conversaciones al instante: Complételas según las indicaciones.

1. ¿Piensa Ud. acabarlo mañana? -- No, _____ para el lunes.   2. ¿Es

para mí el regalo? --Sí, _____   3. ¿Eras muy alto de (*as a*) niño?

-- Sí, _____ para mi edad.   4. ¿No se iban Uds. para Nicaragua? -- No,

_____ Guatemala.   5. ¿Usas estos anteojos para manejar el carro? --

No,_____ sólo para leer.   6. ¿Tu hermana estudió para médica? --

No, _____ ingeniería.   7. ¿Estas pastillas son para adelgazar (*ponerse*

más delgada)? --Al contrario. _____ engordar. ¡Cuidado!

C. ¿Por or para ?

1. Ese individuo se casó _____ prestigio, nada más. -- Yo creo que se casó _____ amor.

2. ¿Cuánto me ofrecen Uds. _____ este genuino elefante peruano? -- El diez ____ ciento

de su valor -- que es "nada".   3. _____ una persona de su reputación, sabe poco. --

____ favor, no diga eso.   4. _____ estar seguros, manden los documentos _____

correo (*mail*) certificado. -- Sí. Y vamos a mandar una copia _____ Fax.   5. ¿Estas

copas son _____ vino? -- No, _____ agua.   6. ¡ ____ Dios, Ramón!, ve _____ el

médico. Es un caso de vida o muerte. -- _____ favor, no te preocupes (*worry*) tanto.

IV. Composición creativa

Imagina que tú estás conduciendo a un grupo de estudiantes de escuela secundaria por
diversos lugares interesantes de tu universidad. Descríbelos cada lugar o edificio, su
ubicación (*location*), y su función. . . Después, hazles un pequeño discurso sobre lo
que (*what*) deben hacer para tener éxito en esta escuela.

O si prefieres, forma un grupo entre tus propios compañeros de clase para planear una
"ciudad universitaria" ideal. ¿Qué edificios van a construir? ¿Cuántos pisos van a
tener? ¿Dónde van a estar situados? ¿Cuáles van a estar más juntos? ¿y más lejanos?

LECCION DOCE: <u>Sobre coches y caminos</u>

(En esta lección, le vamos a hablar otra vez de "Ud.")

B.: ¿ . . . ? _____ ¿Sabe . . . ? Hoy vamos a. . . Y yo pensé que . . . haciendo la lección desde . . .

R.: ¡No lo creo! ¿En serio (*seriously*)?

B.: (. . .) Pero si les gusta, podemos . . . y oír los ruidos (*noises*) . . .

R.: (. . .) Yo te las cierro (*close them for you*).

B.: (. . .) Si insistes.

R.: (. . .) ¿Comenzamos?

B.: (. . .) Pero primero, dígame, . . . ¿ . . . su propio (*own*) _____

¿ . . . ? _____

R.: ¿Sabe? En mi país hay pocas   . . .   más de (*than*) uno. Y muchas . . . ninguno (*none*).

B.: (. . .) Pero . . . están cambiando. Y pronto. . .

R.: (. . .)

Un poco de lógica

(. . .) **Escuche bien, y díganos siempre: "Lógico" o "Ilógico".**

1. --¡ . . . ! Creo que . . . desinflado.

    --No te preocupes. En seguida . . . la llanta. ¿ . . . ? _____

2. --Acabo de ver . . .

    --¿Qué pasó?

    --Dos vehículos chocaron--. . .   _____

3. -- ¿Qué . . . ? ¿Debemos tomar la carretera . . . ?

    --No. Hay demasiado . . .   en esos pequeños caminos rurales.

    ¿ . . . ? _____

4. --Señor, ¿ . . . no paró Ud.? ¿No vio el semáforo?

    --Sí, . . . Y no paré porque la luz . . .   _____

5. --Mi . . . descompuesto.   No sé si es . . . o . . .

    --Pues posiblemente . . .   te lo pueden arreglar. _____

B.: (. . .)   ¿Y sabe? Si Ud. hace tan bien . . . , en un dos por tres (*jiffy*). . . (. . .)

R.: Yo . . .   Porque hoy trata del presente de subjuntivo (*it deals with the present subjunctive*) , y . . .

#39. Cómo dar órdenes a *Ud.* y *Uds.*

Esto no es nuevo. Ya lo hicimos muchísimas veces. ¿Recuerda Ud.?:

Escuche (Ud.). // *Listen!*   **Conteste.**// *Answer!*   **Repita.**// *Repeat!*

Lean (Uds.)// *Read!*   **Escriban.**// *Write!*   (¿...?)

¿De dónde vienen estas formas? Simplemente, del presente de subjuntivo. ¿Y cómo formamos el presente de subjuntivo? (. . .) Normalmente, sólo tomamos el presente de indicativo, y cambiamos la vocal final.

(-ar verbs)
manejar (*to drive*)

(presente de indicativo -- *I drive, etc.*)

manejo, manejas, maneja //

(presente de subjuntivo --subjunctive)

maneje, manejes, maneje//

Maneje más despacio, ¿eh?//

manejamos, manejáis, manejan//

manejemos, manejéis, manejen//

Manejen Uds. con cuidado.//

(-er, ir verbs)
creer (*to think, believe*), vivir (*to live*)

(presente de indicativo)

creo, crees, cree//

(presente de subjuntivo)

crea, creas, crea //

Crea en sí mismo.//

creemos, creéis, creen//

creamos, creáis// _____

Créanme, por favor.//

vivo, vives, _____ //

viva, vivas, _____ //

¡Viva el amor!

¿Quiere ver ahora cómo usamos estas formas para dar órdenes? Pues aquí . . .

Situaciones

Preste atención, y después indique qué respondemos cada vez. Por ejemplo:

"Dios mío, estoy tan fatigado." . . . ¿Qué responde Ud.?:

"Entonces, siga trabajando." o "Entonces, descanse un poco." //

(*Circle and repeat your response.*)

1. "Oye, Caty, vamos a . . . --¡Ay! Pero los necesito aquí." . . . ¿Qué más les dice . . .?:

"Vuelvan pronto . . . " o "Muy bien. Pasen la noche afuera." (. . .) //

2. "Ay, doctor, ...   Le duele todo ..."   ¿Qué más dice...?:

   "Por favor, ayúdele."   o   " Mándeme la cuenta (*bill*). (...)//

   El médico responde: "No se preocupe, ...   Su hijo ... catarro." ... ¿Y qué le recomienda?:

   "Llévelo en seguida al hospital."   o   "Dele muchos líquidos, y métalo en la cama."
   (...)

3. Ud. oye gritar a un vecino: "¡ ... ! ¡Hay ... en el ático ... !" ... ¿Qué le indica Ud.?:

   "En seguida, llame a los bomberos." o "Apáguelo Ud. mismo. (...)//

4. Estamos en ... de matemáticas. Un estudiante se levanta ... : "Doctora Rivas, pasamos tres horas anoche ..., pero no ..."

   En su opinión , ¿qué debe responder ... ? :

   "Entonces, léanla otra vez."   o   "Déjenme explicársela a Uds."   (...)//

5. "¡Qué día! La temperatura está a ... centígrados. Me voy a ..."   ¿Qué le dice ...?:

   "Pues abra las ventanas."   o   "Use el acondicionador de aire." (...) //

6. Una factoría grande se acaba de cerrar..., y los empleados se quedaron sin ...
   ¿Qué les dice Ud.?:

   "Crean en Dios y todo se va a arreglar."   o   "Busquen trabajo en otro lugar."

R.: Así (*That's what*) les dije yo.

B.: A propósito, aquí ... muy importante.   Observe la posición de los complementos (*object pronouns*) ...

Si damos una orden afirmativa, el complemento va al <u>final</u>.

   • (Do. . .! —Attach the object pronoun!)   Díg<u>ame</u>.//   *Tell me.*

Si damos una orden negativa, el complemento va <u>antes</u>.

   • (Don't. . .! —Don't attach it!)   No <u>me</u> diga.//   *Don't tell me!*

Olvídelo.//   *Forget it.*   No lo olvide.//   *Don't forget it.*
Siéntense.//   *Sit down.*   No se sienten.//   *Don't sit down.*

   Ahora ayúdenos a practicar. Y responda según las indicaciones.

¡No, no, no!

1. ¿Esa llanta? Cámbiela. -- No, <u>*no la cambie.*</u> // Todavía se puede usar.

2. ¿El mapa? Búsquelo allí. -- No. No _____// Se perdió hace tiempo.

3. Contéstenle en seguida. -- ¡Qué va! No _____.// Él puede esperar.

4. Pídales ayuda. --¡En absoluto! (*Absolutely not!*) No _____// No se la van a dar.

5. Mándeselo hoy.--No. No _____. // Hay tiempo todavía.

6. Créanlo. (*Believe it.*) --¡Caramba! ¡No, _____ !// No es verdad.

7. Quédense. (*Stay!*) --Por favor, no _____.// Es tiempo de pasar . . .

#40. Cómo dar órdenes a *nosotros*

Hay dos maneras de expresar estas órdenes.

(1) Podemos usar el presente de subjuntivo:

Caminemos.// Let's walk.

Volvamos.// Let's go back.

Subamos.// Let's go up.

¿Cuál de estas cosas decimos si queremos regresar a nuestra casa? _____//

¿Y si no tenemos coche? _____ // (. . .)

Hablémosles.// Let's talk to them.
No. No les hablemos.// No. Let's not talk to them.

¿Cuál de estas cosas decimos si no deseamos . . . ?_____//

Preguntémoselo.// Let's ask them (about it).
No.// **No se lo preguntemos**.// No. Let's not ask them.

¿Qué decimos si ellos tienen información . . . ? _____ //

•A propósito, para dar una orden <u>afirmativa</u>, el verbo **ir** tiene una forma especial:

¡Vamos!// Let's go!   **¡Vámonos!**// Let's go away.   Let's get out of here!

(2) Si damos una orden <u>afirmativa</u> a "nosotros", tenemos otra opción: "Vamos a..."

Comamos.//   <u>Vamos a comer</u>.//   Let's eat!

Volvamos.//   Vamos a _____// Let's go back.

Comencemos.//   _____// Let's begin.

Continuemos.//   _____ (. . .)

Ejercicio escrito: "Decisiones, decisiones"

Ud. y yo tenemos que consultar sobre varias cosas. Responda usando siempre un mandato en la forma de "nosotros". (*Let's . . . Let's not . . .*)

1. Necesitamos "ruedas" ("*wheels*") para ir a la universidad. ¿ . . .? ¿Compramos . . .

o . . .? *Compremos*_____

2. ¿Qué recomienda? ¿Pagamos más de . . . o . . . ? _Paguemos_ _____

_____

3. ¿Qué opina Ud.? ¿Buscamos . . . o . . . deportivo? _Busquemos_ _____

_____

4. Un vecino mío dice que nos puede vender (*sell*) . . . por sólo . . .

¿Lo creemos? _____

5. Nuestros amigos seguramente van a querer usar . . .   ¿Se lo permitimos?

_____

R.: (. . .) Otro día . . .

B.: Sí, porque en en este momento, tenemos que . . .

*41. Cómo dar órdenes negativas a nuestros amigos: *tú, vosotros*

(. . .) Ya sabemos cómo darles mandatos afirmativos. . .

Tócalo.// Levántate.// Créeme.//

Pero, ¿cómo formamos los mandatos negativos de "tú" y "vosotros"? ¡Exactamente como lo hicimos para "Ud." y "Uds." -- con el presente de subjuntivo!

¿Recuerda?:   **¡No lo toque Ud.!** // Don't touch it!

Pues observe: **¡No lo toques!**// (tú)
              ¡No lo toquéis!// (vosotros)

No se levante.//   Don't get up. (Ud.)
No te levantes.//   (tú)
No os levantéis.//   (vosotros)

B.: ¿ . . . ? _____ Pues aquí tenemos . . .

Más situaciones

Indique cada vez qué decimos. (*Circle and repeat the logical answer.*)

1. "Ay, me voy por . . . , y te . . . tanto. Por favor, María . . ."

¿Qué le va a decir su novio? : "No me escribas." o "No me olvides."

"Pero Carlos, no te marches." . . . ¿Qué más . . . ?:
  " No me dejes sola." o "No pienses sólo en ti mismo."

2. "Oyeme, Riqui. Tengo que ir al mercado . . . Por favor, hijo . . ." ¿Qué le va a

decir . . . ?: "No toques nada en mi cuarto." o "No me llames por teléfono."

¿Y qué . . . ordenar?:

"Si te duchas, no acabes toda el agua caliente." o "Si te bañas, no uses jabón."

" Y una cosa más: Si tienes hambre, no saques nada del refrigerador." o

"Si sales de la casa, no dejes las ventanas abiertas."

3. Una maestra . . .   Escúchela: "Muy bien, clase, vamos a comenzar . . ." ¿Qué instrucciones les va a dar?:

"Cerrad los libros y no los abráis durante el examen." o "Abrid los libros y no los cerréis durante el examen."

"Ahora, insisto en esto: No miréis los papeles de vuestros compañeros." o   "No escribáis nada en la pizarra."

"Y otra cosa . . .: Guardad silencio y no le habléis a nadie." o "Consultad a vuestros compañeros, pero no les digáis nada."

R.: Esto es suficiente, ¿. . .? _____
B.: (. . .) Entonces, hasta la próxima . . .
R.: Pero, . . . ¿ya acabamos? Si todavía . . .
B.: Lo sé. Pero como ya te dije, tengo un problema. . .   Y yo pensé. . .
R.: ¿ . . . ? Tú no me contaste (*told*) nada.
B.: ¿ . . . ? Pues escuchen Uds. . . .

Cuento: "Mecánica Canarias"

La escena es una <u>mecánica</u> de nuestra ciudad. Voy a cambiar los nombres para "<u>proteger</u> a los inocentes".   *auto repair shop* *protect*

Sra.: Sr. Canarias, ¿me recuerda Ud.? Yo soy la señora Arenas.

Mec.: Cómo no, señora. ¿Cómo está?

Sra.: Bien. Pero mire, señor Canarias.   Necesito un gran favor.

Mec.: ¿Cómo la puedo ayudar?

Sra.: Es que. . . mi coche no funciona.

Mec.: <u>¿Qué tiene?</u>   *What's wrong?*

Sra.: No sé. Pero seguramente Ud. lo puede arreglar.

Mec.: Bueno, vamos a ver. . .   ¡Caramba! ¿Qué le pasó? ¿Fue víctima de una <u>guerra</u>?   *war*

Sra.: No me diga eso. Tiene un desinflado, no más.

Mec.: Y el chasis está medio <u>destruido</u>. Dígame, señora, ¿Ud. chocó con un tanque o con un tractor?   *destroyed*

Sra.: No choqué con nada.

Mec.: Pues tome mi <u>consejo</u>, y cómprese otro coche.   *advice*

Sra.: Pero lo necesito para esta tarde.   Por favor, señor.
Arréglemelo. Y no se lo cuente a mi esposo.

Mec.: Entonces, ¿él no sabe que Ud. tuvo un accidente?

Sra.: Le repito que no <u>lo tuve.</u> <u>Es que presté</u> el coche a   *I didn't have any.*
mi hermano, y. .   *It's that I lent*

Mec.: ¿Y él chocó con un <u>avión</u>?   *airplane*

Sra.: Con un camión.

Mec.: Entonces hágale <u>pagar a él.</u>   *make <u>him</u> pay*

Sra.: ¿Con qué? El chico tiene sólo trece años de <u>edad.</u>   *age*

Mec.: ¿Y ya tiene <u>licencia de manejar</u>?   *driver's license*

Sra.: ¡Qué va! Está aprendiendo, nada más. Por favor,
Sr. Canarias. . .

Mec.: Bueno. Voy a ver qué puedo hacer. Llámeme a
las seis.

Sra.: <u>Que Dios se lo pague.</u> Adiós.   *May God repay you!*

La señora se va. Cinco minutos más tarde entra un
señor. Está muy <u>agitado.</u>   *upset*

Mec.: Pero, Sr. Arenas, ¿qué le pasó?

Sr.: No lo va a creer. Esta mañana <u>estacioné</u> mi camión   *I parked*
delante de mi planta.   ¡Y vino un chico loco, y
chocó con él!   ¡Y con cuatro coches más también!
<u>Por suerte</u>, la policía tiene el número de la <u>placa.</u>   *Luckily / license*
<u>Mientras tanto</u>, Sr. Canarias, por favor, arrégle-   *plate / Meanwhile*
melo en seguida. ¡Y no le cuente nada a mi esposa!

R.: ¡. . .! Ya entiendo. Pero realmente, . . ., ¿esto te pasó. . .?

B.: (. . .) Pero casi,. . . En fin, mi estudiante, vamos a repasar . . .

¿Verdad o Falso?

Esta vez, díganos siempre: "Verdad" o "Falso".

1. La señora Arenas acaba de . . .   ¿ . . .? _____

2. . . .: "Arréglemelo para . . ."   ¿ . . .? _____

3. Canarias le dice . . ., porque el coche . . .   ¿ . . .? _____

4. En realidad, . . . con otros coches también. _____

5. Y para acabar: La policía . . . quién lo hizo. _____

R.: ¡. . . ! Si . . . el número de la placa.

B.: En fin, Ud. hizo . . . Y esta vez, en serio, le digo un cariñoso y sincero . . .

I. Experiencias visuales

La propia naturaleza nos enseñó a construir vehículos

Para la mayoría de los vehículos, cuando el asfalto se acaba, se acaban también sus posibilidades. Para el ♣♣♣♣♣ empiezan. Es el comienzo de la aventura. Con su tracción a las cuatro ruedas y su insuperable estabilidad y seguridad, este versátil y duro vehículo desafía todos los terrenos. Incluso los más salvajes. Entre el calor y el polvo. La lluvia y el barro. El frío, la nieve y el hielo. El ♣♣♣♣♣ llega allí donde usted quiere llegar. A tiempo. Con fuerza. Con estilo. Abrir nuevos caminos. Descubrir otras fronteras. Y todo por una razón simple. Tras muchos años de experiencia produciendo automóviles, sabemos que cuanto más conoce y entiende un vehículo a la Naturaleza, mejor puede superar sus barreras. Ella nos enseñó.

Éste es un anuncio comercial que apareció hace poco en una revista española. (Por supuesto, nosotros quitamos el nombre de la marca.) ¿Puede Ud. decirnos qué producto están anunciando, y cuáles son los aspectos más atractivos de ese vehículo?

_____

_____

_____

Ahora, ¿puede Ud. adivinar por el contexto las siguientes palabras y expresiones?

la naturaleza _____ (A propósito, ¿qué fenómenos naturales se mencionan

en este anuncio? _____

_____

el asfalto _____ superar una barrera _____

salvaje _____ el calor y el polvo _____ la lluvia y el barro

_____ la nieve y el hielo _____

II. Palabras en uso

A. ¿Cómo se relacionan?

Recuerde: Hay más de una asociación en el Grupo 2 para cada cosa del Grupo 1.

1.	2.
semáforo _____	mucho tránsito • luz roja, verde
	o amarillo • licencia de manejar
_____	• varias pistas (lanes) • milla •
	arreglos y reparaciones • parar •
carretera _____	accidente • descompuesto • tener
	cuidado • seguir los reglamentos
_____	de tránsito • llantas de repuesto •
	coches y camiones • gasolina y
distancias _____	aceite • kilómetros

estación de servicio _____

chófer (*driver*) _____

chocar _____

B. Turista

Imagine que Ud. es un turista hispano (una turista hispana) y que está manejando en una carretera norteamericana. Como ve, todas las señales (*signs*) están escritas en inglés. ¿Cómo las explica Ud. en español?

C. Proyecciones

Conociendo ya estas palabras: **camión, estacionar, cambiar, chocar gasolina, parar y arreglar**, ¿cómo hace Ud. estas proyecciones?

1. Si la señal de tránsito dice: "Estacionamiento Prohibido", ¿es un lugar

apropiado para aparcar? _____

2. ¿Adónde voy si mi vehículo necesita un "arreglo"? _____

3. ¿Cuál es el oficio (la ocupación) de un "camionero"? _____

4. ¿Qué compramos en una "gasolinera"? _____ 5. Si un autobús

hace paradas en cada esquina, ¿es un servicio "expreso" o "local"? _____

6. Finalmente: ¿Qué es un "cambio"? _____ ¿ y un choque? _____

¿Con qué palabra inglesa se relacionan "choque" y "chocar"? _____

III. Ejercicios suplementarios

39. Commands to *Ud.* and *Uds.*

A. A practicar

Escriba las formas correspondientes del presente de subjuntivo:

Ud.: manejar bien _____ Adela: doblar a la derecha_____

_____ Nando: pasar la luz roja _____ tú: leer las

señales _____ yo: ceder el paso _____

el tráfico: parar _____ Uds.: cuidarse _____

el motor: funcionar mal _____ las luces: apagarse _____

_____ las llantas: desinflarse _____ el espejo: romperse

_____ el precio del aceite: subir siempre _____

_____ Cuco y yo: pagar una multa _____

vosotros: buscar un coche _____ yo: abrirlo _____

B. ¿Cuál es la conclusión correcta?

1. ¡Por Dios! Esta cocina está muy sucia. -- Pues . . . a. límpiela.   b. mírela con sus

anteojos.   c. quédese a comer con nosotros.

2. Aquí tienes un vaso de leche. . . a. Cómala.   b. Bébala.   c. Métalo en el horno.

3. ¡Ay, no! Son las ocho ya y tenemos que estar en la escuela antes de las nueve. --

Bueno. . . a. despiértense entonces. b. acuéstense ahora. c. levántense en seguida.

4. Pasé la luz roja . El policía me hizo parar y me dijo: a. "Muéstreme su licencia de

manejar."   b. "Quite esa placa de su coche."   c. "Doble en la próxima esquina."

5. Cometimos unos errores muy grandes y ahora lo sentimos muchísimo.   Pero, ¿cómo

podemos vivir pensando siempre en ellos? -- Francamente, amigos, yo les digo:

a. Olvídense de ellos y traten de hacer mejor en el futuro.   b. No se permitan

descansar por un momento. c. Quítense la vida si no les gusta.

C. Singular --> Plural

Haga plurales los mandatos siguientes:

1. Ayúdeme. _____ 2. Sálvelo. _____ 3. Mándeselas.

_____ 4. Avísenos. _____ 5. Démela. _____

6. Escríbales. _____ 7. No nos mire así. _____

8. No se enoje conmigo. _____ 9. Léaselo. _____

10. No se lo permita. _____

*40. Commands to "nosotros"

A. ¡Es una orden!

Cambie a mandatos usando el presente de subjuntivo.

1. Caminamos. _____ 2. Subimos. _____ 3. Descansemos.

_____ 4. Le escribimos. _____ 5. Les

contestamos. _____ 6. La esperamos. _____

7. Las contamos. _____ 8. No lo creemos. _____

_____ 9. No los perdemos. _____ 10. Nos _____

sentamos aquí. (¡Cuidado!) _____ 11. Nos casamos en junio.

_____ 12. Nos ayudamos. _____

B. En otras palabras. . .

Tome 6 mandatos afirmativos de la parte A (arriba), y exprésclos con "Vamos a . . ."

_____

_____

_____

_____

#41. Negative commands to "tú" and "vosotros"

A. "Te digo que no, amigo"

Exprese en forma negativa los mandatos siguientes. (Recuerde que todos los mandatos negativos emplean el presente de subjuntivo.) Por ejemplo:

Háblanos. *No nos hables.*   Créelo. *No lo creas.*

1. Déjalo como está. _____   2. Arréglale el motor. _____

_____   3. Cómprales algo. _____ *nada.*

4. Olvídate. _____   5. Permítele ir. _____

6. Lávale el carro hoy. _____   6. Cuenta conmigo.

_____   7. Recuérdalo siempre. _____

8. Tócala. _____   9. Escoge un coche usado. _____

_____   10. Págale más de diez mil. _____

B. "Os digo que no, amigos"

Otra vez, cambia a mandatos negativos. Por ejemplo:

Abrid la puerta. *No abráis la puerta.*   Sentaos. *No os sentéis.*

1. Subid ahora. _____   2. Volved a la derecha. _____

_____ 3. Parad aquí. _____   4. Cortadlo con esas tijeras.

_____   5. Dádmelas.

_____   6. Cambiádsela. _____

7. Dejadlos conmigo. _____   8. Quedaos con ellos. _____

_____ 9. Abridla inmediatamente. _____

_____ 10. Metedlo en esa caja. _____

IV. Composición creativa

a. Imagina que tú trabajas en la Asociación de Ayuda Automovílistica, en el Departamento de Itinerarios. Hoy tienes que ayudar a un turista mexicano que desea viajar en coche por nuestro país. Usando un mapa de caminos y carreteras, escoge un itinerario interesante de tres días, indicándole las rutas que debe tomar. Por ejemplo: De Los Angeles a San Francisco, hasta Seattle. De Dallas a Nueva Orleans, hasta Atlanta, etc.

b. Tú trabajas en una agencia de coches usados. Para estimular el negocio, decides poner unos anuncios atractivos en el periódico dominical (*Sunday*). Escoge varios marcas y modelos y prepara un anuncio, describiendo sus aspectos más atractivos y su precio.

LECCION TRECE: _Vamos a viajar_ (_Let's travel!_)

M.: ¡ . . . de verte! ¿Te fuiste de vacaciones?
A.: (. . .)
M.: ¿Y cómo les fue?

A.: . . . por poco no vamos (_we almost didn't go_).
M.: ¿ . . . ?
A.: (. . .) Más tarde te lo voy a contar. Por ahora, ¿qué les parece, . . .? ¡Vamos a . . . !

M.: ¡ . . . ! ¿Y adónde . . . ?
A.: Pues primero, al aeropuerto. Todos juntos, ¿ . . . ? Digamos . . .

$$el avión// \quad airplane \quad volar (ue)// \quad to fly$$

M.: ¿Y si no hay . . . ?

> --Si no hay vuelo,// vamos por mar.//   _If there's no flight, we'll go by sea.._
> --¿Y si no hay barco?//   _And if there's no ship?_
> --Entonces vamos en tren// o en   _Then we'll go by train, or by_
>   autobús.// O alquilamos un coche//   _bus. Or we'll rent a car,_
>   o cogemos el tranvía//, o . .   _or catch a trolley, or.._

M.: Pues vamos a ver . . . si tú puedes adivinar (_guess_) qué medio de transporte usamos.

¿Cómo vamos a viajar?
Mira las ilustraciones, escucha las pistas, y por un proceso de eliminación, pronto vas a saber cómo viajamos.

Pistas

1. ¿ . . . vehículo. . .?
  --Depende. A veces . _____ _____ _____ _____ _____

2. ¿ . . .?--Fácilmente. _____ _____ _____ _____ _____

3. ¿Sirve para . . . ? --
  (. . .) Aun (_even_) . . . _____ _____ _____ _____ _____

4. ¿ . . . ruedas (_wheels_)?
  -- (. . .) _____ _____ _____ _____ _____

5. ¿ . . . para cogerlo?
  -- (. . .) _____ _____ _____ _____ _____

6. ¿Anda sobre . . . ? Cruza
  . . . ? --Por sí . . . _____ _____ _____ _____ _____

7. Déjame (_Let me_) . . .
  ¿ . . .paradas? -- (. . .) _____ _____ _____ _____ _____

8. ¿Los pasajeros ...?
  --No. En la . . . o en . . . _____ _____ _____ _____ _____

¿Puedes decirnos ahora: ¿Cómo vamos a viajar? _____ _en_ _____

M.: ¿ . . .salimos, . . . ?

A.: Ah, ésa es otra cosa. Primero . . .

M.: ¿Ahora mismo?

A.: ¡ . . . ! Pero . . . un cuarto de hora. (. . .)

Uso activo

#42. El subjuntivo para expresar mandatos indirectos *(indirect commands)*

Ya sabemos que un mandato directo es una orden:

Cómprelo.//   *Buy it.*

Un mandato indirecto no es realmente una orden. Sólo expresa nuestro deseo-- o nuestra recomendación -- que otra persona haga algo (*do something*).

Recomiendo que lo compre.   I recommend *that you buy it.* (. . .)

Quiero llamarla.// -- Sí, llámela.// Quiere que la llame en seguida.//	*I want to call her. -- Yes, call her.* *She wants you to call her right away.*
¿Juan se queda?// -- Sí.// Insistimos en que se quede.//	*Is John staying? -- Yes.* *We insist that he stay.*
No le ayudo más.// --Ay, por favor.// Te ruego que le ayudes.//	*I won't help him any more. --Oh, please.* *I beg you to help him.*
Escribo ahora a Elena.//--Bueno.// Dile que me escriba también.//	*I'm writing to Ellen now. --Good.* *Tell her to write to me too.*

M.: ¿Sabes? Esto todavía necesita . . .

Práctica, y un poco más

Repite, cambia, y después contesta:

1. Quiero que vuelvas temprano.//

   Te ruego _____//

   _____// (llegar --_____ gues)

   Contesta: Si se anuncia un concierto para las . . . , ¿a qué hora recomiendas que

   lleguemos? *Recomiendo que* _____

2. El médico aconseja (*advises*) que descansemos. //

   _____ // (tomar vitaminas)

   _____// (cuidarnos)

   Contesta: ¿ . . . insiste en que vigiles (*you watch*) la dieta ? _____

   _____ (¿ . . .?, el mío insiste en que todos la vigilemos.)

3. Dígale que me llame.//

Pídales _____//

_____// (esperar)

Contesta: Oye, ¿quieres que te esperemos afuera . . . ? _____

_____

M.: . . . , por el momento pasamos . . .

#43. El presente de subjuntivo de verbos irregulares

(yo--present indicative)	(present subjunctive)
digo// *I say*	diga, digas, diga . . .//, etc.
hago// *I do, I make*	haga, hagas, haga . . .//

Ahora díganos solamente la forma de "yo":

tengo *I have*   _____//

vengo *I come*   _____

pongo *I put*   _____

salgo *I go out, leave*   _____

traigo *I bring*   _____

conozco *I know--a person, etc.*   _____ //

produzco (*I produce*)   _____

• **Hay sólo cuatro verbos irregulares que son un poco diferentes. Y ésos forman una rima (*rhyme*):**

(ser *to be*) **sea**//   (saber *to know*) **sepa** //

(ir *to go*) **vaya**//   (haber *to have ... gone,etc.*) **haya**//

A.: No más. (. . .) Primero, repitamos:

--¿Quieres que yo vaya sola?//	*Do you want me to go alone?*
--No seas tonta.// Prefiero que vayamos juntos.//	*Don't be silly. I prefer that we go together.*
--Bien.// Pero no quiero que nadie lo sepa.// (. . .)	*Fine. But I don't want anyone to know.*

M.: (. . .) En fin, vamos a practicar . . .

Situaciones

¿Qué respondemos en estos casos? (*Circle your answer, and say it aloud.*)

1. "¿Quieres saber . . . ? Prometí que no te lo iba a contar, . . ."   ¿Qué respondes tú?:

   "Si no quieren que yo lo sepa, no me lo digas." o "Si es importante, insisto en que me

   lo digas."

2.   Unos amigos tuyos quieren viajar . . .   ¿Qué les dices?:

"Les aconsejo que hagan reservaciones en AeroMéxico." o "Les recomiendo que vayan en coche."

¿Les pides que te traigan unos discos . . . , o . . . de "charro" (*Mexican cowboy*)

Les pido que me traigan _____

3. Acaban de anunciar . . . que va a nevar (*snow*) . . .   ¿Qué nos recomiendas?

"Les ruego que tengan cuidado manejando." o "Si no es urgente, les ruego que no salgan."

4. . . . se va a entrevistar (*interview*) para un trabajo. ¿Qué le aconsejas?

"Aconsejo que te pongas un traje completo, con camisa y corbata."   o

"Aconsejo que vayas vestido como siempre."

5. Tú quieres ir a la Florida . . . durante las vacaciones de invierno. ¿Qué crees que te van a decir . . . ?: "Preferimos que no vayas." o "Es mejor que vayan a Acapulco."

M.: (. . .) Es lástima (*It's a pity*) que no podamos seguir . . . Pero en este momento, es mejor que hagamos . . .

#44. El subjuntivo para expresar emoción

Por favor, presta mucha atención. Y por supuesto, queremos que repitas:

¿Estás enfermo?//	*Are you sick?*
Ay, siento que <u>estés</u> enfermo.//	*Oh, I'm so sorry that you're sick.*
¿No pueden venir?//	*Can't they come?*
Es lástima que no <u>puedan</u> venir.//	*It's a pity that they can't come.*
Sí, yo digo eso.// ¿Le sorprende que yo lo <u>diga</u>?//	*Yes, I say that. Does it surprise you that I should say so?*
--Sí.// Temo que <u>produzca</u> confusión.//	*Yes. I fear it will cause confusion.*

M.: A propósito, no quiero causarte ninguna (*any*). . .
A.: ¿ . . . ?

•Una pequeña observación:

(No change of subject—no subjunctive!)

Me alegro de verlos.//	*I'm glad to see them.*
Siento oírlo.//	*I'm sorry to hear it.*
Pero: Me alegro de que tú los veas.//	*I'm glad that <u>you</u> see them.*
Siento que Pepe lo oiga.//	*I'm sorry that <u>Joe</u> will hear it.*

Conversaciones al instante

Contesta según las indicaciones:

1. ¿Esperan Uds. que sea <u>Diego</u>? (*Do you hope it will be Jim?*)--No. Mario.

   No, esperamos que _____ // ¿ . . .? Pues adelante . . .

2. ¿Teme Ud. que <u>llueva</u>? (*Are you afraid it will rain?*)--No. Que haga mucho viento.

   No, temo que _____

3. <u>¿Les</u> sorprende que Felipe quiera ir? -- No . . . contigo.

   No, nos _____

4. ¿Te molesta que pongamos la radio? (*Does it bother you . . . ?*) --Sí, mucho . . .

   Sí, me _____ // *que Uds.* _____ //

5. Lola, Miguel, ¿se alegran Uds. de estar aquí? --Ah, sí. Siempre.

   Siempre nos alegramos _____ //

6. ¿<u>Se alegra</u> Antonio de que estén aquí Lola y Miguel? --No.

   No. Siente que _____

A.: Pero, ¿ . . .? ¿No le gustan?

M.: No es eso. Es que. . Escuchen Uds. el pequeño diálogo. . .

Ejercicio escrito

--De verdad, Nilda, espero que Miguel y Lola no vengan a visitarnos esta semana. Siempre vienen temprano, y se quedan hasta muy tarde. Y comen, y hacen ruido, y beben y . . .   ¡Ojalá que no vengan más nunca (*ever again*)!

--Por favor, Antonio. No seas así. (*Don't be like that.*) Tú sabes que nos quieren mucho. Y yo los quiero a ellos.

¿ . . . ?   Contesta entonces:

1. ¿ . . . a Antonio . . . ?_____

2. ¿Le molesta . . . ? _____

3. Según . . . , ¿ . . . o más bien ( ) . . . ?_____

4. En tu opinión, ¿ . . . o parientes suyos . . . ? _____

5. Y para acabar, . . . : ¿ . . . que haya invitados (*there be guests*) . . . ? _____

_____

A. ¿Saben?   El verano pasado, durante nuestras vacaciones, . . .

M.: ¿Ah? Pero, hablando de . . . , ¿no nos ibas a contar algo de tu viaje?

A.: (. . .) Usen Uds. la imaginación, y escuchen:

Cuento: La llegada

A.: Estamos en la Recepción de un hotel grande.   Yo me acerco
a un señor <u>vestido de gris,</u> y con corbata de <u>rayas</u> blancas.   *dressed in gray /*
"Buenas tardes", le digo. "Yo soy el señor Alberto Cárdenas   *stripes*
Núñez. Y ésta es mi señora.

Recepcionista: Muy <u>bienvenidos.</u> ¿Tienen Uds. reservación?   *welcome*

A.: Sí. Reservamos un cuarto doble con baño y aire
acondicionado. Aquí tiene Ud. la confirmación.

Recep.: Ah, sí. <u>A</u> mil pesos <u>diarios,</u> ¿verdad?   *At / a day*

A.: Precisamente.

Recep.: Pues siento que no podamos honrar su reservación,
señor. Pero el precio mínimo aquí es de diez mil pesos,
sin aire acondicionado.

A.: Pero si Uds. cometieron el error, no yo . . Mire, mi
esposa y yo viajamos quince horas para llegar aquí,
y estamos muy cansados. Insisto en que nos <u>ofrezcan</u>   *offer*
algo . . si no quieren que vayamos a la . .

Recep.: No puede ser, señor. El hotel está <u>lleno.</u>   *full*
Además, ¿no recibieron Uds. nuestro telegrama?

A.: No recibimos nada.

Recep.: No sé qué decir. Le aconsejo que hable con el
director. . .   Señor director. ., señor director. .

A.: El director se acerca. Es un señor alto, también vestido de gris,
y con la misma corbata de rayas blancas. Me habla.

Dir.: Buenas tardes. ¿Ud. es . . . ?

A.: El señor Alberto Cárdenas Núñez. Tengo reservación.

Dir: ¿Cárdenas Núñez? ¿Alberto Cárdenas Núñez?

A.: Y señora. Ahora bien, el recepcionista dice que Uds.
nos mandaron un telegrama.

Dir.: Así es.

A.: Pero no lo recibimos.

Dir.: Claro. <u>Je.je.</u> Porque Uds. acababan de morir en el accidente.   *(little laugh)*

A.: ¿¿Qué dice?? ¿En qué accidente morimos?

Dir.: En la carretera. ¿No lo recuerda?

A.: Pero no es posible que <u>seamos nosotros.</u> Además, no   *we're the ones*
íbamos en coche. Íbamos en avión.

Dir.: Pues <u>se cayó</u> el avión.   *it crashed*

A.: No. No íbamos en avión. Ibamos en barco.

Dir.: Y <u>se hundió</u> en el mar.   *it sank*

A.: Pero, ¿<u>puede ser</u>. . .?   *Can it be?*

Dir.: Claro. Aquí lo dicen en el periódico. "El señor
    Alberto Cárdenas Núñez y su esposa Elena..." <u>Así que</u> . . .   *So*
    je. je. . . ¿ya entiende? Uds. no pueden estar aquí.
    Es lástima, ¿sabe?, que esas cosas ocurran. Pero no
    importa. En este hotel nunca tuvimos cuarto de
    matrimonio por mil pesos <u>al día.</u>   *a day*

M.: ¡ . . . !
A.: En ese momento, sentí una mano en mi <u>espalda.</u> Una voz   *shoulder*
  me llamaba.

Elena: Alberto, . . . Estabas gritando, ¿sabes? No me gusta
    despertarte, pero es hora ya de <u>ponernos en camino.</u> Si   *time to start out*
    no quieres que lleguemos tarde. .

A.: ¿Eh?

Elena: ¿No recuerdas, querido? Hoy comienza nuestro viaje.

A.: Ay, perdón, Elena. Pero . . estuve pensando . . ¿no es mejor
    que pasemos estas vacaciones en casa, tú y yo, <u>solos</u>. ¿Qué te   *alone*
    parece, querida?

Elena: Pero, Alberto, ya <u>hicimos las maletas</u>   *we've packed
                                                                         our bags*

A: No importa. Yo las <u>deshago.</u> ¿Por favor . . .?   *unpack*

M.: Entonces, ¿qué hicieron? ¿Se quedaron . . . ?

A.: ¡ . . . ! Nos fuimos en el viaje, y resultó (*it turned out*) . . . Sólo que . . ¿sabes? ¡Ya no
    hay cuarto doble por . . . !

M.: . . ., ¡qué cuento! ¿ . . . ? _____ Pues vamos a ver cómo respondes.

¿Verdad o falso?
Vamos a ver cómo respondes.

1. La noche antes . . . , Alberto soñó . . . (¿Verdad o falso?)   _____

2. Al llegar . . . , me dijeron: "Es lástima . . ."   ¿ . . . ?   _____

3. Según el director, Alberto no recibió . . .   _____

4. Comencé . . .   ¿ . . . ? _____

5. Cuando le conté el sueño . . . , ella dijo . . .   _____

A.: En fin, como sabes, fuimos y . . .   Pero no había . . .
M.: ¡Ojalá que tú puedas viajar algún día (*some day*) . . .   Mientras tanto, . . .
A.: Y que te cuides, ¿eh?

I. Experiencias visuales

VIAJE CON ... SENTIDO

DESDE 3 DIAS 2 NOCHES
Y EMPIECE SU FIN DE SEMANA
CUALQUIER DIA DE LA SEMANA

TARIFAS AEREAS 25% DE DESCUENTO

VIAJES BOJORQUEZ LE OFRECE HASTA UN 25% DE DESCUENTO EN TARIFAS AEREAS NACIONALES Y GRANDES DESCUENTOS EN HOTELES PARA VIAJES DE PLACER O NEGOCIOS. VIAJANDO CON NUESTROS PAQUETES CON ... SENTIDO.

INCLUYE:
— ALOJAMIENTO POR 3 DIAS Y 2 NOCHES
— HASTA 2 NIÑOS MENORES DE 12 AÑOS GRATIS.
  COMPARTIENDO HABITACION CON 2 ADULTOS.

— SEGURO DE VIDA:
  $ 4'000,000.00 EN CASO DE MUERTE ACCIDENTAL
  $ 2'000,000.00 REEMBOLSO DE GASTOS MEDICOS POR ACCIDENTE.
OBTENGA UN SEGURO POR $ 15'000,000.00 PAGANDO UNICAMENTE $ 2,800.00 + I.V.A. DE DIFERENCIA POR PERSONA.

DESTINOS

— ACAPULCO	— MAZATLAN
— AGUASCALIENTES	— MERIDA
— CANCUN	— MONTERREY
— CUERNAVACA	— MORELIA
— CD. DE MEXICO	— OAXACA
— CHIHUAHUA	— PUEBLA
— COZUMEL	— PTO. ESCONDIDO
— GUADALAJARA	— PTO. VALLARTA
— GUANAJUATO	— QUERETARO
— GUAYMAS	— TAXCO
— HERMOSILLO	— TLAXCALA
— ISLA MUJERES	— TIJUANA
— IXTAPA	— TOLUCA
— LA PAZ	— VERACRUZ
— LOS CABOS	— VILLAHERMOSA
— LORETO	— ZACATECAS
— MANZANILLO	

Dinos:

1. ¿Qué agencia de viajes está ofreciendo este "paquete"? _____

   A propósito, ¿en qué país crees que está? _____ 2. ¿Tiene que

   comenzar nuestro fin de semana el viernes? _____

3. ¿Qué rebajas nos dan en los precios? _____ 4. ¿Qué beneficios

   hay si viajamos con niños? _____

5. ¿Qué provisiones se hicieron en caso de muerte accidental? _____

   _____ (A propósito, el "I.V.A." es un impuesto federal --tax.)

6. ¿Qué lugares incluidos en estos itinerarios te interesan más? _____

   _____

II. Palabras en uso

A. ¿Qué pasa aquí?

Aquí tenemos seis fragmentos de conversaciones. ¿Cómo los relaciona Ud. con las ilustraciones?

1. "Por favor, señorita, ¿me arregla Ud. la cama?"

 a.

 b.

2. "Botones, llévemelas a la habitación número 626." _____ _____

3. "¿Servicio de cuartos? Tráigame el menú, por favor."

 c.

 d.

4. "Aquí tiene Ud. su agua con hielo, bien, bien fría." _____ _____

5. "Muy bien, señores. Un cuarto con terraza, a treinta mil pesos diarios."

 e.

 f.

6. ¡Ay, cuánto pesa esta maleta! _____ _____

Ahora describa Ud. cada situación -- icon un mínimum de 15 palabras originales!

_____

_____

_____

_____

_____

_____

_____

_____

_____

B. Hotel

¿Puede Ud. adivinar a qué o a quién nos referimos?

1. Mi esposo y yo queremos pasar unos días en un hotel. ¿Qué tipo de alojamiento (*accommodations*) recomiendas que pidamos? _____

2. Nuestro cuarto está en el piso doce. ¿Qué usamos para subir y bajar? _____

3. Cuando los huéspedes llegan al hotel, yo los recibo y atiendo a sus reservaciones. ¿En qué parte del hotel trabajo? _____

4. Yo llevo las maletas de los huéspedes a su habitación. ¿Quién soy? _____

5. Yo ocupo un puesto muy responsable en este hotel. Cuido de las llaves y de la correspondencia de los clientes y les hago reservaciones para el teatro, etc. ¿Quién soy? _____

6. Yo limpio los cuartos, traigo la ropa de cama, etc. ¿Cómo me llaman? _____

III. Ejercicios suplementarios

#42. The first concept of subjunctive: Indirect command

A. Alternativas

1. Hace muchísimo frío aquí, y no hay mucha calefacción (*heat*). . . ¿Recomiendas que cerremos o que abramos las ventanas? _____

2. Carlos nunca estudia, y ahora quiere que lo ayudemos en el examen. . . ¿Es mejor que le pasemos las respuestas durante el examen, o que le dejemos fracasar (*fail*)?

_____

3. ¡Dios mío! Cada día estoy más gorda. . . ¿Me aconsejas que pase unos días sin comer, o que haga una dieta poco a poco? _____

4. La semana pasada mi mejor amigo me hizo una mala jugada (*dirty trick*). Ahora dice que lo lamenta mucho, pero yo no lo creo. ¿Me recomienda Ud. que lo perdone o que ya no seamos amigos? _____

B. Frases paralelas: Cambie según el verbo nuevo.

1. No quiero que lo <u>contestes.</u> (mirar, ayudar, romper, permitir)

_____

2. Nos ruega que la <u>perdonemos.</u> (olvidar, recordar, creer, buscar)

_____

3. Le voy a pedir que <u>acabe</u> temprano. (subir, bajar, terminar, levantarse)

_____

4. Preferimos que le <u>enseñe</u> Ud. (hablar, escribir, avisar, esperar)

_____

5. Es necesario que se lo <u>manden</u> Uds. (explicar, pagar, vender, abrir)

_____

6. Insisto en que <u>estudiéis</u> más. (trabajar, prepararos, leer, responder)

_____

#43. The present subjunctive of irregular verbs

<u>¿Cómo se relacionan?</u>

A.

1. Que Dios los ayude y que vuelvan sanos y salvos (*safely*) de su viaje.

2. ¡Ojalá que la víctima no sea mi vecino!

3. Sentimos que se vaya Ud. tan pronto.

4. Insisto en que nos digas el nombre de tu compañero.

5. Espero que todo les salga mal. Los odio.

6. Temo que nos reconozcan.

7. Les molesta que no les ofrezcamos una comida grande.

B.

____ Gracias. La próxima vez, quiero que Uds. vengan a visitarme a mí.

____ No. No quiero que lo sepáis.

____ Y que valga la pena su sacrificio.

____ Si no les gusta, que vayan a un restaurante.

____ ¡Y yo deseo que me conozcan!

____ Ruega a Dios que lo encuentren bien.

____ No me gusta que tengas sentimientos tan malos en tu corazón.

#44. The second concept of the subjunctive: Emotion

<u>Frases en serie, y algo más</u> : Cambia, y después contesta.

1. Me alegro de que Elda <u>esté</u> mejor de salud ahora. (venir, salga, encontrarse)

_____

¿En qué condición estuvo Elda? _____ ¿De dónde crees

que acaba de salir? _____

2. Nos sorprende que Ramón les <u>haga</u> una cosa tan mala. (decir, pedir, traer)

_____

¿Pensaban bien o mal de Ramón antes? _____

207

3. <u>Tememos</u> que sea tarde. (Es lástima, Sentimos, Me enoja)

_____

¿Es muy puntual la persona que nos habla? _____

¿Espera que los demás (*others*) sean como él? _____

4. ¡Ojalá que no <u>me</u> diga eso a mí! (te, les, nos)

_____

_____

¿Cree que les va a contar una cosa buena o mala? _____

IV. Composición creativa

<u>Diario de un viaje</u>

Imagina que acabas de volver de un viaje a . . . (*Dínoslo tú.*)   Descríbenos:

a. cómo viajaste   (en avión, en autobús, etc.)
b. cuántos días o semanas pasaste en el viaje
c. en qué hoteles paraste y cómo eran
d. qué tipo de alojamiento pediste y cuánto pagaste
e. qué lugares visitaste

Ahora dinos: En qué aspectos deseas que sea diferente tu próximo viaje?
(Expresa tus deseos usando siempre el subjuntivo. Por ejemplo:

"¡Ojalá que los vuelos lleguen a tiempo!" " Quiero que las comidas sean menos costosas."
"Quiero que haya más tiempo para visitar . . .", etc.

Examen de comprensión

G.: (. . .) _____ Aquí estamos . . ., para ayudarte . . .

P.: ¡Ojalá que podamos, . . .!

G.: No te preocupes, . . . No hay ningún problema. Por ejemplo, comencemos con . . . Esta parte siempre va muy bien.

I. Dictado ilustrado

Escucha, por favor, y después escribe bajo la ilustración correcta.

¿_____?_____

_____ -- _____

¿_____?

--_____

¡_____!_____

¿_____?

(. . .)

II. Ejercicio de comprensión

Escucha, y después indica la conclusión correcta.

1. Perdone, . . .
   --Sí. Está muy . . .

   a. El viaje toma sólo tres horas.
   b. Tome el autobús #3. Después camine dos kilómetros más.
   c. Siga Ud. derecho, dos cuadras, no más.

2. ¿Llegaron . . . ?
   --Las suyas, . . .   Pero se . . .

   a. Espero que me perdonen.
   b. ¡Ojalá que la encuentren!
   c. ¿Qué van a hacer Uds. sin ellas?

3. Oye, Neli . . .   Y no pases . . .
   --No te preocupes. . .

   a. Puedo pedir un camión de remolque.
   b. Siempre voy despacio.
   c. Siempre hay una estación de servicio.

4. ¡ . . . ! ¿Por qué . . . ?

   a. Es que mi reloj no funcionaba.
   b. Es porque me acosté anoche demasiado temprano.
   c. Es porque no pude afeitarme esta mañana.

5. Vamos a . . .   Y queremos . . .   y conocer . . .
   --Pues en ese caso . . .

   a. les aconsejo que vayan por mar.
   b. les recomiendo que alquilen un coche.
   c. es mejor que tomen el avión.

G.: (. . .) Así me gusta . . .
P.: Pues hablando de viajes, . . .

III. ¿Qué contestas tú?

1. a. ¿ . . .? _____ b. ¿ . . .? _____

_____

c. ¿Ya hiciste . . . ? _____

d. ¿Piensas (*Do you intend*). . . ? ¿ . . . ? _____

_____

P.: ¿Sabes? Cuando . . . , siempre soñaba con . . . , solamente para una breve visita. Y ahora, . . . , ¡aquí me tienen . . . ! Y tú. . .

    2. a. Dónde . . . ? _____

       b. Pues, ¿cuántos . . . ? _____

       c. Cuando . . . , ¿te despertabas . . . ? _____

_____ d. ¿ . . . ? _____

_____ Ahora una cosa más:

    3. a. Hay . . . ¿Quieres . . . ? _____ b. Si . . . ,

    ¿es mejor que . . . o . . . ? _____

P. Bueno, piénsalo bien. Y mientras tanto (*in the meantime*), . . .

IV. Usa la imaginación

Mira por un momento las ilustraciones... Ahora, escribe primero en los círculos el <u>número</u> de cada una de las cosas que digamos.

1.

Dinos en tus propias palabras . . .

_____

_____

_____

_____

2.

¿Qué ves . . . escena? _____

_____

_____

_____

_____

3.

¿Qué pasa . . . ? _____

_____

_____

_____

_____

P.:   (. . .) Pero, ¿ . . . ? El tiempo está volando. Así que . . . Creo que te va a interesar.

V. Ejercicio de interpretación

--Carlos, estoy preocupada. Anita salió . . . ,   y no está aquí todavía.

--¿Cómo sabes . . . a esa hora?

-- . . .   poco antes de salir.

--Seguramente hay . . .   Nada más.

--Pero el viaje no debe tomar más de (*than*) . . . , y . . . Espero que no haya . . .

--No te pongas nerviosa, Adelita. Yo no . . .   Anita . . . muy bien. En seguida. . .

   (*El teléfono suena. Carlos lo contesta.*)

--¿Sí? . . . ¡Por Dios, . . . ! ¿Dónde estuviste? . . . Bueno, bueno, hablemos . . .

   Pero te digo, . . . , la próxima vez, ¡te vamos a matar (*kill*)!

P.:   1. ¿ . . . Carlos y Adela? _____

      _____

      2. ¿ . . . crees tú que . . . ? _____

      3. ¿ . . . piensas así? _____

      _____

      4. ¿Cómo sabemos . . . ? _____

      5 . En tu opinión, ¿ . . . ? ¿ . . . le pasó . . . ? _____

      _____

P.: Pues me alegro de que no sea nada peor. ¿ . . . ? _____

G.: Y yo me alegro de decirles . . .   Como siempre, acabamos mandándote un fuerte . . .

P.: Y un cariñoso adiós.

LECCION CATORCE: ¡A la ciudad!

(Ruidos de una gran ciudad. "Taxi, taxi. . ." Voces.)

G.: (. . .) _____ ¿ . . . ? Ya que (*since*) hablamos hoy de . . . , ¿qué te parece . . .
"atmósfera"?

P.: A mí me encanta,. . . Pero hay . . . , ¿no?

G.: (. . .) Podemos gritar. ¿Me oyes, . . . ? _____ (. . .)

Palabras ilustradas

Mira por un momento las ilustraciones, y di con nosotros:

el centro // la ciudad // las afueras // un pueblo pequeño // el campo // un área rural

Categorías

Aquí tenemos tres categorías. Escucha bien, y escribe bajo cada una
las cosas que consideres mas típicas. Por ejemplo:

la ciudad	las afueras	el campo
congestión de gente		

G.: Exacto. Ahora cierra los ojos . . . , y usa la imaginación.

Cuento: Amor en la ciudad

Estamos en el centro de una gran ciudad. Hay miles de
personas caminando, y los caminos están congestionados
con el tráfico.   (. . .)

Voces: "¡José. . .Joseíto. . ." "¡Cuidado donde caminan,
    eh!" ¡Protesta, protesta! ¡Abajo Fernando
    Alemán y el imperialismo!"

(A la <u>salida</u> del metro está <u>parada</u> una joven. Un   *exit . . . standing*
joven se acerca <u>corriendo</u> a ella. La llama desde lejos.)   *running*

    Él: Julita. . .

    Ella: ¿Qué pasó? Llegaste tarde.

    Él: Yo nunca llego tarde. <u>A ninguna parte.</u> Si hay   *Not anywhere.*
        <u>alguien</u> que siempre es puntual, ése soy yo.   *anybody*

    Ella: Esta vez no. <u>Te estuve esperando</u> por una hora.   *I was waiting for you*

    Él: Y yo te estuve esperando a ti.

    Ella: ¿Dónde?

    Él: En la esquina del Teatro Real. ¿Y tú?

    Ella: Aquí, a la salida del metro.

    Él: Pero, ¿no dijimos que. . .?   (*Ruidos.*)

    Ella: No oigo nada. ¿Qué dices?

    Él: ¿No dijimos que íbamos a <u>encontrarnos</u> . . .   *meet*

    Ella: ¿En la esquina de Teatro Real? ¡Nunca!
        <u>Jamás</u> me encuentras en ese barrio.   *Never*

    Él: Entonces, ¿por qué me dijiste. . .?
        (*Más ruidos de la ciudad.*)

    Ella: <u>¿Cómo?</u>   *What did you say?*

    Él: ¿Por qué dijiste que debíamos encontrarnos allí?

    Ella: Oye, Pablo, si yo te dije que debíamos encontrarnos
        allí, ¿por qué viniste por fin aquí, ¡una hora tarde!

    Él: Porque pensé que posiblemente tú <u>te olvidaste.</u>   *forgot*

    Ella: Yo no me olvido de nada. Si hay alguien en
        este mundo que nunca se olvida..

    Él: No importa, Julita. <u>¿Para qué discutir</u> cuando   *Why should we argue*
        tengo algo importantísimo <u>que decirte.</u>   *to tell you*

214

(*Los ruidos se hacen mucho más fuertes.*)   *become*

Ella: ¿Qué dices, Pablo? No te oigo.

Él: Que tengo algunas cosas importantísimas   *some*
     que decirte.

Ella: ¿Ah, sí? ¿Por ejemplo?

Él: Que te adoro. Y que estamos juntos. Y que
     lo demás no significa nada, ni ruidos, ni   *the rest / not . . . nor*
     gentes, ni la esquina del Teatro Real, ni. . .

Ella: Tienes razón, mi vida. Aquí estamos.   *my darling*
     Solos, por fin.   *Alone, at last.*

G.: (. . .)
P.: Me encanta. ¿Qué dices, . . . ? ¿Quieres repetir. . .? (. . .)

     Él: Julita. . .//
     Ella: ¿Qué pasó?// Llegaste tarde.//
     Él: Nunca llego tarde.// A ninguna parte.// Si hay alguien// que
          siempre es puntual,// ése soy yo.//
     Ella: Esta vez no.// Te estuve esperando por una hora.//
     Él: Y yo te estuve esperando a ti.//
     Ella: ¿Dónde?
     Él: En la esquina del teatro Real.// ¿Y tú?//
     Ella: Aquí,// a la salida del metro.//
     Él: Pero, ¿no dijimos // que íbamos a encontrarnos. . .
     Ella: ¿En la esquina del Teatro Real?// ¡Nunca!// Jamás me
          encuentras en ese barrio.//
     Él: Pues no importa.// Aquí estamos, Julita,// y tengo algo que
          decirte.//
     Ella: ¿Alguna cosa importante?//
     Él: Importantísima.// Que te adoro,// y que lo demás no significa
          nada.// Ni ruidos,// ni gentes// ni. . .//
     Ella: Tienes razón, mi vida.// Aquí estamos.// Solos, por fin.//

G.: (. . .)

P.: A propósito, . . . , ¿tú eres . . . ? _____

     ¿Estuviste. . . alguna vez (*ever*)? *Sí* _____ (*enamorado / a*). (*No, nunca.*

     _____) ¿Puedes recordar . . .? _____

     _____

G.: Pero . . . , el tema (*topic*). . .

P.: ¿Qué importa? A mí me gusta más . . . que . . .

G.: ¿ . . .?

P.: Ah, ésa es otra cosa. En este momento, no hay nada. . .

Uso activo

#45. El subjuntivo para expresar "irrealidad" (unreality)

¿Recuerdas cómo usamos el subjuntivo para expresar una orden indirecta, o una emoción?   Por ejemplo:

Es él.//	It's he.
<u>Quiero que sea</u> él.//	I want it to be he.
<u>Espero que sea</u> él.//	I hope that it's he.

Usamos el subjuntivo también para expresar "irrealidad":

•duda   (doubt)   •negación (denial)   •imposibilidad

--<u>Dudo que sea</u> él.//	I doubt that he's the one.
<u>No es posible</u> que lo haga.//	It's not possible that he'll do it.
<u>No creo</u> que <u>pueda.//</u>	I don't believe he can.

--Entonces, ¿Ud. <u>niega</u>//que su esposo <u>pueda ganar.//</u>	Then you deny that your husband can win?

(¡ . . . !) Ahora observa . . .

(No "unreality" --no subjunctive!)

No dudo que es él.//	I don't doubt that he's the one.
Es evidente que quiere hacerlo.//	It's obvious that he wants to do it.
Sí, creo que puede.// Estoy segura de que va a ganar.//	Yes, I believe he can. I'm sure that he's going to win.

G.: Esto necesita . . .

Frases paralelas -- y algo más

Repite, y después cambia según las indicaciones:

1. Dudo que nos lo <u>den.//</u> (Doubt--subjunctive)

   _____ // (**decir**) No quieren que lo sepamos.//

2. <u>No dudo</u> que tienes prisa.// (No doubt--No subjunctive!)

   Estoy segura de que _____ // Es evidente que estás muy ocupado.//

3. Niega que los <u>conozca.//</u>.

   _____ // (**tener**)   ¿Es posible que mienta (he's lying)?

4. Creo que Neli se casa pronto. // (I do believe--no subjunctive.)

   _No creo_____// (Denial--subjunctive!) Es probable que no se case jamás.//

¿Qué opinas?

(Recuerda que si no crees — si dudas — usas el subjuntivo. Si crees algo positivamente, usas el indicativo.) Ahora dinos francamente:

1. ¿Tú crees . . . es más fuerte que . . . ?

   Sí, creo que _____ es _____

   No, no creo que _____ sea _____

2. ¿ . . . ? _____

3. ¿ . . . los atletas profesionales ganan . . . _____

   _____ 4. ¿ . . . "rock" va a ser

   . . . ? _____

5. ¿ . . . tú seas . . . algún día? _____

   _____

P.: (. . .) Es lástima que no podamos . . .
G.: Es verdad. Tenemos que . . .

*46. El presente de subjuntivo de *pedir, dormir,* etc.

● **Los verbos de cambios radicales (*stem-changing verbs*) no son difíciles. En efecto, solamente los verbos que terminan en –ir tienen un cambio especial en el subjuntivo.**

$$\text{(nosotros, vosotros — } e > i; \quad o > u)$$

sentir// to feel; to feel sorry
   sienta, sientas, sienta// (. . .) **sintamos// sintáis//** sientan//

pedir// to ask for, request
   pida, pidas, pida// **pidamos, pidáis//** _____

dormir// to sleep
   duerma, duermas, duerma// **durmamos// durmáis//** _____//

G.: ¿No te dije que era . . . ? (. . .)

--¿Quieren Uds. que durmamos en la sala?//	*Do you want us to sleep in the living room?*
--No. // Es mejor que duerman en nuestra alcoba.//	*No. It's better that you sleep in our bedroom.*

(O en España: --¿Queréis que durmamos . . . ? --No.// Es mejor que durmáis. . . //)

Repite otra vez:

--Oye,// insisten en que les sirvamos ahora.//	*Listen. They insist that we serve them now.*
--Pero la comida no está lista.// ¿Qué vamos a hacer?//	*But dinner isn't ready. What are we going to do?*

P.: Nada. Hablarles de otra cosa, como . . .

#47. Palabras indefinidas y negativas: *algo, nada* . .

Tú ya conoces algunas. . .   Digamos juntos:

algo // *something*	**nada** // *nothing, not. . .anything*
alguien // *somebody, someone*	**nadie** // *nobody, not. . .anyone*

--¿Hay algo nuevo?//	*Is there anything new?*
--No. No hay nada.// Sólo que	*No. There's nothing. Just that*
alguien vino a verte.//	*someone came to see you.*
--¡Qué curioso!// No estaba	*How odd! I wasn't expecting*
esperando a nadie.//	*anybody.*

algún // (before masc. sing.)	**alguno, alguna (os, as)**// *some, any (of a group)*
ningún //	**ninguno, ninguna** // *no (one of a group), none*

--Algún día// de alguna manera//	*Some day, in some way, I'm*
voy a encontrar al hombre	*going to find the perfect man.*
perfecto.//	
--No hay ningún hombre así.//	*There is no man like that.*
--¿Nunca existió?//	*There never was one?*
--Jamás.// Ni ninguna mujer//	*Never. Nor any woman.*
-- ¡Qué va!// ¿Ni yo?//	*Go on! Not even me?*

G.: ¡ . . . !   En fin, ¿qué dices. . . ? ¿Hacemos . . . ?

Diálogos al instante

Escucha cada pregunta, y contesta diciendo siempre **lo contrario.**

1. ¿Te avisó alguien? --No. Nadie.

    No, nadie me avisó.//   (O si prefieres)   *No. No me avisó nadie.*//

2. ¿Es posible que vuelvan algún día? -- No . . nunca.

    _____// (Lástima, ¿eh?. . .)

3. ¿Ud. conoce Ud. a alguno de ellos? --No, a ninguno.

    _____//

4. (. . .) Dime, ¿oíste algún ruido? --No. Yo no. . .

    _____//

5. Oye, ¿quieres que te traiga algo? -- No, gracias. Nada.

    _____// (. . .)

6. ¿Crees que hablen alguna lengua extranjera? --No. . ., ¡ni la suya!//

    _____// _____//

218

7. ¿Hicieron Uds. alguna vez (*at any time*) un viaje largo?--No. Jamás.

Jamás hicimos _____ // __No,_____ *jamás.)*

G.: (. . .) Ahora, esto no fue tan difícil, ¿. . . ?

P.: ¡De ninguna manera (*no way*) ! Y créeme, la próxima . . .

#48. Más sobre los adjetivos

Primero, observa, y repite:

(before masc. sing. noun)	(before fem. sing.)
un <u>buen</u> maestro//	una buena lección//
un <u>mal</u> ejemplo//	una mala persona//
el <u>primer</u> piso// *the first floor*	la primera puerta//
el <u>tercer</u> día// *the third day*	la tercera noche//
un <u>gran</u> escritor// *a <u>great</u> writer*	una <u>gran</u> escritora//

•Un adjetivo <u>descriptivo</u> va normalmente <u>después</u> del nombre (*noun*).

una novela sentimental//   los poetas japoneses//

•¿Qué hacemos cuando usamos dos o tres adjetivos para describir una cosa?

(nationality, category, shape--after noun!)

una famosa artista argentina //   un joven médico colombiano//
una gran invención científica//   un hermoso edificio público//

•Si los dos adjetivos son del mismo tipo, van juntos. (Same type--together!)

una operación delicada y peligrosa//   *a delicate, dangerous operation*
un curso largo y difícil//   *a long, difficult course*

P.: Tal vez debemos practicar, . . .

Descripciones

Repite, y cambia siempre según las indicaciones:

1. Era un <u>buen</u> escritor dramático.//

_____ famosísimo _____

_____nuestro primer _____

_____ escritora _____//

2. ¿Conoce Ud. el teatro moderno español?//

¿_____ la literatura _____?//

¿_____ los artistas _____?//

¿_____ las grandes _____?//

P.:   ¡Bastante (*enough*), . . . !

G.: De acuerdo. Sólo hagamos . . .

P.:   (. . .) Cinco pequeñas preguntas, . . .

Ejercicio escrito

1. ¿ . . . un área rural? _____

2. ¿Crees . . . es mejor que . . . ? _____

_____

3. ¿ . . . pueblo o ciudad? _____

_____

4. ¿ . . . algún aspecto . . . ? _____

_____

5. ¿Es posible que vivas . . . ? _____

_____

P.: ¿Sabes? Hay tantas cosas que . . . ,

G.: Pero sólo hay tiempo para decirte un cariñosísimo . . .

P.: Nada nos gusta más que . . .

I. Experiencias visuales

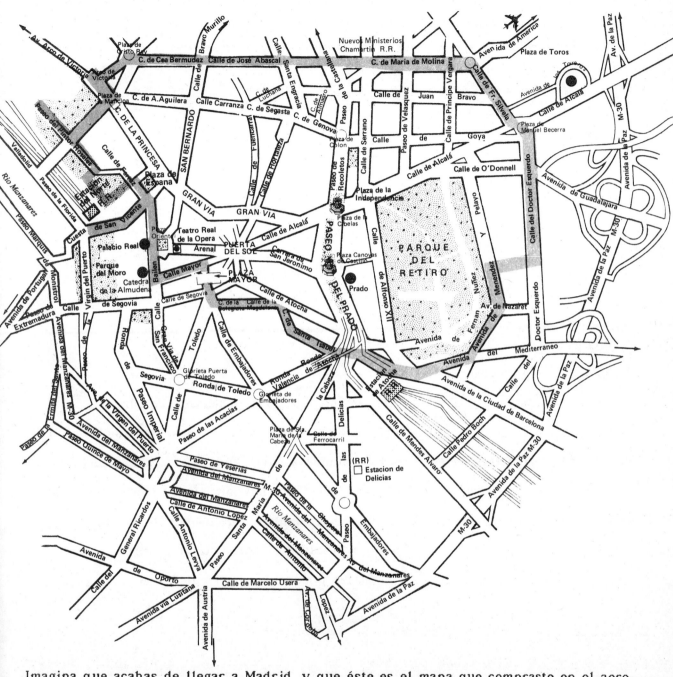

Imagina que acabas de llegar a Madrid, y que éste es el mapa que compraste en el aeropuerto. Dinos: ¿Cuáles son algunas de las arterias principales que conducen al centro?

_____

_____

¿Qué puntos de interés se señalan en el mapa? _____

_____ ¿Qué otras conveniencias

buscas como turista en una ciudad? _____

II. Palabras en uso

A. Definiciones urbanas

¿Conoces estos lugares? Escribe el nombre correcto debajo de cada ilustración.

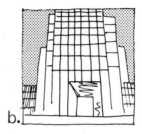

_____

_____

_____

_____

_____

Ahora contesta: ¿Qué lugares son éstos?

1. Es una estructura grande que contiene oficinas, apartamentos o tiendas. _____

_____ 2. Es un lugar donde se encuentra una gran

colección de periódicos, de revistas y de volúmenes literarios. _____

3. Es la parte céntrica de la ciudad, el barrio donde hay más cines, teatros y edificios

comerciales. _____ 4. Es un medio de transporte sub-terráneo.

_____ 5. Es un lugar donde se celebran servicios reli-

giosos. _____ (También puede ser "un templo" o "una sinagoga".)

B. Paralelos naturales: ¿Puedes adivinar las palabras?

1. Clima es a climático como luna es a _____ 2. Sol es a asoleado como

_____ es a floreado. . . A propósito, ¿qué significan estos adjetivos? _____

_____ Si el cielo está nublado, ¿hace mucho sol o va a llover? 3. _____

es a montañoso como arena (sand) es a _____ Ahora si el clima es muy

lluvioso, ¿es seca o húmeda la tierra? _____

III. Ejercicios suplementarios

*45. The third concept of the subjunctive: Unreality

A. Con un poco de duda

Cambia cada una de estas preguntas para expresar duda. Por ejemplo:

(Just asking)   (Asking--but we doubt it!)

1. ¿Cree Ud. que vuelven hoy?   ¿_____?

2. ¿Crees que lo saben ya?   _____

3. ¿Creen Uds. que él es el mejor?   _____

4. ¿Creéis que se van tan pronto?   _____

5. ¿Cree Ud. que vale tanto dinero?   _____

B. Mini-conversaciones

Contesta negativamente, usando el subjuntivo sólo cuando sea necesario.

1. ¿Es posible que Eduardo lo haga? _____

2. ¿Es cierto que vienen? _____ 3. ¿Es probable

que llueva hoy? _____ 4. ¿Estás segura de

que se van? _____ 5. ¿Niegan que la

conozcan? (¡Cuidado aquí!) _____

6. ¿Dudas que sean capaces de hacerlo? _____

_____ 7. ¿Tú crees que podamos ganar? _____

_____ 8. ¿Es verdad que el jefe quiere hablarme? _____

_____

*46. The present subjunctive of stem-changing verbs

Completa usando los verbos siguientes en el presente de subjuntivo:

pedir • dormir • cerrar • repetir • servir • mentir • morir • sentirse

1. Quiero que Uds. lo _____ una vez más, y que nos digan la verdad.

-- ¿Cree que yo le _____? ¿Cree que nosotros le _____?

2. Les ruego que _____ las ventanas si salen de la casa. --No creo que

salgamos. Es probable que _____ toda la tarde. Estamos tan cansados.

3. Es posible que los Álvarez te _____ ayuda. -- Pues tengo que ayudarlos. No

quiero que _____ ofendidos. 4. ¿Cuando queréis que (nosotros) os

_____ el almuerzo? --Para la una, si no queréis que nos _____

de hambre.

Diálogos al instante: **Primero responde según las indicaciones.**

1. ¿Alguien fue contigo? --No, _____ 2. ¿Ocurrió algo

anoche? -- No, _____ de importancia. 3. ¿Conoces a sus

parientes? -- Sí, _____ a _____ de ellos. 4. ¿Me llamó alguien?--

Sí, _____ amigas tuyas te _____ 5. ¿Siempre tienes que hablar

mal de alguien? -- ¿Yo? Yo nunca _____ 6. A mí no me

gustó eso. -- A nosotros _____ tampoco. 7. ¿No iban a venir todos?

--No, no venía _____ de ellos .-- ¿Ni Pepe? -- No, _____ Pío tampoco.

Esta vez responde según los modelos:

¿No te invita nadie? --*No, nadie me invita.*   ¿No pasó nada. --*No, nada pasó.*

1. ¿Uds. no viajaron nunca en avión? _____

2. ¿No le sorprende nada? _____ 3. ¿No lo usaba nadie?

_____ 4. ¿No van a acabar jamás? _____

_____ 5. ¿No pide ninguno de ellos que vayas? _____

¿Cómo vamos a describirlos? : **Emplea los adjetivos según los modelos.**

un artista --grande, moderno, francés   *un gran artista moderno francés*
un curso --largo, difícil, costoso   *un curso largo, difícil y costoso*

1. su obra --primera, dramática _____ 2. el autor

-- tercer(o), más importante, inglés _____

3. una aventura --peligrosa, increíble, fascinante _____

_____ 4. un poeta -- famoso, moderno, cubano _____

_____ 5. una mesa: elegante, grande, redonda _____

6. un análisis: buen(o), psicológico, social _____

IV. Composición creativa

Imagina que quieres convencer a unos amigos a tomar una casa o un apartamento
cerca de ti. Descríbeles todos los beneficios de vivir allí -- todas las facilidades o servicios, los lugares de interés, etc. Y diles francamente si hay algún aspecto negativo.

O si prefieres: Imagina que tienes la oportunidad de crear una ciudad ideal. ¿Dónde
debe estar situada? ¿Cuántos habitantes debe tener? ¿Qué facilidades les va a ofrecer?
¿Van a estar juntos o separados los barrios residenciales o los comerciales? ¿Y los
sectores de teatros, etc.? ¿Qué restricciones piensas imponer sobre el tipo de casas
o edificios que se puedan construir? ¿Cómo van a ser?

LECCION QUINCE : Las noticias

(*Música de noticiero. Ruidos interplanetarios*)

--"Buenas tardes, damas y caballeros. González López
Hermanos, importadores de los mejores <u>autómatas</u> del   *robots*
mundo, tienen el gusto de traerles las <u>últimas</u> noticias   *latest*
del universo."

--Nueva York. El viejo Edificio del <u>Estado Imperial</u>,   *Empire State*
que fue durante gran parte del <u>siglo XX</u> el edificio más   *20th century*
alto del mundo, va a ser reconstruido como monumento
histórico, según informaciones de la <u>Junta Terrestre</u>   *Earth Governing*
Internacional. Es probable que el proyecto <u>se inicie</u>   *Board / will begin*
<u>para fines</u> de este año y que se complete para 2553.   *by the end*

B.: . . . , ¿qué fue eso?

R.: (. . .) Escuchemos.

--"Saturno. El Comité Nacional de este planeta acaba de
anunciar un <u>acuerdo</u> de paz con el planeta Júpiter.   *agreement*
Según la Asamblea Interplanetaria, que fue invitada
a negociar el pacto, es posible que la prolongada guerra
nuclear . .

B.: ¡No lo creo, Rafael! Lo oigo, pero simplemente no lo . .

R.: (. . .)   Déjame (*Let me*) . . .   ¿Qué dijeron?

--"Repito: Es posible que la prolongada guerra nuclear
haya contaminado ya la atmósfera de los dos planetas,
conduciendo a su destrucción eventual.

R.: Gracias.

--"De nada.

(. . .)

(*Otra voz*) --Interrumpimos este programa para traerles un
boletín especial: Londres. Por <u>centésima vez</u>, el Brasil   *the 100th time*
ha triunfado sobre la Gran Bretaña en la Copa Universal
del fútbol, por un <u>tanteo</u> de 5 goles a 1. Detalles después. *score*

--"Y ahora, un mensaje de González López Hijos."

R.: ¿No dijo Ud. antes "Hermanos"?

--"Perdón. 'Hermanos', <u>fabricantes</u> de los mejores autómatas   *makers*
del mundo."

R.: ¿"Importadores"?

225

--"<u>Disculpe</u>. Me tienen mal programada. 'Importadores' *Forgive me.*
de los mejores autómatas del mundo.   Ahora bien,
díganme, amigos: ¿Necesitan un nuevo robot para
limpiar su cocina, para <u>cuidar</u> de sus niños, atender a *take care*
su correspondencia o ayudarles con su trabajo? Vengan
a ver nuestros nuevos modelos, <u>aptos</u> para todos los *suitable*
<u>oficios</u> y profesiones. O si prefieren nuestros modelos *occupations*
<u>de lujo</u>, <u>instruidos</u> en siete lenguas y en todas las artes *de luxe, trained*
sociales, visiten nuestros almacenes hoy o mañana, y
cómprenlos a precios <u>rebajados.</u> Recuerden: Sólo hoy *reduced*
y . .

   (El aparato se apaga.)

--"¿Qué pasó? ¿Por qué me apagaron?"

B.: ¿Tú has oído esto . . . ? _____ ¿ . . . ?

R.: (. . .)

B.: ¿Y no estamos soñando?

R.: No lo creo. (*I don't think so.*)

B.: Entonces, ¿ . . . ? Me encanta la idea de tener un robot para . . .

R.: ¡ . . . instruido en siete lenguas!

B.: Con el español a mí me basta (*it's enough for me*).

   (El aparato se enciende de nuevo -- *turns on again.*)

--"¡Ya no (*No longer*) existe el español!"

B.: ¡Me muero!   Pero, en serio, mi estudiante, ¿ . . . ? : ¿ . . . la idea de tener un autómata

   . . . ?_____

¿ . . . un robot . . . ? _____

   _____ Por ejemplo, ¿qué haces si . . . el robot nos . . . : "Pasemos al . . . "

R.: No le hacemos caso. (*We'd ignore it.*) Porque tenemos que hacer primero . . .
B.: Sobre las noticias . . .

¿Verdad o Falso?

   1. . . . un noticiero del siglo . . . ¿ . . . ? _____

   2. . . . instantáneas. _____

   3. Según el noticiero, . . . ser destruido . . . _____

   4. Se teme (*It is feared*) . . . para siempre por . . . ¿ . . . ? _____

   5. Según este programa, _____

R.: ¡ . . . ! ¿Saben repasar . . . ?
B.: (. . .) Eso lo tenemos que hacer nosotros . . .

¿Quién soy?

Primero, repite:

primer ministro //   dictador //   abogada //

juez //   embajadora //

Ahora escucha bien, y contesta:

1. "Soy . . . , y no permito . . . " ¿ . . . ? i . . . !"   ¿Quién . . . ? _____

2. " . . . ante (*at*) . . .   y en . . . "   ¿ . . . ? _____

3. " (. . .) Yo escucho . . . y decido . . .   " ¿Cuál es mi título? _____

4. " . . . ante la corte."   ¿Cómo me llaman? _____

5. " . . . líder . . . , y la fuerza dirigente (*directing*) . . . " ¿ . . . ? _____

B.: Fabuloso.   . . . , vamos al . . . , sobre el participio de pasado (*past participle*) y . . .

Uso activo

#49. The past participle : "*spoken, written, etc.*"

Observa, por favor, y di con nosotros:

(-ar > -ado)

caminar//   camin**ado** // *walked*   andar// and**ado**// *walked; "ran"*

estar _____ // *been*   buscar// _____ *looked for*

(-er, -ir > -ido)

ser// s**ido**// *been*   ir// **ido**// *gone*

saber// _____ // *known*   dormir// _____ *slept*

Claro está, hay unas excepciones. Pero son pocas.

abierto// _open(ed)_   **cubierto**// _covered_

--¿Está abierta la puerta?   _Is the door open?_

vuelto// _returned_   **muerto**// _dead_

--¡Ojalá que no estén muertos!   _Oh, how I pray they're not dead!_

puesto// _put_   **escrito**// _written_   **roto**// _broken_
visto// _seen_   **hecho**// _done, made_   **dicho**// _said, told_ (¡Y ya!)

•Observa: Estar + el participio describe una condición que <u>ya existe</u>.

--Mira. La ventana está rota. //   _Look. The window is (already) broken._
--Lo sé.// Algún niño lo rompió.//   _--I know. Some kid broke it._

B.: Ahora, ¿qué dices? ¿Hacemos . . . ?

Con un poco de lógica

Escucha, y después completa cada diálogo con una palabra de esta lista:

roto • cerradas • escrita • casada • dormidos • dicho • hecha

1. --Mi hermana y su esposo vienen esta noche.--¿Ah, sí? Yo no sabía que tenías

    una hermana _____ //

2. --¡Uf, yo siento frío aquí! ¿Hay una ventana abierta? --No. Todas las ventanas

    están _____//

3. --¡Ay, no! ¿Qué le pasó a mi frasco de perfume? --No sé. ¿Está _____?//

4. --Siéntense todos. Ahora mismo comenzamos a servir. -- ¡Qué bien! ¿La comida

    ya está _____?

5. --"Toño. . Riqui . . . " --Por favor, no grites. Los niños están _____

R.: (. . .) Entonces, ¿podemos seguir . . . ?
B.: (. . .) Para una cosa tan . . ., se tienen que despertar. Escuchen todos:

•_Ser_ + un participio de pasado expresa "la voz pasiva". Observa cómo funciona:

(Active)   Declararon la guerra.//   _They declared war._
(Passive)   La guerra <u>fue declarada.</u>//   _War was declared._

(. . .) Sigue repitiendo:

Un ataque aéreo <u>fue ordenado por</u>   _An air strike was ordered by_
el presidente,// y las tropas <u>han</u>   _the president, and the troops_
<u>sido movilizadas.</u>//   _have mobilized._

B.:-- . . ., ¿tenemos que hablar de guerras?
R.: No. Podemos . . .

--Oyeme, Roni. Durante mi primer año . . . ,   fui invitada a . . .   y a participar en actividades extra-escolares. Yo quería ser aceptada . . .   Y por eso mis clases fueron relegadas al segundo lugar. Hasta que (*until*) . .

--¿Por qué me cuentas todo eso?

--Porque no quiero que seas suspendido, como . . .

Dinos: En tu opinión, ¿quién . . . ? _____

¿Por qué desatendió (*neglected*) sus estudios cuando . . . ? _____

_____ // ¿Qué consecuencia . . . ? _____

_____ // ¿Qué crees tú? ¿Fue admitida . . . de

nuevo . . . ? _____ // Porque

habla de . . .   En fin, . . . Dime : ¿Tú fuiste . . . alguna vez en . . . ? _____

fui _____ *una vez. (No, no* _____ *nunca.)* ¿Fue

. . . algún amigo tuyo? *Sí,* _____ *un amigo mío, (No,*

ningún amigo mío.)

B.: . . . , esto casi es tan triste como . . .
R.: (. . .) ¿De qué prefieres que hablemos? (. . .)

#50-51. "Haber" y los tiempos compuestos (*compound tenses*), . . .

A . El presente perfecto (*I have gone, etc.*)

Haber es un verbo que ayuda a formar los tiempos compuestos, o "perfectos". El presente perfecto usa el presente de *haber* + un participio de pasado.

he, has, ha//	*I have, you have, he has (gone, been, etc.) . . .*
hemos, habéis, han//	*we have, you have (done, seen, etc.) . . .*

--¿<u>Has</u> terminado ya?//   *Have you finished yet?*

--Sí y no.// <u>He</u> terminado la   *Yes and no. I have finished the*
  primera parte.//   *first part.*

--Díganme,// ¿<u>han</u> visto a Diego?//   *Tell me, have you seen Jim?*

--No lo <u>hemos</u> visto hoy.// Pero no   *We haven't seen him today. But don't*
  se preocupe.// No se <u>ha</u> perdido.//   *worry. He hasn't gotten lost.*

Diálogos al instante
Ayúdanos a acabarlos. Por ejemplo:

1. ¿Ha ido Ud. ya? --No, . . . todavía.--*No, no he ido todavía.* No he tenido tiempo.//

2. ¿Le han escrito Uds.? --Sí, . . . varias veces.

--Sí, (nosotros) _____ varias veces.//Pero no ha respondido.//

3. ¿Se lo habéis dicho? --No, . . . a nadie.

--_____ , (nosotros) _____// Es un secreto.//

4. ¿Lo has hecho bien? --No. Muy mal

--No, (yo) _____ He cometido muchos errores.//

B.: ¡ . . . ! Lo has hecho magníficamente . . .
R.: (. . .)

B. El pluscuamperfecto (*I had gone, etc.*)

Escucha, y repite otra vez:

había, habías, había//   *I had, you had . . . (given, spoken, etc.)*

habíamos//, etc.   *we had (written, broken . . .)*

--¿Ud. había salido ya?//   *Had you gone out already?*

--No.// Había prometido quedarme.//   *No. I had promised to stay.*
¿Y Uds.?//   *And you?*

--¿Nosotros?// Nos habíamos ido   *Who, us? We had left much*
mucho antes. //   *earlier.*

Contesta otra vez:

¿Tú habías estudiado español antes de venir aquí? --No . . . nunca.

--No. (Yo) no lo _____ // Había estudiado italiano.//

¿Uds. habían estado en México? --Sí, . . . una vez.

--Sí, (nosotros) _____ // Antes de casarnos.//

C. (El presente perfecto de subjuntivo)

(. . .) Digamos juntos:

haya, hayas, haya//   *(that) I have (opened, etc.) . . .*

hayamos, hayáis, hayan//

¿Han llegado?//   *Have they arrived?*

--Espero que hayan llegado.//   *I hope they have arrived. (Emotion)*

¡Caramba!// He perdido el vuelo.//   *Darn it! I've missed the flight.*

--Es lástima// que lo haya perdido.//   *It's a pity that you've missed it.*

Una vez más, ayúdanos. Por ejemplo:

--Micaela ha tomado el coche.//

--No me gusta que _____// Siento que no me haya
esperado.//

--Hemos vuelto de las vacaciones.

--¡Me alegro de que Uds. _____//Espero que se hayan divertido.

R.: (. . .) Pues una cosa más, . . .

Ya que hemos estado hablando de . . . . dinos:

1. a. ¿Quién ha sido . . . durante los últimos . . . ? _____

_____ b. ¿ . . . ha hecho . . . ? _____

_____ 2. a. ¿Ha ocurrido

. . . ? ¿ . . . ? _____

_____ b. ¿Había . . . ? _____ c. ¿Vamos a

ser afectados . . . ? _____

R.: (. . .) Otro día . . . Por ahora, . . .

ACTIVIDADES INDIVIDUALES

I. **Experiencias visuales**

<u>Partido mayoritario opuesto a creación de comisiones parlamentarias</u>

El PSOE considera que investigar a los políticos puede dañar su imagen

MADRID. --El Grupo Parlamentario Socialista del Congreso de los Diputados anunció ayer que se opone a la creación de una comisión que investigue el tráfico de influencias. El PSOE considera que investigar a los políticos puede dañar su imagen.

"No vamos a acreditar la idea de que los políticos en democracia son unos corruptos", manifestó el presidente del Grupo Socialista, Eduardo Martín Toval.

Los socialistas, según su máximo dirigente parlamentario, no quieren convertir el Parlamento de la nación en "un órgano permanente de investigación". Ésta es la respuesta oficial a las demandas de los otros partidos para que sea investigado el tráfico de influencias, y en concreto la actuación de Juan Guerra, hermano del vicepresidente del Gobierno.

Martín Toval remitió en todo momento a los jueces la investigación y condena de casos como el de Juan Guerra, pero en ningún momento citó por su nombre ni hizo ninguna referencia concreta a dicha persona. Insistió en que lo razonable es que demandas de individuos particulares se lleven al Fiscal General del Estado o al Defensor del Pueblo.

El dirigente socialista afirmó que a Juan Guerra ya ha sido sometido a un juicio público en los medios de comunicación y que el Gobierno no tiene qué dar explicaciones sobre algo que no les afecta a él ni a las instituciones.

(Adaptado de <u>Diario 16</u>, Año XV, Número 4.562. Madrid, miércoles 17 de enero de 1990)

¿Qué nos dices?

1. ¿De qué ha sido acusado el hermano del vicepresidente del Gobierno español?

_____ 2. ¿Qué han pedido los partidos

opuestos? _____

3. ¿Por qué no ha accedido a esa petición el jefe del partido mayoritario? _____

_____ 4. En tu opinión,

¿los casos de ese tipo deben ser investigados por el Congreso mismo, o solamente por

las cortes judiciales? _____

II. Palabras en uso

A. Noticias del día

¿Te parecen familiares estos individuos?   Pues contesta:

1. ¿A qué institución pertenecen (*belong*) estas personas? _____

¿En qué consiste su trabajo? _____

2. ¿Quién es este tipo? _____ ¿Qué acaba de hacer? _____

_____ ¿Qué cosas crees que ha robado? _____

3. ¿Qué ha ocurrido aquí? _____ ¿Quiénes han

salvado la situación? _____

4. ¿Qué han declarado estos empleados? _____

¿Has tomado parte tú alguna vez en una huelga? _____

B. Paralelos :   Complétalos usando palabras del grupo siguiente:

cuerpo diplómatico • ejército • monarquía • estado • paz • Parlamento

1. <u>Congreso</u> es a Estados Unidos como _____ es a Inglaterra.

2. <u>Senador</u> es a Senado como <u>embajador(a)</u> es a _____

3. <u>Marinero</u> es a Marina como <u>soldado</u> es a _____

4. <u>Presidente</u> es a república como <u>rey (o reina)</u> es a _____

5. <u>Patriotismo</u> es a patriota como <u>pacífico</u> es a _____

6. <u>Alcalde</u> es a ciudad o pueblo como <u>gobernador(a)</u> es a _____

C. Español - Inglés

¿Con qué palabras españolas se relacionan éstas en inglés? (¿Y qué significan?)

regal _____ mariner _____ guerrilla _____ mortal _____

pacific, pacifist _____ citizen _____ force _____ assassin

_____ testify _____ libertarian _____

incarcerate _____ gubernatorial _____ basso _____

alto _____ approximate _____ edifice _____ cinema _____

bibliography, bibliophile _____ ecclesiastic _____

quadrant _____ avenue _____ joint _____ sally _____

232

III. Ejercicios suplementarios

49. The past participle and its uses

A. ¿Cómo se relacionan?

Busque en el Grupo B la terminación de cada frase del Grupo A.

A.	B.
1. ¡Ay, qué cansado estoy	a. cierre una
2. En boca cerrada	b. cuando sonó el teléfono
3. Si hay dos ventanas abiertas,	c. tiene tres hijos ya
4. Mi hermana casada	d. en la última fila (*row*) del teatro
5. Estábamos dormidos	e. no entran moscas (*flies*)
6. Un espejo roto	f. trae siete años de mala suerte
7. Estuvimos sentados	g. de hacer ejercicios!
8. Queridos amigos,	h. con una corbata gris
9. Encontraron a un hombre muerto	i. me alegro tanto de estar con Uds.
10. El recepcionista estaba vestido	j. en una casa abandonada

B. Miscelánea

1. En los Estados Unidos, ¿el presidente es elegido por el público o por el Colegio Electoral? _____ 2. ¿Por quién fue escrito Don Quijote? _____ 3. ¿Esta universidad fue establecida antes o después de 1950? _____

4. ¿Cuáles fueron construidos primero, los edificios de enseñanza o los dormitorios? _____

5. ¿Has sido tú asaltado (-a) alguna vez en la calle? _____ _____ 6. ¿Ha sido robada tu casa? _____

C. Un poco de lógica

Usa los verbos siguientes en la voz pasiva para completar este diálogo:

repetir • presentar • arreglar • dirigir • coreografiar

"Este programa *fue* _____ por la Compañía Unida. Las escenas dramáticas _____ por Flor Ramírez. La música _____ _____ por Nilda Arenas, y los "ballets" _____ _____ por Che Vega."

-- Ay, no, ¿ya acabó el programa? Quería verlo.

-- No hay problema. En dos semanas va a ser _____

Dinos: ¿Qué tipo de programa ha sido éste? _____

233

¡Al contrario!

Estudia primero esta lista de antónimos.

comprar -- vender; dar -- tomar; poner -- quitar; amar -- odiar; preguntar --
contestar; vivir -- morir; aprender -- enseñar; creer -- dudar; comenzar
-- acabar; trabajar -- descansar; abrir -- cerrar; entrar --salir; bajar -- subir;
encender -- apagar ; dormirse -- despertarse; sentarse -- levantarse; perder --
encontrar

Ahora contesta, diciendo siempre lo contrario. Por ejemplo:
¿**Ha subido José?** —*No, ha bajado.* ¿**Habían salido?** —*No, habían entrado.*

1. ¿Han comprado Uds. la casa? *No, la hemos* _____ 2. ¿Has descansado

todo el día? _____ 3. ¿Lo han creído? _____

_____ 4. ¿Se lo ha contestado Ud.? _____

5. ¿Se ha dormido Elenita? _____ 6. ¿Había comenzado

ya la función? _____ 7. ¿Habían abierto la tienda?

_____ 8. ¿Habían entrado Uds.? _____

_____ 9. ¿Se habían amado mucho? _____ 10. ¿Te lo

habías puesto? *No, me* _____ 11. ¿Es probable que hayan vivido? _____

12. ¿Temes que no hayan aprendido nada aquí? _____

_____ 13. ¿Le molesta que hayan encendido las luces? _____

_____ 14. ¿Es posible que

les haya dado algo? _____ 15. ¿Les

disgusta que nos hayamos levantado tan tarde? _____

_____

IV. Composición creativa

1. Tú eres reportero (-a) de las "Noticias hispanas" en el Canal 43. Cuéntanos
una noticia internacional o local que haya ocurrido esta semana. (No te tienes
que limitar al mundo hispánico, por supuesto.)

2. Tú eres miembro contribuyente del periódico de tu universidad. Explícales
algún evento que haya ocurrido durante la semana pasada.

LECCION DIECISEIS: *Vamos de compras*

M.: ¿ . . .? _____ Dime, ¿estás libre (*free*) . . .?_____

¿ . . . de tiendas (*shopping*)? _____

_____ ¿ . . . comida? _____

¿ . . . ropa? _____ ¿ . . .? _____

_____ ¿O aparatos . . .? _____

M.: Pues, ¿sabes?, hay unas gangas fabulosas en algunos . . . aquí. Y yo pensé que . . .
A.: ¿ . . .?
M.: ¡Cómo no, . . .! Así que, . . . , aquí tienes el vocabulario que necesitaremos. (. . .)

¿Qué tienda será?

   Mira las ilustraciones por un momento . . . Ahora escucha la descripción de
cada tienda, y escribe el __número__ correcto debajo de cada una.

Pistas

1. "Aquí venden . . ." ¿Qué tienda será? _____

2. "Siempre me ha gustado esta clase de tienda, porque . . ." ¿Dónde me ha gustado

siempre comprar? _____

3. "¡ . . .¡ Dicen que mañana va a nevar, . . . ¿Dónde podré . . .?"_____

4. " Cuando yo me casé, . . . Y ella me compró . . . " ¿En qué tienda hicimos esas

compras? _____

5. "Me gusta estar . . . Y por eso visito con bastante frecuencia (*quite often*) . . ."

. . . " ¿Qué nombre tendrá? _____ (¡ . . .!)

M.: (. . .) Ahora, con unas pocas palabras más, estaremos listos . . .

A.: (. . .) Haremos (*We'll do*) . . .

¡Es lo mismo! (*It's the same thing!*)

Como siempre, escucha. Y encontrarás que en el Grupo B siempre hay una frase que significa lo mismo. Dínosla, ¿está bien?

A.	B.
1. ¿ . . . *vale?*	Sus precios son demasiado altos.//
2. Uds. cobran . . .	De verdad, es una ganga.//
3. Créame, . . . Se lo ofrezco . . .	*¿Me puede decir cuánto cuesta?* //
4. Alguien me dio . . . ¿Puedo . . . ?	¡Ya se acabó mi pobre capital!//
5. Gasté . . .	¿Me permite devolver este regalo?//

A.: ¡Ay, pobre! Pues aquí te ofrecemos algo gratis -- . . . y el tiempo (*tense*) futuro.

M.: ¿ . . . ? Pues ésa es mi especialidad.

A.: ¿ . . . ? Pero, ¿cómo . . ?

M.: ¿No sabías . . . adivina (*a fortune teller*)? Solamente yo sé qué les pasará . . . Así que, déjame ver la palma de tu mano. (. . .) ¿Ahora, qué te parece, . . . ? ¿Quieres que te diga . . . ?

A.: Mira, . . . , si tú no sabes. . . , ¿cómo le vas a decir . . . ? Y si no le hemos enseñado todavía . . . , ¿cómo lo va a . . . ?

M.: (. . .)

A.: ¿Ya ves?

M.: (. . .) Más tarde les diré (*I'll tell you*) . . .

Uso activo

#52-53   Hablando del futuro . . .

Observa que todas las conjugaciones se basan en el infinitivo -- y usan las mismas terminaciones (*endings*).

dar (to give)

daré, darás, dará//   I will give; you, he , etc.
daremos// daréis// darán//   we will give; you-folks, etc.

ser (to be)

seré, serás, será//   I will be, etc.
seremos// _____ . _____//

Hay muy pocos verbos irregulares. (. . .)

venir (to come)

vendré, vendrás, vendrá//   I will come
vendremos, vendréis// _____

236

Y los otros verbos son muy similares. Vamos a decir solamente la forma de "yo".

(tener) tend<u>ré</u>// *I will have*   (poner) pon<u>dré</u>// *I'll put*
(salir) sal<u>dré</u>// *I will go out*   (valer) val<u>dré</u>// *I'll be worth*
(poder) po<u>dré</u>// *I will be able*

(saber) sa<u>bré</u>// *I'll know*   (haber) ha<u>bré</u>// *I will have (gone, etc.)*

(hacer)   ha<u>ré</u>// *I'll make, I'll do*   (decir) di<u>ré</u>//   *I'll say, I'll tell*

(querer) querré//   *I will want, I will love* (a person)   (¡No más!)

A.: ¿ . . .? Pues vamos a ver cómo . . .

--¿Verás a Ceci mañana?//   *Will you see Ceci tomorrow?*

--No.// Pero le hablaré por   *No. But I'll speak to her on*
   teléfono.// El lunes ella vendrá.//   *the phone. She'll come on Monday.*

•El futuro también puede expresar <u>probabilidad</u>, o <u>conjetura</u> (a guess)

--¿Quién es ese hombre?//   *Who is that man?*
   ¿Quién <u>será</u>?//   *I wonder who he can be.*

--No sé.// Pero Robi lo <u>sabrá</u>.//   *I don't know. But Rob probably knows.*
                                       (He must know. He should know.)

Conversaciones al instante
Repite, y después cambia según el verbo nuevo. Tú sabrás cómo, ¿ . . .?

1. No necesitaré nada.// (*I won't need . . .*)

   (romper) _____// Tendré mucho cuidado.//

2. ¿Volverás pronto?// (*Will you come back . . .?*)

   (llegar) _____// No podremos esperarte mucho.//

3. ¿Quién tendrá una bombilla nueva? //

   (poner) _____// (*Who'll put in ...*) Necesitamos más luz.

4. Nos despertaremos temprano.//

   (irnos) _____// El viaje es muy largo.//

5. ¿Vendréis ahora mismo?//

   (salir) _____// (salir) ¿Por qué no os quedáis?//

6. ¿Uds. se lo harán?// (*You'll do it for him?*)

   (decir) _____// (decir) ¿Y no se molestará?//

A.: (. . .) ¿Sabes? Ya conoces. . .

M.: Ajá. Entonces ahora mismo les diré . . . Tú primero, Alberto. ¿ . . .? ¿Qué
fortuna quieres . . . --la de cien pesos (*the one for 100 pesos*), la de quinientos,
o la de mil?

A.: (*aparte*) Dime, . . ., ¿estoy soñando (*dreaming*), o . . .? _____

M.: Aquí tengo mi bola de cristal. ¿Te has decidido . . . ?

A.: . . ., tomaré la más barata (*cheapest one*).

M.: Lo sentirás (*You'll be sorry.*), . . . (. . .) ¿Qué pregunta me quieres hacer (*ask*)?

A.: Déjame ver. (. . .) Mi esposa y yo deseamos cambiar de casa. Dime, de hoy en un año (*one year from today*), ¿dónde viviremos?

M.: A-já. La bola . . . nos lo dirá. Ca-sa, . . . Veo una casa pequeña. Y por dentro hay . . . La casa está fría. La mujer está vestida con un pobre abrigo de algodón (*cotton*). Y el hombre lleva un suéter viejo . . .

A.: ¿De lana (*wool*)?

M.: No. De rayón.

A.: Mira, . . ., no me gusta . . . que me estás diciendo. ¿No podrá ser por lo menos (*at least*) . . . ? ¿O el abrigo de mi mujer?

M.: ¿Por cien . . .? ¡ . . .! Si me pides la fortuna de quinientos, te los daré . . .

A.: Y por mil . . ., ¿de qué serán?

M.: De casimir (*cashmere*).

A.: (. . .) Te pagaré . . . Ahora, ¿dónde . . .?

M.: En una hermosa casa de ladrillos (*brick*), con . . . de aluminio y . . . de cristal.

A.: Las . . . no están mal, . . . Pero . . ., ¿no me las podrás dar de madera (*wood*)?

M.: ¿Por . . .? Mira, si quieres que . . .

A.: Basta (*Enough*), . . . Perderé todo mi capital antes de . . .

M.: Entonces, a ti, . . ., te haré una oferta (*offer*) que no podrás rechazar (*refuse*). Hazme cualquier (*any*) pregunta, y te la contestaré sin cobrar (*without charge*).

A.: (. . .) Pregúntale, por favor, . . . dónde vivirás en . . .?

Tú ¿*Dónde viviré* _____?

M.: Dependerá. Si no vives aquí, vivirás en otra parte. ¿Qué más quieres saber?

A.: . . ., pregúntale cúando te graduarás.

Tú: ¿_____ *me graduaré*?

M.: Cuando termines tus . . . ¿Qué más me preguntarás?

A.: . . . con quién te casarás.

Tú: ¿_____ *me casaré*?

M.: Con . . ., claro está. ¿Por qué no me hacen alguna pregunta . . .?

A.: (. . .) Pregúntale . . . qué nota sacarás (*grade you'll get*) . . .?

Tú ¿_____ *sacaré en* _____?

M.: (. . .) Esto es más difícil de contestar. Dime tú primero: ¿Trabajarás . . . ? _____

_____ ¿Prepararás bien todas . . .? _____

_____ ¿Escribirás . . . ? _____

¿Aprenderás . . .? _____ ¿Ven<u>d</u>rás temprano

. . . ? _____ ¿Contestarás todas . . .? _____

_____ Y más que nada (*anything*),

¿estudiarás bien . . . ? _____

A.: Créeme, . . . La estudiaremos, . . . En efecto, en este mismo momento hablaremos . . .

53. Más sobre"más y menos"

M.: Y de como usamos "de" antes de un número, y con un superlativo. Explícaselo, . . .

• (<u>que</u> *than* ---> <u>de</u> before a number)

--¿Por qué no lo haces tú?//   *Why don't <u>you</u> do it?*
    Tú tienes más tiempo <u>que</u> yo.//   *You have more time than I.*

--¿Qué me cuentas?// Yo trabajo   *What are telling me? I work*
    <u>más de</u> nueve horas// cada día.//   *more than nine hours every day.*

• (<u>de</u> -- "in", after a superlative)

--Y yo nunca trabajo <u>menos de diez</u>.//   *And I never work less than ten.*
    Soy la persona más <u>del</u> mundo.//   *I'm the busiest person <u>in</u> the world.*

--No más ocupada que yo.//   *No busier than I.*

A.: ¡Qué problema . . .! Si los dos están tan ocupados, ¿quién va a hacer. . . ?

Cuestionario personal

1. ¿. . . más de . . . al día (*a day*)? _____

_____ 2. ¿Duermes menos de . . . ? _____

_____ 3. En . . . , ¿ tendrás . . . años de edad? *Tendré* _____ _____

_____ 4. A propósito, ¿tú eres tal vez (*perhaps*) el (la)

menor . . . ? _____

M.: Las preguntas . . . Lástima que no tengamos tiempo para hacerlas (*ask them*).

A.: Ni para explicar el . . .

M.: ¿ . . . ? Pues sí, para eso hay . . .

#54. El futuro perfecto (*I will have gone*, etc.)

. . . Se forma con el futuro de "haber", más un participio de pasado . . .

--¿Para el quince?// Creo que <u>habré terminado</u>.//	*By the 15th? I think I will have finished.*
--¿<u>Habrás tenido</u> tiempo?//	*Will you have had the time?*
--Nando <u>habrá vuelto</u> para el el sábado.//	*Nando will have come back by Saturday.*
--Y nosotros nos <u>habremos ido</u>.//	*And we will have left.*

● Se usa también para expresar una conjetura (*guess*).

--Vosotros los <u>habréis avisado</u>, ¿no?//	*You must have informed them, didn't you?*
--No.// Sus amigos se lo <u>habrán dicho</u>.//	*No. Their friends must have told them.*

Mini-diálogos

Escucha y contesta. ¡Y no te olvides de usar la imaginación!

1. --Mis abuelos habrán vuelto al Canadá para el . . . de diciembre.

   --¡No me digas! ¿Ya?

   Pues bien, contesta: ¿. . . o después de la Navidad? _____

   _____ ¿ . . . ? ¿Hará . . . en esa estación . . . ? _____

   _____

2. --¿Quién le habrá dicho eso a Miguel? (*Who can have told . . .?*)

   --Habrá sido Víctor. Ese muchacho siempre miente.

   --Y ahora Miguel se habrá enojado (*must have gotten angry*) . . .

   Otra vez, . . . ¿Víctor le habrá dicho . . . o una mentira . . .? _____

   _____ ¿Le habrá contado . . .? _____

   _____ (. . .)

M.: (. . .) Oigo algo. . .   Voces de vendedores y . . .   ¿Las oyes . . . ? _____
   Pues escuchemos.

⊡ ♉♒☿Υ❙❙ ⊏⊐ ♯♯⊡ ▯ ❧✿∕ ♦♦ $$

Sra. 1: Bueno, un pollo . . cuatro huevos . . <u>medio</u> kilo de jamón . . ¡Y no me lo dé con tanta <u>grasa</u> como la vez pasada!	*a half* *fat*

Sr. 1: Pero, señora . . .

Sra. 2: Pero, señora, no tenemos esta falda en el número 38. ¿No quiere <u>probarse</u> el número 46?	*try on*

240

Sr. 2: ¡46 dólares, . . . ! Una ganga como ésta, no la
        encuentra Ud. . . .   Ahora bien, . .

Sr. 3: Ahora bien, si Ud no desea gastar tanto dinero por
        . . . , yo le recomiendo éste, . . .   Está como nuevo
        porque ha tenido un solo dueño.   *owner*

Sra. 3: ¡Con el dueño he dicho que . . . !   Jamás he sido
         tan mal atendida en ninguna. . .   Yo pido . . .   *badly waited on*
         que me muestren algo, y. .

Sr. 4: Algo muy bonito, . . . Es un regalo para . . .
        Mañana anunciaremos nuestro compromiso, y . .   *engagement*

Sra. 1: Y tres kilos de papas . . medio kilo de mantequilla . .
         una cajita de arroz . .

Sr. 4: "Rosalinda" es su nombre. ¿. . .? Hay tantas cosas
        hermosas aquí. ¿Cree Ud. que en lugar de un anillo,
        tal vez le debo comprar un reloj?   *maybe*

Sra. 4: (*a un empleado*) ¿El reloj le fascina, eh? Pues si   *employee*
         sigue mirándolo y no atiende a . . . , ya no tendrá
         que contar las horas en esta tienda. Yo no . . .

Sr. 2: Yo no entiendo cómo Ud. puede pasar por alto   *pass up*
        una ganga como . . .

Srta. 5: Como el espejo que compró . . .   Era . . . , más
          pequeño que aquéllos, pero no . . . como éstos.

Sr. 5: -- Estos tiempos tienen que ser los peores. Yo creo que
        no debemos . . . si no bajan los precios.   *they don't lower*

Sra. 6. -- (. . .) Eso les enseñará . . .

A.: ¿Una lección, ha dicho? Pues tal vez debemos volver a ésta.
     ¿Qué te parece . . . si practicamos . . . ?

M.: (. . .) Di con nosotros, . . .

     "Bueno, un pollo,// cuatro huevos,// medio kilo de jamón,// y no me lo dé con
     tanta grasa// como la vez pasada.// -- Pero, señora. ." //

241

"Pero señora, no tenemos esta falda// en el número 38.// ¿No quiere probarse el número 46?"//

"46 dólares, nada más.// Una ganga como ésta,// no la encuentra Ud. todos los días."// Ahora bien, . . //

M.: ¿ . . . ? Tu pronunciación es tan buena que pronto no necesitarás . . .
A.: (. . .) Por eso, sólo te vamos a dar . . .

Ejercicio escrito

Como siempre, escucha bien, y contesta:

1. ¿ . . . este fin de semana? _____

   _____

2. ¿ . . . estarás? _____

3. ¿Qué harás durante . . . ? _____

   _____

4. ¿Habrás completado . . . para . . . ? _____

   _____

A.: Ahora, ¿ . . . ? ¿Habremos terminado esta sesión . . . ?
M.: Según . . . , ¡ya está . . . ! Cuídate, . . . y todo te irá bien.
A.: (. . .) Un abrazo, . . .

ACTIVIDADES INDIVIDUALES

I. Experiencias visuales

Privilegio de pocos ... que lo distingue entre muchos

☏☏☏ goza de más aceptación internacional que ninguna otra tarjeta.
Y con ☏☏☏... usted goza de la misma aceptación.
Le dará la bienvenida en más hoteles, tiendas, restaurantes...
en fin, en más de 5 millones de establecimientos alrededor del mundo
La #1 es bienvenida siempre. Para información llame a su banco.

☏☏☏ -- Todo lo que usted necesite

- -

Dinos: ¿Te vas de compras? Pues, ¿sabes qué están anunciando aquí? _____

_____ ¿Ya tienes este servicio? ¿O lo tiene algún miembro de

tu familia? _____

¿Qué ventajas (*advantages*) ofrece? _____

242

Un buen resultado . . . calculadoras de escritorio ♟♟♟♟♟

Las calculadoras de escritorio ♟♟♟♟ le brindarán resultados incalculables. Producidas para una operación constante de 8 o más horas diarias de trabajo. incorporan un diseño funcional de gran robustez, producto de la más avanzada tecnología y de los componentes de gran calidad empleados en su construcción. Por esto y mucho más, son la solución que usted desea.

COMPARE PRECIOS Y USTED SALDRA GANANDO

EL CALZADO COMODO Y LIGERO

son los 👞👟👞→

que darán mayor comodidad y flexibilidad a sus pies.

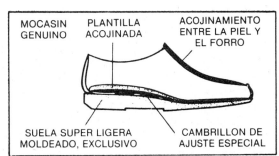

MOCASIN GENUINO   PLANTILLA ACOJINADA   ACOJINAMIENTO ENTRE LA PIEL Y EL FORRO

SUELA SUPER LIGERA MOLDEADO, EXCLUSIVO   CAMBRILLON DE AJUSTE ESPECIAL

Mañana lunes comienzan...

Las rebajas de "El Corte Inglés"

Con la moda que más nos gusta, todo para la casa, para el tiempo libre. . .Todo, todo está en rebajas. ¡Y a uno precios como nunca! ... El Corte Inglés. ¡Ni punto de comparacion!

Vestidos, faldas y blusas, abrigos de lana, zapatos, bolsas . Si no queda satisfecho, le devolveremos el dinero.

==

¿Podrás adivinar por el contexto el significado de las palabras siguientes?

calzado _____ cómodo, comodidad _____

ligero _____ rebajas _____ brindar _____

Ahora usa la imaginación y dinos:

¿Qué clase de tienda será El Corte Inglés? ¿Dónde estará? ¿Cómo te lo imaginarás?

_____

_____

¿Cuánto valdrá (*costs*) la calculadora que se anuncia? _____

¿Cuánto costarán esos zapatos? _____

II. Palabras en uso

A. De tiendas

1. ¿Puedes nombrar tres tipos de tiendas o comercios (*businesses*) relacionados con

la ropa? _____ ¿con la comida?

_____ ¿con servicios personales?

_____ ¿con artículos

caseros (de la casa)? _____

¿Sabes otra palabra para "farmacia"? _____

B. Lógica lingüística

valer • mostrar • vender • comprar • ofrecer • pagar • gastar

A base de estos verbos, dinos: ¿Qué significarán las palabras siguientes?

el valor de una cosa _____   una muestra (de un producto, etc.) _____

la venta y la compra (de una propiedad, etc.) _____

una máquina vendedora _____   una oferta extraordinaria

_____   un gasto excesivo _____   un pago inmediato

A propósito, ¿quién paga dinero -- el vendedor o el comprador? _____

¿Y quién lo recibe? _____

C. Inglés--español

¿Con qué palabras españolas se relacionan estas palabras en inglés?

costly _____   gain _____   regale _____   vendor

_____   value, valuable _____   demonstrate _____

secure, security _____   benefit, beneficial _____

III.   Ejercicios suplementarios

#52.   The future tense

Cambia según el elemento nuevo:

1. Yo se lo mandaré. (presentar, arreglar, dar, decir) _____

_____

2. ¿La suspenderás? (castigar, servir, descubrir, acompañar) _____

_____

3. Yo lo haré mañana. (Alvaro y yo, nuestro club, los otros, ¿Tú . . . ?) _____

_____

244

4. Los _diremos_ en seguida. (hacer, tener, saber, poner) _____

_____

5. ¿Irán _todos_? (vosotros, nosotros, Uds., Ud.) _____

_____

6. ¿No _sabrás_ hacerlo? (poder, querer, tener que) _____

_____

*53. Using the future tense to venture a guess

Contesta haciendo siempre una conjetura. Por ejemplo:

¿Qué hora _es_? -- _Será_ la una.   ¿Qué _desean_? -- _Desearán_ hablarte.

1. ¿Quién _es_ esa persona? -- _____ un amigo de Gloria.   2. ¿Qué _sirven_ para la

comida? _____ rosbif.   3. ¿Qué _traen_ en esa caja tan grande? --

_____ una nevera nueva.   4. ¿Cuánto dinero _gana_? -- _____

más de cien mil. 5. ¿Cuánto tiempo _toma_ el vuelo? --_____ menos de una

hora. 6. ¿En qué _piensa_ ese joven? -- _____ en su carrera.   7. ¿Lo

quieren los clientes? -- No lo _____ tanto como otras cosas. 8. ¿A

qué hora _vienen_ los invitados? _____ a las siete.

*54. Unequal comparisons and superlatives

Indica las conclusiones correctas, usando siempre comparativos o superlativos y "que" o "de". Por ejemplo:

1. Mi madre tiene cuarenta y cinco años, y mi padre tiene cuarenta y ocho. . . Mi

madre es _mayor que_ mi padre.   2. Esta casa tiene tres mil pies cúbicos. Aquélla

tendrá casi cinco mil. . . Aquélla es mucho _____ ésta.   3. Esta

lección contiene sólo diez ejercicios. La lección nueve ofrece casi veinte. . . La

lección nueve es _____ que ésta.   4. Mateo tiene ciento ochenta

centímetros de alto y pesa (_weighs_) noventa kilos. Nando tiene la misma altura que

Mateo pero pesa sólo setenta kilos. . . Nando es mucho _____

Mateo.   O en otras palabras, Mateo es mucho _____ Nando.

5. Carmen siempre sacaba "A" en sus cursos. No había nadie como ella . . . Sin duda,

Carmen era _____ estudiante _____ la escuela. 6. Yo, en cambio,

era todo lo contrario. Nunca sacaba notas buenas, y una vez me suspendieron en

todas mis materias (_subjects_). No me gusta admitirlo, pero yo era _____ de la clase.   7. Nuestra ciudad tiene casi quince millones de habitantes.   La segunda

ciudad más grande tiene sólo trece millones. . .   Nuestra ciudad es una de las _____

_____ mundo.   8. Los "Angeles" ganaron cien partidos (*games*) el

año pasado.   Ningún otro equipo ganó tantos. . .   Seguramente, los "Angeles" son los

_____ jugadores _____ la Liga.

*55. The future perfect tense

Conversaciones al instante: Contesta según las indicaciones.

1. ¿Uds. habrán regresado para el 26? --En realidad, _____

mucho antes.   2. ¿Se habrá graduado ya Charo? --Sí, _____

en junio.   3. ¿Habrán recibido la información por teléfono?-- No, _____

_____ por fax.   4. ¿Quién habrá dejado una cartera con tanto dinero?

--La _____ algún millonario.   5. ¿Lo habréis acabado para

mañana. -- Sí, con un poco de suerte, _____ 6. Si no

lo compro hoy, ¿habré perdido la ganga? -- No, no _____

hasta el fin de la semana.   7. ¿Este coche habrá chocado con un camión? -- No.

¡_____ con un tanque!   8. ¡Dios mío! ¿Quién le habrá dicho

tal (*such a*) cosa? -- _____ algún vecino suyo.

IV.   Composición creativa

1. Visita a una tienda

¿Has ido de compras últimamente?   Pues, ¿puedes describirnos exactamente qué
pasó -- a qué tienda fuiste, qué estabas buscando, quién te atendió, y qué acabaste
comprando?

2.   Campaña publicitaria

Imagínate que tú eres director(a) de publicidad de una tienda importante de tu
ciudad.   Se acercan las vacaciones de verano -- o las fiestas de Navidad.   ¿Qué
campaña publicitaria lanzas en los periódicos o en la televisión? ¿Qué gangas
ofreces?   ¿Qué más ofreces para atraer al público?

LECCION DIECISIETE: Los negocios (Business)

(*Ruidos de una oficina. Máquinas de escribir, teléfonos, computadoras.*)
"Buenas tardes, Solana y Compañía. . Lo siento, pero su línea está ocupada."

B.: (. . .) ¿ . . . ? _____ Oyeme, ¿te importa . . . ?_____ Espera,
voy a cerrar . . . Así será mejor. (. . .) Como ves, hoy estamos. . . , y yo pensé . .

R.: "Nosotros". . .   La idea . . .

B.: (. . .) Pues nosotros pensamos que para aprender. . . , sería más conveniente aquí.
Dime, ¿te gustaría? _____

R.: A mí me encantaría. (. . .)

Bienvenidos al mundo de los negocios

Déjame presentar a algunos de sus habitantes. Y por favor, escribe el **número**
correcto debajo de cada ilustración.

Voces: " . . . gusto."
B.: ¿ . . . ? Ya los conoces. . . (. . .)

¿Banco, fábrica o correos?

Aquí tenemos tres categorías. . .   Escucha bien y dinos siempre a cuál corresponde
cada una de las cosas siguientes. Por ejemplo:

1. una planta industrial _____//

2. . . . y paquetes _____// (Sigue ahora sin nuestra ayuda.)

3. . . . y retirar dinero _____   4. (. . .) _____

5. (. . .) _____   6. (. . .) _____

7. prés . . . _____   8. (. . .) _____

9. tarjetas. . . _____

B.: (. . .) Con tanto. . . , ya podrás funcionar de (*as a*) negociante . . .

R.: Casi. Y con un poco más . . .

Uso activo

*56-57. El "condicional" (o "modo potencial") *"I would . . . Would you?"*

¿Recuerdas?:

daré, darás, dará//   *I will give, you will...*

Pues observa . . . :

daría, darías, daría//   *I would give, you would give, etc.*
daríamos, daríais, darían//

Dice que me lo dará.//   *He says that he will give it to me.*
Dijo que me lo daría.//   *He said that he would give it to me.*

sería, serías, _____//   *I would be, you would be . . .*

**seríamos, seríais, _____//*

¿Quiénes serán esas personas?//   *I wonder who those people are.*
¿Quiénes serían?//   *I wonder who they were.*

•**Los verbos que son irregulares en el tiempo futuro son irregulares en el "condicional" también.**

vendré//   *I will come*   **vendría//**   *I would come*
tendré//   *I will have*   **tendría//**   *I would have*

Continúa:

saldré//   *I will go out, leave*   _____ *I would go out*

pondré//   *I will put*   _____ *I would put*

sabré//   *I will know*   _____ *I would know*

haré// *I will do, I will make*   _____ *I would do, I would make . . .*

¿Qué harían Uds. en ese caso?//   *What would you do in that case?*
--No diríamos nada.//   *--We wouldn't say anything.*

B.: (. . .)

Mini-conversaciones

Complétalas respondiendo siempre con el "condicional" del mismo verbo.

1. ¿Le llamará Ud.? -- No sé. ¿Ud. *le llamaría* ? (*Would you call him?*) Tal vez se enojaría.//

2. Yo no lo haré. -- Yo sí _____ // (*I would do it.*) Me sentiría obligado.//

3. Créanme. Les gustará a Uds. verlo. -- ¿Cómo nos _____ ahora? // Si nunca nos ha gustado.//

4. Creo que Emilia se casará secretamente. --Ay, hija. Tú no _____ así, ¿verdad?// Jamás te perdonaríamos.//   (. . .)

248

5. Julián dice que no me <u>cobrará</u> nada. -- Él dijo que no _____ a mí. // ¡Y me cobró bastante (*quite a lot*)!//

6. Prometo que les <u>pagaré</u>.-- Ud. prometió hace meses que nos _____.// Y no hemos visto ni un centavo.//

7. ¿Crees que <u>podremos</u> hacerlo? -- Yo creía que _____.// Pero ahora será imposible.// (. . .)

Situaciones

Dinos siempre: ¿qué harías tú?

1. . . . te invitaron . . . No sabiendo que estabas a dieta, te prepararon . . . ¿ . . . ?

¿ . . . o les dirías que no podías? <u>Yo</u> _____ (. . . No querría. . .)

2. Estando en el metro . . . , tú encontraste a . . . que estaba perdido. ¿ . . . ? ¿Lo

ayudarías . . . o seguirías tu camino (*go on your way*)? _____

3. Tú encontraste una cartera en la calle, con . . . del dueño, y un boleto de . . . Al día

siguiente, descubriste que ese boleto valía . . . Dime: ¿Lo devolverías a su dueño, o

reclamarías el dinero para ti? _____

4. Un gángster notorio ha matado a . . . , ¡y tú viste el homicidio! Te gustaría denunciar

(*report*) el crimen, pero tienes miedo . . .   Dime: ¿Irías a la policía, o callarías

(*remain silent*)? _____

B.: A veces las cosas . . .
R.: En la vida, sí. En este . . .   Tomemos, por ejemplo. . .

#58. El condicional perfecto *I would have gone.` .`"*

Como siempre, observa y repite:

--A mí no me importaría el peligro.//   *I wouldn't care about the danger.*
  Yo <u>habría ido.</u>//   *I would have gone.*

--Ay, no.// <u>Habrías muerto.</u>//   *Oh, no. You would have died.*
  <u>Habría sido</u> una catástrofe.//   *It would have been a disaster.*
  Jamás te <u>habríamos encontrado.</u>//   *We never would have found you.*

R.: ¡Con calma (*take it easy*),. . . !
B.: ¿ . . . ? _____ Pues vamos a pasar . . .

Dilemas de negocios

Dinos siempre tus opiniones

1. Nuestra compañía estaba buscando un nuevo gerente. El mejor candidato era Juan

García, pero . . . sesenta años de edad ya. . . ¿Tú lo habrías empleado o habrías

preferido . . . menor (*younger*)? _____

249

2. Uno de los productos de Martínez y Compañía era defectuoso, pero sólo los dueños de la fábrica lo sabían. . . ¿Tú lo habrías retirado del mercado o lo habrías vendido. _____ _____ (. . .) . . . , ¿la mayor parte de los fabricantes lo habrían . . . ? _____ (. . .

3. Nosotros recibimos una carta de . . . , diciendo que ya no estaba satisfecho con . . . ¿Qué habrían hecho Uds.? ¿Le . . . por correo, o le . . . ? (Nosotros) _____ _____ // (De eso no hay duda.)

4. Un empleado de nuestra firma, . . . de treinta años de edad, heredó (*inherited*) . . . En seguida dejó su trabajo y se retiró . . .   ¿Uds. habrían hecho la misma cosa, o habrían seguido . . .? (Nosotros) _____ (. . .)

B.: La verdad, , . . . nosotros debemos seguir . . .
R.: Pero . . . no es ningún trabajo. (. . .)

#59. "*una corbata de seda, una cancha de tenis*" (*a silk tie, a tennis court*) . . .

Muy frecuentemente, el inglés emplea un nombre (*noun*) en lugar de un adjetivo. El español simplemente convierte ese nombre en una frase con "de . . .". Observa:

(made of . . .)

una casa de ladrillos//	*a brick house*
una camisa de algodón//	*a cotton shirt*
un reloj de oro//	*a gold watch*
una caja de cartón//	*a cardboard box*

(for the purpose of)

un club de campo//	*a country club*
un partido de tenis//	*a tennis match*
un libro de cocina//	*a cook book*
un equipo de básquetbol//	*a basketball team*

Preferencias

Primero, mira las ilustraciones, y repite:

madera//   **oro//**   **lana//**   **tela//**

Ahora dinos tus preferencias:

1. Estás planeando una . . . de cumpleaños . . .   ¿Usarías platos dé porcelana o . . . ?

_____ ¿. . . servilletas de tela o . . . ? _____

A propósito, como regalo de compromiso (_engagement_), ¿te parece más bonito un

anillo . . . o de diamantes? _____

2. ¿. . . de algodón o . . . ? _____

¿ . . . o de pieles (_fur_)? _____

3. Imagina . . . que puedes tener . . . de vacaciones. ¿Escogerías (_Would you choose_)

. . . ? _____ ¿Sería . . . de

campo de playa (_beach_)? _____

¿. . . de ladrillos o. . . ? _____

B.:   (. . .) Y todavía nos queda . . . Oye, . . . te gustaría ver lo que pasa en . . . ? _____
      (. . .)

Cuento: "Solana y Compañía . ."

Recepcionista: (_al teléfono_) " (. . .) Sí, señor, le comunico
en seguida ."   Señor Solana, el señor Lavalle le espera en
la extensión . . .   "(. . .) Ah, Elenita Espera . . . El otro
teléfono está sonando. (. . .) Un momento, . . . La línea
está ocupada . . Elena, llámame . . .   El jefe me está
<u>vigilando</u> . (. . .)"   _watching_

• • •

Sr. Solana: "Sí, al habla. . . Pero Ernesto, . . . , ¿qué <u>pedido</u>? . . .   _order_
¿Hace tres meses? . . . ¿En . . . ? . . . No puede ser . . . Ah,
favor, no digas eso. . . ¿Estás seguro de que nos lo hayan
mandado?. . .   Pues no lo hemos recibido. Créeme, yo lo
habría atendido . . .   ¡Qué va, hombre! ¡ . . . !"

(_Aparte_)   Elvira, pásame la carpeta del señor Lavalle,
¿está bien? . . . (. . .)

(_Otra vez al teléfono_) "Ahora déjame ver. Septiembre . . .
12 . . . 16 . . . Octubre . . .8 . . . 24 . . . Noviembre . .

(_Aparte_) ¡ . . . ! ¡Aquí está el pedido! ¿Por qué no me lo
mostraron?

Secretaria: No sé, señor. Yo pensé. .

Sr. S.: (_al teléfono_) No, Ernesto, no hay nada. <u>He revisado</u>   _I've checked_
toda tu <u>carpeta</u>. Se habrá perdido en el correo. Ahora
dime, ¿qué es exactamente <u>lo que</u> nos pedían? . . .
Bueno . . .   Exacto . . . Hoy mismo. Adiós.
Y mil perdones, ¿eh?

(_Cuelga el teléfono._)   Elvira, pídele al señor Montero
que venga en seguida a mi oficina.

• • •

251

Recep.: "Solana y Compañía. . . ¡Miguel!   ¡Qué gusto de oír tu
           voz!   Pensé que te habías olvidado de mí . . . Ah, no . .
           ¿Sí? ¿De veras? . . Espera, ¿. . .? . . . Solana y . . .
           Un momentito, por favor . . . Oye, Miguel. . ."

                            ● ● ●

Sr. Montero: ¿Ud. deseaba verme, Sr. Solana?

Sr. S.:   Eso sí.   Sr. Montero, ¿entiendo . . . que Ud. está
          <u>encargado</u> de todos los pedidos . . . ?   *in charge*

Sr. M: Entiende bien, . . .

Sr. S.:   ¿Y Ud. recibe por su trabajo un <u>sueldo</u> . . . ?   *salary*

Sr. M.:   (. . .) Muy generoso.

Sr. S.:   (*furioso*) Entonces, Sr. Montero, ¿me puede Ud.
          explicar por qué descuidó . . . el pedido de nuestro
          mejor cliente, Ernesto Lavalle y Compañía?

Sr. M.:   Pero Sr. Solana, déjeme explicar.

Sr. S.:   ¡No hay explicación que valga! Sr. Montero, . . .

                            ● ● ●

Recep.: " Oyeme, Miguel. No te puedo . . . El jefe está <u>rabiando</u>.   *raving mad*
           Ven a verme pronto, ¿eh? . . .¿Esta . . .? ¡ . . .! Un
           <u>beso</u> . . Chao . . ." ¡Ay, qué día más feliz! "Solana . . ."   *kiss*

R.:: Ahh. ¿Ya ves? Para . . . , ha sido fantástico el día. . Para otra, ¡ . . . un desastre!

B: ¡Pobre . . . ! Pues déjame hacerte algunas preguntas. . .   Y esta vez, contesta por escrito.

Ejercicio escrito

1. En tu opinión, ¿ . . . de estar enojado . . .? _____

   _____

2. ¿ . . . descuidó . . . de Lavalle? _____

   _____

3. ¿Qué habrías hecho . . . ? ¿ . . . despedido (*fired*) a Montero o . . . ? _____

   _____ (. . .)

4. ¿Qué piensas . . . ? ¿ . . .? _____

B.: ¿ . . .? Hay tantas otras cosas que nos gustaría preguntarte, pero . . . Así que, un fuerte
     . . .

R.: Y . . . Fuiste . . . , ¿sabes?

252

I. **Experiencias visuales**

A. ¿Quieres servicio telelefónico en tu casa en Puerto Rico? Pues suple esta información.

INFORMACION DE REFERENCIA

FIRMA DONDE TRABAJA	PROFESION U OCUPACION	TELEFONO

TIEMPO EN EMPLEO	JEFE INMEDIATO	TELEFONO

SEGURO SOCIAL	LICENCIA DE CONDUCIR	ESTADO CIVIL

NOMBRE DE LA ESPOSA (O) O FAMILIAR MAS CERCANO	FIRMA DONDE TRABAJA

TELEFONO DEL EMPLEO	RESIDENCIA
	☐ PROPIEDAD ☐ ALQUILADA

NOMBRE Y DIRECCION DEL PROPIETARIO (SI ALQUILADA)

DIRECCION DE SU RESIDENCIA ANTERIOR

INDIQUE SI TENIA TELEFONO ANTERIORMENTE	INDIQUE EQUIPO TELEFONICO EN SU PODER
☐ NO ☐ SI NUM. _____	☐ NO ☐ SI

OTROS TELEFONOS PAGADOS POR USTED	SOLICITANTE SERVICIO DE NEGOCIO
	☐ PROPIO ☐ CORPORACION ☐ SOCIEDAD

NOMBRE Y DIRECCION DE DOS (2) PERSONAS O COMPAÑIAS RECONOCIDAS QUE PUEDAN DAR REFERENCIA DE CREDITO DE USTED Y NUMERO DE CUENTA. 1)	DIRECCION RESIDENCIAL
2)	TEL.
	BANCO QUE MANEJA SU CUENTA
PARA SOCIEDAD O CORPORACION DE NOMBRE, TITULO Y DIRECCION DE ASOCIADOS Y OFICIALES 1)	SUCURSAL
	NUMERO DE CUENTA ☐ AHORRO ☐ CHEQUES
2)	FIRMA SOLICITANTE
CONTRATO	NOMBRE EN LETRA DE MOLDE / FECHA

EL QUE SUSCRIBE SOLICITA DE LA P.R.T.C. EL SERVICIO TELEFONICO ARRIBA DEFINIDO Y CONVIENE EN ACEPTAR LOS TERMINOS Y CONDICIONES REFERENTES A SU USO Y PROPIEDAD, AL PAGO MENSUAL POR EL MISMO, ASI COMO POR OTROS SERVICIOS QUE POSTERIORMENTE SOLICITE VERBALMENTE O POR ESCRITO, SEGUN APARECE CONTENIDO EN EL REGLAMENTO TARIFARIO DE LA P.R.T.C., APROBADO POR LA JUNTA DE GOBIERNO DE LA AUTORIDAD DE TELEFONOS LOS CUALES, TERMINOS Y CONDICIONES SE INCORPORAN A ESTE CONTRATO POR REFERENCIA COMO PARTE DEL MISMO. EL PAGO DEL CARGO POR UNA INSTALACION NO LE CONCEDE AL ABONADO DERECHO DE PROPIEDAD TOTAL O PARCIAL SOBRE LA PROPIEDAD INSTALADA.

B. Ahora imagina que estás solicitando algún puesto. Decide cuál te interesaría, dínoslo, y después llena la Solicitud de Empleo en la página 254.

SOLICITUD DE EMPLEO

Indique el Trabajo que solicita	
1ra. Elección	
2nda. Elección	
3ra. Elección	
Núm. Seguro Social	
Su Teléfono, o Teléfono más cercano	
Salario por Hora esperado	por hora
Sueldo Inicial	por año
Referido por:	

Nombre Completo

Letra de Molde

Nombre	Apellidos

Dirección

Calle y Núm.	Ciudad	Zona	Estado

Soltero	Fecha de Nacimiento	
Casado	Sitio de Nacimiento	
Viudo	Es ciudadano de E.U.? Sí No	
Divor- ciado	Explique Breve:	
Separado	Visa Temporero Sí	
Núm. de Depend.	Extranjero Sí	
	Esperando Ciudadanía Sí	
	Extranjero	
	Cambio Personal Sí	

¿Parece Ud. de alguna dolencia crónica o tiene defecto en oir, ver o alguna parte del cuerpo? Explique

Clasificación Servicio Selectivo:		
Clasificación en Reserva:		

¿Está Ud. bajo tratamiento médico en la actualidad? ¿Tratado por? Nombre del Doctor

Nombre de esposa y/o esposo

¿Dónde trabaja?

En el espacio indicado abajo mencione los últimos 10 años de trabajo, incluya experiencia en el Ejército o la Marina

DE		A		Nombre y Dirección del Patrono	Posición y Supervisor	Razón para dejar el trabajo
Mes	Año	Mes	Año			
				Nombre	Clase de trabajo	$
				Dirección	Nombre del Supervisor	Por
				Nombre	Clase de trabajo	$
				Dirección	Nombre del Supervisor	Por
				Nombre	Clase de trabajo	$
				Dirección	Nombre del Supervisor	Por
				Nombre	Clase de trabajo	$
				Dirección	Nombre del Supervisor	Por

II. Palabras en uso

A. ¡Es lo mismo! : Busca en el Grupo 2 sinónimos para cada expresión del Grupo 1.

1.

puesto _____

jefe _____

dueña _____

fábrica _____

fabricación _____

trabajador _____

hombre o mujer de negocios _____

mecanógrafa-estenógrafa _____

2.

comerciante • manufactura •
empleo • patrón • oficinista •
propietaria • obrero • planta

B. Extensiones

¿Conoces estas palabras? : fábrica, destino, sello, mecanógrafa, pagar, remitir

Pues dinos entonces: 1. ¿Qué es un "fabricante"? -- alguien que trabaja en una

fábrica o un manufacturero? _____ 2. ¿Qué clase de trabajo

busca una persona que es experta en "mecanografía"? _____

3. ¿Si el "destino" de una carta es el lugar adonde se dirige, ¿el destinatario es la

persona que la manda o que la recibe? _____

_____ Entonces, ¿quién es el "remitente"? _____

_____ 4. ¿Qué hacemos si "sellamos" una carta o un paquete?

_____ 5. En una transacción bancaria o comercial,

¿qué es "un pagaré"? (Pista: Se relaciona con el dinero prestado.) _____

III. Ejercicios suplementarios

#56 The conditional

Frases en serie: Cambia según el elemento nuevo:

1. ¿Qué haría Ud. en esa situación?

¿_____ tú _____?

¿_____ (decir)

¿_____ nosotros_____?

¿_____ ? (valer)

255

2. ¿Les gustaría un apartamento hermoso?

   ¿_____ unos muebles _____ ?

   ¿Te _____ ?

   ¿_____ ? (interesar)

   A nosotros _____

3. Yo atendería mejor a los clientes.

   _____ (servir)

   Nosotros _____

   _____ (escucharles)

   ¿Vosotras _____ ?

4. ¿Los trabajadores cerrarían esa fábrica?

   ¿_____ (salir de)

   ¿ Tú _____

   ¿_____ (volver a)

   ¿_____ (querer trabajar en)

5. ¿No dijo Ud. que me los echaría al correo?

   ¿_____ buzón?

   ¿___ dijiste _____ ?

   ¿___ prometieron _____ ?

   ¿_____ ?(mandar por correo aéreo)

#57. The conditional to make a guess

Probablemente . . .

Responde expresando conjetura o probabilidad.   Por ejemplo:

¿Quién era? -- _Sería_ el propietario.   ¿Qué edad tenía? _Tendría_ cuarenta años.

1. ¿Cuánto pagaban a los obreros? -- _____ diez mil pesos diarios.

2. ¿Adónde llevaron el paquete? -- Lo _____ a Correos.

3. ¿Tú pasaste esta carta a máquina? -- No, la mecanógrafa _____

4. ¿Quién hizo las cuentas? -- El tenedor de libros _____

5. ¿La computadora no funcionaba? -- Sí, pero _____ mal.

6. ¿Quién les prestó tanto dinero? -- El banco se lo _____

#58. The future perfect

Contesta según las indicaciones:

1. ¿Se lo habría prestado Ud.? -- No, _____ jamás. El

hombre es irresponsable.   2. ¿Las habrías invitado tú? -- Con el mayor gusto _____

_____ Pero no habrían venido.   3. ¿Vosotros habríais peleado

por una cosa tan pequeña? -- Claro que no _____

_____ ¡Nos habríamos matado!   4. ¿Habrían ido Uds. al gerente? --No,

_____ al dueño mismo. Y nos habríamos quejado de él.   5. ¿Tú

habrías comprado una máquina de escribir tan grande? --No, _____

_____ más pequeña y portátil.   6. ¿Me habrían empleado en esa oficina?

No, _____ porque no sabías usar la computadora. 7. ¿Tú

habrías trabajado con él? --¡Dios mío! ¡Antes _____

(*I'd rather . . .*) con el demonio!

#59. The English double noun: *a steel beam, a summer house, etc.*

Asociaciones

¿Con qué deportes asocias cada una de estas cosas? Úsalas en pequeñas frases. Por
ejemplo: **un partido de béisbol**, etc.

una raqueta _____

un encuentro _____

un partido _____

una pelota _____

un campo _____

un bate _____   una cancha (*court*) _____

**béisbol • fútbol • tenis • boxeo
• básquetbol (baloncesto) •
lucha libre** (*wrestling*)

IV. Composición creativa

Imagínate:

1. Tú eras la persona más rica del mundo. ¿Cómo sería tu vida?

2. Tú naciste en el año 1800. ¿Cómo habría sido tu vida?

3. Tú tuviste la oportunidad de hacer tres contribuciones grandes al mundo. ¿Qué
habrías hecho?

Descríbenoslo todo. . .

LECCION DIECIOCHO : ¡A disfrutar!

G.: ¿ . . . ? _____ ¿ . . . ?

P.: (. . .) Esta tarde no tengo ningún . . . , y . . . ¡No puedo esperar!

G.: ¿ . . . irás?

P.: No me he decidido . . . ¿Uds. me podrían . . . ?

G.: Pues, a ver. Dime . . . , ¿tú has visto . . . la cartelera (*entertainment listings*) ?

_____

_____ Pues no importa. Aquí . . .   Di conmigo:

el cine // la ópera // un drama // una obra de teatro // una comedia musical//

P.: Pero . . . , ésas eran las funciones de ayer. Sólo las cosas ilustradas son para . . .

Cartelera   (Escribe bajo la ilustración correcta.)

_____   _____

_____   _____   _____

Vamos a hacerte algunas preguntas ahora, Pati. Y por un proceso de eliminación, sabremos adónde recomendarte que vayas.

1. ¿Te gusta ir . . . ? -- (. . .)

2. ¿Te importa que haya . . .? -- (. . .)

3. ¿Quieres que sea . . . ? -- (. . .)

4. ¿ . . . o asistir (*attend*) como . . . ?-- (. . .)

5. ¿Te molestaría si hubiera (*if there were*) . . . ? -- (. . .)

6. ¿ . . . que figuren grandes astros . . . ? -- (. . .)

7. ¿ . . . espectáculo deportivo? -- (. . .)

¿Adónde recomiendas que Pati vaya? _____

P.: (. . .) Iré. Entre todos esos lugares, ¿adónde te gustaría . . . ? _____

P.: Bien. Y ahora, si pudiéramos hacer . . .

G.: Rapidísimamente. Primero, vamos a . . . y entonación.   Una cosa . . .

P.: Digámosla juntos, ¿está bien?

Diálogo de amor

--¿Qué hay esta noche? //

--Voy a ver // Hay una película nueva en el Cine Rey. //

--¿Sólo una? //

--Y una obra muy buena en el Teatro Colón. //

--¿Es un drama o una comedia? //

--Un drama, muy fuerte. //

--No sé si estoy de humor. //

--Pues hay concierto en el Salón Clásico. // Y función de variedades en el Fénix. //

--¡Uf!

--Y . . espera.// Hay una comedia musical en el Teatro Joya,// con dos estrellas importantes. //

--Creo que no. // Saldríamos muy tarde. //

--Hay béisbol en el Estadio Azteca. //

-- ¿Ah? //

--Y partido de fútbol en el Nacional. // ¿Quieres que vayamos? //

--¿Para qué, mi amor? // Si tú eres mi música y mi teatro, // y mi deporte y mi estrella. //

--Te adoro, ¿sabes? //

--No.// Dímelo otra vez //

P.: Ah, eso me gustó. ¿ . . .? Ya no tengo prisa . . .

G.: Pues, ¿qué dices . . .?

P.: Cualquier cosa. (*Anything at all.*)

G.: ¿Aun (*Even* . . .)?

P.: Aun . . .

Uso activo

#60.   El imperfecto de subjuntivo.

¿Cómo lo formamos? Muy fácilmente... Si tomamos la tercera persona plural del pretérito, ¡ya tenemos la base del imperfecto de subjuntivo! (. . .)

Lo compraron.//	They bought it.
Me sorprende// que lo <u>compraran</u>.//	I'm surprised that they bought it!
¿La vieron?//	They saw her?
¿Era posible que la <u>vieran</u>?//	Was it possible that they saw her?

259

Ésta es la base del imperfecto de subjuntivo ¡los verbos regulares o irregulares. ¡No hay ninguna excepción!

(3rd plural preterite ---> imperfect subjunctive)

amar// amaron//   amara, amaras, amara//
                             amáramos//amarais// amaran

perder// perdieron//   perdiera, perdiera, perdiera//
                             perdiéramos, perdierais// _____ (. . .)

        (tener) tuvieron//   tuviera, tuvieras, tuviera//
        (decir) dijeron//   dijera, dijeras, dijera//

Digamos ahora solamente la forma de "yo":

(pedir) pidieron _pidiera_ //   (morir) murieron _____ //

(ir, ser) fueron _____ // Ahora, sin nuestra ayuda:

(dar) dieron _____   (venir) vinieron _____

(traer) trajeron _____ //   (poder) pudieron _____

(querer) quisieron _____   (saber) supieron _____

#61. ¿Cuándo usamos el imperfecto de subjuntivo?

Observa bien:

Era Juan.//   It was John.
Dudo que fuera Juan.//   I doubt that it was John.

Me lo dijeron.//   They told me.
Quería que me lo dijeran.//   I wanted them to tell me.

Lo supimos tarde.//   We found out too late.
Lástima que lo supiéramos tarde.//   It's a pity we found out too late.

Frases paralelas --y algo más

Repite, cambia, y después contesta:

1. Te dije que no lo comparas. (I told you not to . . .)

_____ // (mover)

_____ hicieras.// (hacer)

¿Seguiste mis consejos (advice) ? _____// (¡ . . . !)

2. Querían que viajáramos con ellos.// (They wanted us to . . .)

_____ // (ir--"fueron"))

_____ // (estar--"estuvieron")

Entonces, ¿les gustaba . . . ? _____ (. . .)

3. No es verdad que yo se lo <u>quitara</u>.// (. . . *that I took it from them.*)

_____// (decir--"dijeron")

_____// (poner--"pusieron")

¿ . . . o culpable (*guilty*) . . . ? _____// (. . .)

Observa cómo usamos el imperfecto de subjuntivo después de "Si . . ." para indicar que algo <u>no es así!</u> (*If it were so -- but it isn't!*)

Si llueve, // no iremos.//

Si <u>lloviera</u>.// no iríamos.//

Si tengo tiempo,// los ayudaré.//

Si <u>tuviera</u> tiempo.// los ayudaría.//

—**Si yo <u>fuera</u> Ud..// no lo haría.//**

If it rains (suppose it does), we won't go.

If it were raining (but it's not!), we wouldn't go.

If I have time (maybe I will), I'll help them.

If I had time (but I don't!), I would help them.

If I were you (but I'm not!), I wouldn't do it.

P.: ¿ . . . ? _____ Pues a ver si . . .

Mini-conversaciones

Como siempre, escucha, y contesta:

1. --Era lástima que nuestro regalo les llegara . . .
   --¿No te lo dije? Si los mandáramos siempre . . . , no habría problema.

   Contesta: a. ¿Qué lamentábamos? _____

   _____ // b. Cómo podrían . . . esos paquetes? _____

   _____//

P.: Ésta . . . que tuve con mi jefe . . .

2. -- . . . , yo le pedí que . . . con Germán González. ¿Por qué no lo hizo?
   --No pude, señor. Créame, si su número estuviera . . . , lo habría contactado . . .

   Dinos otra vez: a. ¿ . . . quería el jefe que Pati . . . ? _____

   _____ b. ¿Quería que lo contactara por

   correo o . . . ? _____ c. ¿Cuál habría

   sido la única manera . . . ? *Si su número* _____

P.: . . . que todo el mundo debe . . .

G.: . . . , si todo el mundo hiciera lo que debía . .

P.: . . . , si nosotros hiciéramos . . . lo que debíamos . . . , ¡pasaríamos en seguida al pluscuamperfecto (*past perfect*) de . . .

G.: ¿ . . . ? . . . , no uses esa palabra. Di simplemente:

#62. **"Si yo hubiera sabido...** _(If I had known—but I didn't!)_

¡No tengas miedo! El pluscuamperfecto de subjuntivo es menos difícil que su nombre! Digamos juntos:

(imperfect subj. of _haber_   +   past participle)

hubiera, hubieras, hubiera//   **hablado, visto**

hubiéramos// hubierais// _____//   **ido, etc.**

Si yo <u>hubiera hablado</u> con ellos,//   _If I could have spoken with them,_
habría sido mejor.//   _it would have been better._

Y si los <u>hubieras visto</u>.// ¡Lástima que   _And if you had seen them. Too bad_
<u>se hubieran ido</u> ya.   _they had already gone._

(. . .)

Un poco de lógica

Responde siempre "Lógico" o "Ilógico"

1. "Ésa fue la voz de Plácido Domingo, cantando . . . Hasta la próxima vez, . . ."

   --¡Caramba! Si hubiéramos escuchado. . . , habríamos oído . . . ¿ . . .?

   _____

2. "Y ahora, las noticias deportivas. 'Los Cuervos' vencieron hoy a 'Los Boliches' por. . . , quitándoles así la supremacía en la Liga Nacional . . ."

   --Entonces si . . . hubieran ganado hoy, estarían . . . lugar. ¿ . . .? _____

3. --Me sorprendió que una película . . . hubiera sido tan bien recibida . . .

   --Sí. Con . . . , tal vez habría sido . . . ¿ . . .? _____

4. --Si me hubieras dicho que ibas . . . , yo habría asistido . . .

   --Lo siento. Yo no sabía . . . ¿ . . .? _____

5. -- ¿Cristina sabe lo que ha pasado?

   -- No. Si nos hubiera dado su dirección (_address_), le habríamos . . ." ¿ . . .?

   _____ (. . .)

P.: En fin, ya que (_now that_) hemos estudiado todos los tiempos del subjuntivo, sólo

#64. **¿Qué tiempo del subjuntivo usamos?**

Una vez más, repitamos:

No creo que <u>vayan</u>.//   _I don't think <u>they're going</u>._

No creo que <u>hayan ido</u>. //   _I don't think <u>they have gone</u>._

No creo que <u>fueran</u>. //   _I don't think <u>they went</u>._

P.: Es lógico, ¿verdad? (. . .)

Quiere que lo veas. //   *He wants you to see it.*

 Quería que lo <u>vieras</u>. //   *He <u>wanted</u> you to see it.*

Si nos lo <u>pidiera</u>, // se lo daríamos. //   *<u>If he asked</u> us for it, we'd give it*
                                                      to him.

Si nos lo <u>hubiera pedido</u>, // se lo   *<u>If he had asked</u> us for it, we would*
habríamos dado. //   *have given it to him.*

G.: No más. Sólo . . . ,

Contextos

Por favor, repite, y después responde:

1. Dudo que Marcos esté aquí. //

   _____ (volver) // Dijo que se iba para

   siempre.//

2. No creo que hayas ganado. //

   _____ que nosotros _____// Jamás hemos tenido

   suerte para eso.//

3. No queríamos que lo supieran. //

   ¡Ojalá que no _____ ! Habría sido mejor para todos.//

4. Esperamos que lo hagan. //

   Esperábamos_____// Pero dijeron que no.//

5. Mamá quiere que la llaméis. //

   Mamá quería _____ // Ya sabes cómo ella se

   preocupa.//

6. Si lloviera, no iríamos //

   _____ // (nevar) No nos gusta el frío.//

7. Si hubiera llovido, // no habríamos ido. //

   _____ (nevar) Habría sido muy

   peligroso.//

P.: . . . , nos queda sólo . . . -- ¡el último, del último día!

263

Ejercicio escrito

Como siempe, escucha bien, piensa un poco, y dinos:

1. a. Si tú pudieras . . . , ¿quién . . . ? _____

_____ b. ¿ . . . ? _____

_____

2. Si fuera posible . . . , ¿ . . . ? _____

_____

3. Si no te hubieran aceptado . . . , ¿ . . . habrías ido? _____

_____

4. Si no . . . , ¿qué harías? _____

P.: (. . .) Lástima que no podamos . . .

G.: (. . .) Pero es hora ya . . .   Mil gracias . . .

ACTIVIDADES INDIVIDUALES

I. Experiencias visuales

Aquí estás en España con toda tu familia, leyendo La Gaceta de Málaga. Y tus padres te han pedido que selecciones cinco películas u otros espectáculos que te parezcan apropiados para los diversos miembros de la familia --iincluso los niños! A base de la Cartelera en la página a la derecha, ¿cuáles escogerías? Indica también a qué horas les recomendaría que fueran.

_____

_____

_____

_____

_____

A propósito, ¿qué significarán en estos contextos?: Autorizada para todos los públicos

_____ Pases de película _____ Venta de

localidades en las taquillas del teatro _____

(Pista: ¿Qué cosas se venden allí?) _____

Y una cosa más: Si un "pato" es una clase de pájaro que nada (swims) en el agua, ¿qué

significará en inglés "El patito feo"? _____ ¿Será para adultos o

para menores de edad esa película? _____ Y si esa película

es de "cortometraje", ¿ocupa más o menos de una hora? _____

Cartelera

Calle Córdoba. Teléfono: 21 34 12. Pases de película:4.30, 6.30, 8.30 y 10.30 noche. ¿Adivina quién viene otra vez a Málaga a salvar el mundo?. **Cazafantasma II**. Bill Murray, Dan Aykraya. Autorizada.

Pases: 4.45, 6.45, 8.45 y 10.45 noche. El crimen se cometió en presencia de ellos, pero uno es sordo y no lo vió y el otro es ciego y no lo oyó. ¿Cómo pódrán demostrar su inocencia?. **No me chilles que no te veo**.Gene Wilder, Richard Pryer. Autorizada.

Pases:4.30, 6.15,8 y 9.30 noche. Walt Disney presenta una flamante película inspirada en la clásica novela de Charles Dickens **Oliver y su pandilla**. Acompañada del complemento **El patito feo** Autorizada.

Avenida de las Américas. Pases: 11.15, 1.15, 3.15. 5.15, 7.15, 9.15 y 11.15 noche. Ben Cross y Stefania Sandrelli.**Atracción Letal**.18 años.

Pases: 11, 1.30, 4, 6.15, 8.30 y 10.45 noche. Steve Martin, Mari Steenburgen. Director: Ron Howard. Después de «Splast», «Cocoon» y «Wi-

llow», Ron Howard trae una película que trata un tema universal. **Dulce hogar... ¡A veces!**. Autorizada.

Pases de película: 11, 1.30, 4, 6.15, 8.30 y 10.45 noche. **Socios y sabuesos**. Con la atracción especial del cortometraje: **Goofy y Wilbur**.

Pases de película: 11, 11.30, 4, 6.15, 8.30, y 10.45 noche. **Black Rain**.

Pases de películas: 11, 1.30, 4, 6.15, 8.30 y 10.45 noche. Steven Spielberg presenta. **Regreso al futuro II**.Autorizada.

Pases de película: 11, 1.30, 4, 6.15, 8.30 y 10.45 noche. **Gran bola de fuego**.Autorizada.

Pases de películas: 11.15, 1.15, 3.15, 5.15, 7.15, 9.15 y 11.15 noche. **Tres camas para un soltero**. Autorizada para todos los públicos.

Calle Victoria 2. Pases de película: 5, 7, 9 y 11 noche. **Regreso al futuro 2ª Parte**.Steven Spielberg. Michael J. Fox. Autorizada para todos los públicos.

Plaza María Guerrero, 1. Pases de película: 5, 7. 9, y 11 noche. **Negocios de familia**. Autorizada.

Calle Echegaray, 4. Pases de película: 5, 7, 9 y 10.45 noche. **Los dioses deben estar locos (II)**. Una comedia de proporciones más absurdas. Autorizada.

Héroe de Sostoa. Tel. 323252. Pases: 3, 5, 6.30, 8 y 9.30 y 11 noche. **Oliver y su pandilla**. Viene acompañada del cortometraje **El patito feo**. Miércoles día del espectador, 250 pesetas. Autorizada.

Héroe de Sostoa. Pases: 2.30, 5, 7.30 y 10. **Batman**. Jack Nicholson, Michael Keaton. Director: Tim Burton. Autorizada para mayores de 13 años. Miércoles día del espectador, 250 pesetas.

Héroe de Sostoa. Pases: 2.30, 5, 7.30 y 10. **Abyss (El secreto)**. Autorizada. Miércoles día del espectador, 250 pesetas.

Héroe de Sostoa. 3, 5 y 7 9 y 10.45 noche. **Cariño he en-**

cogido a los niños. Autorizada para todos los públicos. Miércoles día del espectador, precio reducido 250 pesetas.

(Atlántida A). Calle Refino, número 20. Sesiones desde las 3 de la tarde. Ultimo pase a las 9 noche. Estreno en Málaga. **«La Pipa»**. De **Sherlick Holmes**. Versión Original. Subtitulada. Sólo para mayores de 18 años.

(Atlántida B). Calle Refino, número 20. Sesiones desde las 3 de la tarde. Ultimo pase a las 9 de la noche. Programa doble. **«Relaciones secretas»** y**«Delicias pornográficas»**. V.O. Subtituladas.

Plaza de la Merced. Pases: 5, 7, 9 y 10.15 noche. **«Erik El Vikingo»**, Autorizada.

Viernes día 12 a las 21 horas, concierto de la Orquesta Sinfónica Ciudad de Málaga. Obras de E. Chabrier, G. Gershwin y R. Schumann. Solista: Gabriel Robles (piano). Director: Gerard Devos.
Venta de localidades en las taquillas del teatro (laborales, excepto lunes). Información: 22 41 00.

II. Palabras en uso

A. Asociaciones

¿**Cuántas cosas puedes encontrar en el Grupo 2 que se relacionen con las del Grupo 1?** (Seleccione por lo menos dos para cada una.)

1.

televisión _____

_____

teatro _____

_____

deportes _____

ópera _____

natación _____

reír _____

2.

partidos • astros y estrellas • chistes • jugadores • orquesta • • piscina, lago o mar • cantantes • obras dramáticas o cómicas • varios canales • funciones • programas de noticias • el esquí • baile • traje de baño • equipos • juego • cable • circuito cerrado • películas • pantalla • comediante

B. Lógica lingüística

1. Si una "grabadora" es un aparato que se usa para grabar discos o "cassettes" de música, etc., ¿qué es una "grabación? _____ 2. Si "bailar" es el acto de mover los pies y todo el cuerpo al compás de la música, ¿qué es un bailarín" o una "bailarina"? _____ 3. Si una canción es una melodía con versos que se cantan, ¿qué es "un(a) cantante"? _____

4. Si le compré a mi hijo "un juguete", ¿qué le he dado? _____ 5. ¿Qué es un(a) "deportista"? _____ ¿y un coche "deportivo"? _____

III. Ejercicios suplementarios

#60. The imperfect (or "simple past") subjunctive

Sólo para practicar

Llena los blancos con la forma correspondiente del imperfecto de subjuntivo:

1. (. . . que) la tienda: bajar los precios_____ ; los ladrones: robarnos _____

_____ ; eso: significar _____ algo; yo: soñar _____

contigo; las bombillas: apagarse _____ ; tú: cruzar _____ el

camino con cuidado; nosotros : jugar _____ fútbol; vosotros: ganar

_____ el partido; Linda y yo: cuidarnos _____

266

2. (que . . .) la alfombra: cubrir _____ todo el piso; la cabeza: dolerme

_____ ; las fotos : salir _____ bien; el espejo: romperse

_____ ; nosotros: perderlo _____ de vista; todos :

entenderme _____ ; yo: creerlo_____

   3. (que . . .) la niña: dormir _____ más; Uds.: seguir _____

nuestros consejos;   tú: pedirme _____ algo; nosotros _____

decírcelo;_____ todo; Pío y yo: ser _____ los únicos; Marta y tú:

venir _____ (España) _____ (Latinoamérica)

*61. Uses of the imperfect subjunctive

A. Diálogos al instante

   Contesta según las indicaciones.   Por ejemplo:

   ¿Dijeron que volvieras en seguida? --(No . . . quedarme) *Dijeron que me quedara.*
   ¿No querías que yo lo hiciera? (No, que Pablo. . .) *No, quería que Pablo lo hiciera.*

   1. ¿Querían que lo guardáramos? (No. . . devolver) _____

_____ 2. ¿Era probable que tuviera razón? (No. . . equivocarse)

_____ 3. ¿Se alegraron de que

tú fueras escogido. (Al contrario. Sintieron . . .) _____ *que yo*

_____ 4. ¿Le pidieron a Ud. que se lo explicara? (No, . . .

repetir) _____ 5. ¿No te rogamos que no

lo hicieras? (No, . . . decir) _____

   6. ¿Le dijeron Uds. que no manejara de (*at*) noche? -- (No, . . . si estuviera nevando)

_____

B. ¿Cuál es la conclusión más lógica?

   1. Si yo tuviera un millón de dólares, (los gastaría en un solo día, ayudaría a mi

familia, se los devolvería al gobierno,)

   2. Si mi coche (fuera tan nuevo, estuviera en tan perfecta condición, funcionara

tan mal como el tuyo), yo lo llevaría a una buena mecánica

   3. ¡Qué cansados estamos! Echaríamos una buena siesta (si no tuviéramos tanto tra-

bajo que hacer, so no tuviéramos tanto sueño, si hubiera algo interesante que ver.)

   4. Si no fuera tan costoso, (haríamos un largo viaje, compraríamos el periódico

de la tarde, me quejaría al dueño de la casa.)

5. (Si pudiera encontrarlos, Si tuviera un dolor de cabeza tan fuerte como el suyo, Si fuera más joven), me tomaría dos aspirinas y me metería en la cama.

6. Pasaríamos un año en un país hispánico (si quisiéramos sacar mejores fotos, si pudiéramos ir caminando, si nos interesara de veras dominar la lengua española).

7. Si me faltaran (*if I were short*) mil dólares para pagar la matrícula de la escuela este semestre, (abandonaría para siempre mis estudios, buscaría trabajo en otra ciudad, pediría un préstamo en el banco.)

#62. The pluperfect (past perfect) subjunctive

¿Qué falta? (*What's missing?*)

Completa con el verbo apropiado, en el pluscuamperfecto de subjuntivo:

1. Si tú _____ a tiempo, no habrías llegado tan tarde. (salir de casa, volver, devolver)   2. Si Uds. _____, la foto habría resultado más bonita.   (divertirse, sonreír, disfrutar)   3. Si yo no lo _____ , el vestido estaría del todo sucio. (lavar, llevar, usar)   4. Si nosotros _____ su oferta, seríamos ricos hoy. (dudar, manejar, aceptar)   5. Si tus padres no te _____ tanto, ¿se habrían sacrificado por ti? (amar, odiar, rogar)

#63. Which tense of the subjunctive do we use?

En español, por favor

Expresa en español las palabras indicadas en paréntesis:

1. Quiero que _____ en seguida. (*you to come --Uds.*)   2. Quería que _____ ayer. (*you to come --Uds.*)   3. Dudamos que _____ él. (*it is*)

4. Dudamos que _____ él. (*it was*)   5. ¿No te decimos siempre que _____ _____? (*not to do it*)   6. ¿No te dijimos cien veces que _____ _____ (*not to do it*)   7. No es verdad que _____ enamorada de él. (*she is*)   8. No es cierto que _____ enamorada de él.(*she was*)

9. Es lástima que _____ hacerlo. (*we can't*)   10. Era lástima que _____ _____ hacerlo. (*we couldn't*)   11. ¡Ojalá que _____! (*they don't go away*)   12. ¡Ojalá que _____! (*they didn't go away*)

IV. Composición creativa

Tú pasaste un fin de semana regio (*great*) en . . . (?) con . . . (?) Fuiste a cines y teatros, a espectáculos deportivos, a . . . mil y un lugares diferentes. Cuéntanos exactamente lo que hiciste y lo que viste -- en tus propias palabras.

REPASO CUARTO: Lecciones 14-18

Examen de comprensión

G.: (. . .) ¿Te sorprende vernos . . . ?

P.: . . . , ¿por qué se iba a sorprender?

G.: Porque . . . dijimos que iba a ser el último.

P.: (. . .) Nos queda . . .

G.: ¿ . . . lo podría olvidar?

I. Dictado ilustrado

Primero escucha, y después escribe debajo de la ilustración correcta:

_____ -- ¡ _____!

¿_____?

_____ -- _____

_____

¿_____? -- _____

_____ (. . .)

II. Ejercicio de comprensión

Escoge cada vez la conclusión correcta:

1. ¿Me hace . . . ?
   --Con mucho . . .

   a. Los sellos son de países extranjeros.

   b. Hay un buzón cerca de mi casa.

   c. Si el paquete llevara otra dirección.

2. Dime, . . . ¿les . . . ?
   -- . . . , nos divertimos . . .

   a. Era lástima que no pudiéramos verla.

   b. Nos reímos desde el comienzo hasta el fin.

   c. Si lo hubiéramos sabido antes, no habríamos asistido.

3. ¿Has oído . . . ? Acaban de anunciar . . .
   --¡ . . . !

   a. ¡Ojalá que la gente aprenda ahora a vivir en paz!

   b. Es posible que los ejércitos no hayan vuelto.

   c. Yo no creo que sirvieran en la Marina.

4. ¿Sabes? Hay una . . .   Y sus . . .
   --¡ . . . !

   a. Voy a ver si encuentro allí un traje nuevo.

   b. No hay nada que me guste más que el pan fresco.

   c. Las otras tiendas aquí se han hecho demasiado costosas.

5. (. . .) Me gustaría . . .   para comprar . . .
   -- (. . .) Pero Ud. sabe que . . .

   a. no pagamos intereses sobre el dinero prestado.

   b. lo podrá depositar en otro banco.

   c. lo tendrá que pagar dentro de dos años.   (. . .)

III. ¿Qué contestas tú?

P.: La parte donde . . .   Ya sé que hemos hablado . . .   Pero todavía me gustaría saber . . .

1. a. ¿ . . . que es mejor . . . ,   o en las afueras . . . ? _____

   _____ b. ¿ . . . ? _____

   _____

G.: ¿Sabes? Mi familia -- mejor dicho (*or rather*), . . . era del campo. Y yo recuerdo. . . . . . , y cómo íbamos a visitar . . .   Pero, mejor no hablar de . . .

P.: Tal vez. Pero del futuro, . . .

    2. a. ¿ . . . que pasarás . . .? _____

_____ b. A propósito, ¿ . . . que los hijos casados . . . ?

_____

P.: Yo no estoy segura, . . .

    3. a. Hablando de cosas menos "reales", . . . : Si fuera posible . . . ? _____

_____ ¿ . . . ?

G.: No sé. Creo que tendría . . .
P.: Yo sí iría. Es uno de los sueños . . .

    b. ¿ . . . ? Si pudieras realizar (*fulfill*) un solo deseo . . . , ¿ . . . ? _____

_____

G.: Y yo creía que ibas a decir . . .
P.: Pues seguramente, . . .

    c. En serio, si tú no hubieras . . . , ¿qué . . . ? _____

_____

G.: No, no puedo imaginarte . . .   No quiero imaginármelo.
P.: Bueno, entonces dejemos . . .

IV. Usa la imaginación.

Aquí tenemos . . . Pues indica: ¿Qué asocias con él?

1. _____   2. _____

3. _____   4. _____

    (. . .) Ahora escucha:

Ella: Se ha dicho que el mundo fue creado . . .
El: Y que si no vigilamos, podrá ser destruido . . .
Ella: No me gusta que pienses en . . .
El: No tienen que . . .   Siempre se puede . . . para evitarlo (*avoid it*).
Ella: ¿Qué . . .? Somos . . .
El: Podemos . . . , y al mismo tiempo sembrar (*sow*) . . y compartir (*share*) . .
Ella: ¿ . . . ?
El: (. . .) Todos. Unos a otros.
Ella: Vanas filosofías. Si la guerra nace . . . al lado de la paz.

El: Pero yo no . . .   Quiero pelear (*fight*) . . . -- por el ambiente limpio, por
. . . , por la fruta . . . , y . . . del ser humano.

Ella: Y yo . . .   Juntos. Pero por ahora, . . . , ¿no quieres probar esta
manzana (*taste this apple*)? (. . .)

1. ¿ . . . o antiguos? _____

2. ¿ . . . te identificas . . . ? _____

3. ¿ . . . pelear . . , o dejar las cosas . . . ? _____

_____

4. ¿ . . . ? _____ (. . .)

V. Ejercicio de interpretación

Como siempre, escucha y después contesta:

El: Luisa, ¿te puedo traer algo? Aquí viene el hombre del café.

Ella: Gracias, Julio.   Si quieres, tráeme un expreso con un par de churros. Aquí
tienes el dinero.

El: Por favor, Luisa, guárdatelo. ¿No te puedo convidar (*treat you*)?

Ella: No. Toma, toma, insisto.

El: Pues. . muy bien. Pero promete entonces que irás al cine conmigo esta
noche. Hay una película muy buena en el Teatro Rey.

Ella: ¿Esta noche? No creo que pueda.

El: Entonces, ¿mañana? ¿o pasado? Por tanto tiempo he querido convidarte,
pero. .

Ella: No sé. En realidad, Julio, estoy muy ocupada. (. . .) Mira. Tu teléfono está
sonando.

El: Pues. . ¿otro día tal vez? (. . .) Julio Aranda. Al habla. Cómo no, señor
Bustamante. Cien corbatas de seda, y cuarenta de nilón . . ocho cajas de
camisas blancas, números. . .

1. ¿ . . . clase de negocio . . . ? _____

_____

2. ¿ . . . ? Descríbenoslo. _____

_____

3. ¿ . . . ? _____

4. a. ¿ . . . que esto acabará . . . ? _____

_____ b. ¿ . . . ? _____

_____

G.: Pues con esto llegamos . . .   Realmente, ha sido un gran placer . . .
P.: De parte de todos nosotros, . . . , y por última vez, . . .   Te extrañaremos. (*We'll
miss you.*)

272

Keys to the Tapes and to the Workbook

. Here are the correct answers to all those exercises for which responses are not given
n the tapes -- all except the Dictados Ilustrados and the free-response Ejercicios Escritos,
vhich we would like you to answer without any help. Here, too, are certain questions and
omments which we wanted you to try to understand by yourself on the tapes. But for
urposes of checking, they are now included.

:. As for the self-correcting Actividades Individuales --only the "Experiencias visuales"
nd the "Composición creativa" are left pretty much to your own devices. The answers to
oth the vocabulary-building "Palabras en uso" and to the "Ejercicios suplementarios"
re all here. But please! No looking before you've tried to do them on your own!

PRIMERA PARTE

Primera parte (1)

p. 2 --middle : Posiblemente, ¿es hispana su madre? --*Sí, mi madre es hispana. No, mi
madre no es hispana.* ¿Es europea su familia? -- *Sí, mi familia es europea. No, mi
familia no es europea.* ¿Es africana? --*Sí, mi familia es . . . No, mi familia no es . . .*
¿Es asiática? -- *Sí, mi familia es. . . No, . . .*)

p. 3 (top) Entonces, si un nativo de Madrid es un español, ¿qué es una nativa de
Barcelona? --*Es una española.*   Finalmente, si una nativa de Puerto Rico es una
puertorriqueña, ¿qué es una nativa de Panamá? --*Es una panameña.*

¿Qué oye Ud.? : pesa, masa, lema, misa, deme, tela, pila, pase

p. 4 Las amenidades: (middle of page) Buenos días. ¿Cómo está Ud.? --*Bien, gracias. ¿Y
Ud.?* -- Muy bien, gracias. Pues adiós. -- *Adiós.*

(bottom of page) Buenas tardes. ¿Cómo está? -- *(Free response).* ¿Y Ud.? -- Bien.
¿Y cómo está su familia? -- *(Free response).* -- Bueno, hasta luego. -- *(Free
response.*)

p. 6 (map)   el norte
el oeste   el este
el sur
Colombia, Venezuela, Ecuador, Paraguay

p. 7 Las cortesías: Ahora responda Ud.: Conteste el teléfono, por favor. -- *Con mucho
gusto.* --Muchísimas gracias. -- *De nada.* Y cierre la ventana. -- *Con mucho gusto.*
-- Mil gracias. -- De nada.

Primera parte (2)

p. 9 ¿Cuál es el próximo número?: siete; ocho; diez; doce; nueve; tres

p. 10 ¿A qué hora es el concierto? Pistas: (1) ¿Es por la mañana o por la tarde? --Es
por la tarde. (2) ¿Es antes o después del mediodía? --Es después del mediodía.
(3) ¿Es después de las cuatro? --No. Es antes. . . ¿A qué hora es el concierto?--Es a
la una y media.

p. 11 ¿Escucha Ud. bien?: (1) gota (2) paga (3) alejé (4) higo (5) lejos (6) pague
(7) ajo (8) traje

p. 13 La lotería. Los números de la suerte son: seis/ trece/ veintitrés. Y dos números
más: quince/ treinta

p. 17 (middle) Dígame, ¿le gusta a Ud. el otoño? -- *Sí (No, no) me gusta* ... ¿Le gusta más el otoño o la primavera? --*Me gusta más el* ...

p. 18 ¿Qué tiempo hace? 1. (...) Dígame, ¿le gusta más el frío o el calor?--*Me gusta más* ... 2. (...) Y donde Ud. vive, ¿llueve más en la primavera o en el verano? -- *Llueve más en* ... 3. (...) Pues otra vez, donde Ud. vive, ¿nieva mucho en el invierno? -- *Sí (No, no) nieva* ... 4. ¿Qué tiempo hace? ¿Hace mucho sol o mucho viento? -- *Hace mucho viento.* 5. ¿Qué tiempo hace aquí? -- *Hace sol.*

p. 20 ¿Qué oye Ud.?: 1. caro 2. para 3. corro 4. toro 5. tierra 6. mira 7. morro

p. 22 (bottom) ¿Come Ud. normalmente en la escuela, o come con su familia? --*Como* ... *en la escuela / Como con mi familia.*

Primera parte (4)

p. 25 La familia: mis tíos; mi abuela, mis abuelos; mi prima, mis primos; mi sobrina, mis sobrinos; la esposa, los esposos

Un poco de lógica: (...) 2. mi hermana 3. mis tías 4. mis sobrinos 5. mis primas

p. 26 una muchacha, una chica, una niña; mi amigo, mis amigos, mis amigas

p. 28 Dictado: 1. Mi hermana Antonia vive en California. 2. No me gusta Alfredo. -- Pero es un estudiante extraordinario.

Contrastes: 1. ¿Es joven o viejo don Ramón? --*Es viejo.* ¿Es joven o viejo Pepito? -- *Es muy joven.* 2. ¿Quién es más rico, Oscar o Mariano?--*Oscar es más rico.* 3. ¿Cuál es más grande, el elefante o la rata? --*El elefante es más grande.* ¿Es mucho más pequeña la rata? --*Sí, es muchísimo más pequeña.* 4. ¿Es una persona buena o mala Carmen? --*Es una persona muy buena.* Y Edgar, ¿es bueno o malo? -- *Es muy malo.* 5. Cuál es mejor, mi nota en español, o mi nota en matemáticas? -- *Su nota en español es mejor.*

p. 29 ¿Éste, ése o aquél?: (middle) ¿Cuál es el más pequeño. . .? --*Éste.* ¿Cuál es el más elegante? _- *Aquél.* ¿Cuál es el más práctico para una familia? --*Ése.*

(bottom) ¿Cuál es la más vieja. . .? -- *Aquélla.* ¿Cuál es la más moderna? -- *Ésta.* ¿Cuál es la más grande? -- *Ésa. (or possibly, ésta.)*

p. 30 (libros) ¿Cuáles son de música? --*Ésos.* ¿Cuáles son de matemáticas? -- *Éstos.* ¿Y cuáles son de ciencia natural? -- *Aquéllos.*

p. 31 ¡OLE! : The numbers called were: O: 43, 48, 51, 49, 59 L: 60, 75, 66, 72, 74 E: 97, 86, 80, 94, 88
Conteste: 1. La clase es grande. 2. Gana poco. 3. Es rico. 4. Es malo. 5. Es viejo. 6. Ud. es joven.

Primera parte (5)

p. 33 Los artículos: (...) los hombres, las mujeres (...) unas muchachas

p. 37 Sobre los adjetivos: (bottom) las modas francesas

p. 38 ¿Vamos a practicar? 2. una primavera fría 5. unas persoans muy ricas
7. muchas cosas excelentes

p. 39 ¿Qué hay aquí? 1. (...) ¿Y cuál es de japonés? --*Ése.* 2. (Free response)
3.¿Quiénes son los más jóvenes? --*Ésos.* ¿Quiénes son los abuelos? -- *Aquéllos.*
¿Y quiénes son los padres de los niños? -- *Éstos.*

p. 42 <u>Palabras en uso</u>

A. Asociaciones: padres/hijos;   temprano/ las seis de la mañana;   viejos/ abuelos;
el invierno/hace frío;   la primavera/ verde;   4 de julio/ rojo, blanco y azul;
marzo/hace viento;   la clase/profesor(a) y estudiantes;   el verano/hace calor;
muy tarde/ la medianoche

B. ¡Al contrario!: el día/la noche;   más/menos;   ésta/aquella;   jóvenes/viejos;   el
norte/el sur;   pobre/rico;   malo/ bueno;   mayores/menores;   pequeña/grande;
temprano/tarde;   verano/invierno;   blanca/negra;   mujeres/hombres;   poco/mucho

C. La palabra intrusa: 1. agosto   2. alto   3. Así, así.   4. Hay doce.
   Temas: 1. las estaciones del año   2. colores   3. cortesías   4. el tiempo/el clima

pp. 43-46 <u>Ejercicios suplementarios</u>

#1: About nouns and articles

A. 1. la puerta, las ventanas, el apartamento, los edificios
    2. las clases, el maestro, los estudios, la lección, los ejercicios, el laboratorio, los
       cursos, los (or las) estudiantes

B. 3. una hora, un día, unas semanas, un mes, unos años, una década
    4. una democracia, un presidente, unos senadores, unas elecciones
    5. un tío, unos abuelos, unos sobrinos, unas primas, un hijo
    6. un dólar, un franco, una libra esterlina, unos pesos, unas pesetas, un rublo,
       una lira

    Categories: el tiempo (3), la educación (2), el dinero (6), la familia (5), una
                casa (1), el gobierno (4)

C. 1. (. . .)   2. Sí, me gusta mucho el arte moderno.   3. No, la doctora Soler vive
    aquí.   4. No, mi profesor es el Dr. Fernández.   5. No, me gusta el verano.   6. Sí,
    me gusta la música popular.

D. 1. la historia -- la ciencia   2. La electricidad   3. Los amigos -- el dinero
    4. ¿Es Ud. la señora Mendoza -- Buenas tardes, señora Mendoza.   5. Son las tres
    y media   6. Si hoy es domingo, mañana es lunes.   7. El chocolate   8. el otoño
    -- la primavera   9. ¿Hay clases los sábados? --Solamente en el verano.

#2. Contractions

    1. (. . .)   2. El lunes   3. La primavera   4. oriental   5. del sur   6. de los Estados
    Unidos   7. a la universidad   8. al aeropuerto   9. al gimnasio   10. al trópico

#3. Negative sentences

    1. No, no soy. . .   2. No, no vivo. . .   3. No, mi familia no habla. . .   4. No, no
    estudio . . .   5. No, la clase no prepara . . .   6. No, no como . . .   7. No, mi familia no
    come . .   8. No, mi abuelo no vive . . .   9. No, todos mis amigos no son. . .   10. No, no
    comprendo . . .

#4. Questions

    1. ¿Vive en España su tío? ¿Vive su tío en España? ¿Su tío vive en España?
    2. ¿Estudia Ud. . . .? ¿Ud. estudia . . .?   3. ¿Uds. son . . .? ¿Son Uds. . . .?   4. ¿Le gusta
    mucho . . .?   5. ¿Comen temprano sus padres? ¿Comen sus padres. . .? ¿Sus padres
    comen . . .?   6. ¿Habla inglés su profesora? ¿Su profesora habla . . .?   7. ¿Va con
    Uds. Pepe? ¿Va Pepe . . .? ¿Pepe va . . .?

Negative questions: 1. ¿No vive . . .? 2. ¿No estudia Ud. . . .? 3. ¿No son Uds. . . .? 4. ¿No le gusta . . .? 5. ¿No comen . . .? 6. ¿No habla . . .? 7. ¿No va . . .? (*Of course, note the possible variations in the position of the subject when forming questions.*)

#5. Adjectives

A. roja / azul/ amarilla / fría/ inteligente / española / francesa / inglesa / verde / superior

B. buenos/ malas/ largos/ azules/ fáciles/ difíciles/ mejores/ portugueses/ japonesas/ españoles

C. un coche japonés/ excelente; la lengua española; un cielo muy azul; unas oportunidades maravillosas; un examen muy difícil / excelente; un invierno muy frío; una idea fantástica/ excelente; un profesor excelente/ muy difícil/ muy sincero/ japonés; una profesora excelente/ fantástica/ española; un amigo muy sincero/ japonés

#6-7 "This, that. . ."; "big, bigger, biggest"

1. más grande -- aquél; más pequeño -- éste; más apropiado para su familia -- ése o aquél 2. Su abuela es la mayor. Anita es la menor. Anita es menor que Ud. 3. Aquéllas son sudamericanas. Ésas son europeas. Éstas son residentes de los Estados Unidos. Ésas viven más al norte. Aquéllas viven más al sur. 4. Éstos son los mejores. Aquéllos son los peores.

SEGUNDA PARTE
Lección I
Tape

pp. 47-49. Escuela ilustrada

1st illustration: 1. Ésta es una escuela de niños pequeños. -- *Falso.* 2. Una profesora enseña la lección a los estudiantes. -- *Falso.* 3. Si el estudiante estudia bien, aprende mejor. -- *Verdad.* . .

2nd illustration: 1. La clase escucha y toma notas. -- *Verdad.* 2. La maestra toma un examen. --*Falso.*

3rd illustration: ¿Qué usa Ud. normalmente --usa lápiz o pluma para escribir? -- *Uso lápiz (pluma) para escribir.* ¿Usa papel blanco o de otros colores? -- *Uso* . . .

4th illustration: ¿Escucha Ud. muy bien en esta clase? --*Sí (No, no) escucho* . . . ¿Pregunta Ud. si no comprende una cosa? -- *Sí (No, no) pregunto si no comprendo* . . . La verdad, ¿contesta bien siempre su profesor(a)? --*Sí, mi profesor(a) --No, mi profesor(a) no--contesta bien siempre.*

5th illustration : ¿Trabaja Ud. mucho en la biblioteca? -- *Sí (No, no) trabajo* . . . ¿Lee Ud. muchos libros? --*Sí (No, no) leo* . . .

pp. 51-52 Situaciones

1. Hoy es domingo y son las tres de la tarde. ¿Cómo pasa Ud. su tiempo?: ¿Escucha música? --*Sí (No, no), escucho* . . . ¿Lee el periódico? --*Sí (No, no) leo* . . . ¿Come Ud. con la familia? --*Sí (No, no) como con* . . . ¿Habla por teléfono con sus amigos? --*Sí (No, no) hablo por teléfono con mis amigos.* . . ¿Trabaja con sus padres en la casa? --*Sí (No, no) trabajo con mis* . . . ¿Mira Ud. programas de televisión? -- *Sí (No, no) miro* . . .

2. Ud. va a una fiesta donde hay varios jóvenes hispanos. Ud. habla con uno de ellos y pregunta . . . si estudia en esta escuela. --*¿Estudias en esta escuela?* ; . . . si toma clases de inglés.-- *¿Tomas . . .?* ; . . . si habla otras lenguas.-- *¿Hablas . . .?* . . . si vive en la universidad o en casa de la familia?--*¿Vives . . .?*

3. La escena es su clase de español. . . ¿Su profesor(a) habla más en inglés o en español? --*Mi profesor(a) habla más* . . . ¿Escribe mucho en la pizarra? --*Sí (No,no) escribe* . . . Permite usar el libro en la clase?--*Sí (No, no) permite* . . . ¿La clase prepara bien las lecciones? --*Sí, la clase prepara* . . .*(No, la clase no*. . . *)*

p. 52 Mini-diálogos: 1. (. . .) 2. Juanito necesita más disciplina

p. 53 Vamos a practicar: *4 No, no escribimos los ejercicios. 5. No, no aprendemos muy rápidamente. 6. Ah, no. No contestamos en la clase. 7. Ah, no. No escribimos en la pizarra.*

p. 54-55 Personalidades: (. . .) 8. ¿Sabe? Ud. habla divinamente el español. -- (. . .) *¿Yo?* 9. Tú eres una persona inteligentísima. -- (. . .) *¿Yo ?*

Actividades individuales

p. 57 <u>Palabras en uso</u>

A. Lógica lingüística: 1. profesor(a), maestro (-a) 2. scientist/psychologist 3. extra-curricular activities / El año escolar (*school year*) termina en junio, etc. 4. writer 5. Aprende mucho. / Aprende poco.

B. Español-inglés: escribir, escritor(a), escrito; biblioteca; estudiar, estudio, estudiante; periódico; revista; maestro; libro

pp. 58-59 <u>Ejercicios suplementarios</u>

#1. Singular of regular verbs--present tense

1. ¿Estudia/ ¿Aprende/ ¿Habla/ ¿Enseña/ ¿Escribe/ ¿Toma . . . ? -- Sí, estudio/ aprendo, hablo, enseño, escribo, tomo . . . 2. Yo escribo/ aprendo/ preparo/ estudio -- que describe . . . 3. Mi hermano toca/estudia . . . -- Y yo toco/ estudio . . . 4. trabaja 5. gusta -- gusta 6. tomas --Estudio . . . 7. come 8. trabajo/ estudio, escribo, enseño, como 9. escribes / preparas -- Escribo, Preparo 10. enseña/ toma/ prepara 11. toma

#2-3 Subject pronouns and the plural of regular verbs--present tense

A. 1. ¿A qué hora terminan Uds.? --Terminamos . . . 2. ¿Entramos . . . ? --No. Uds. usan . . . 3. ¿Qué leen Uds.? -- Leemos . . . 4. Ellos no estudian artes. Estudian . . 5. ¿Dónde vivís? --Vivimos . . . 6. Nosotros preparamos . . . --¿Y ellas preparan. . . ? 7. ¿Escriben Uds. / ¿Escribís (vosotros) . . .? --No, escribimos . . .

B. 1. (La clase lee . . .) Elena y yo leemos / escribimos/ Luis y Pía escriben 2. (¿Tú comprendes . . .?) ¿Ud. comprende/ Uds. no comprenden/ trabajan. . .? 3. (Viven . . .) ¿Tú vives/ ¿Vosotras vivís. . .?/ Mi familia vive . . . 4. (¿Uds. toman . . . ?) ¿Tú tomas . . .?/ Nosotros tomamos/ Ella toma

C. (Free response) 1. Él./ Ella. 2. Ellos./ Nosotros 3. Tú./Yo.

Lección II

Tape

p. 60 La casa Vega: The illustrations should be numbered in this order: 3, 2,1 4, 6, 5. Here are the clues you heard: 1. Ésta es la escalera. Mi esposa sube la escalera. 2. Éste es el comedor. Hay una lámpara grande sobre la mesa. 3. Ésta es la sala, con mi silla favorita. 4. Ésta es la cocina. --¿Y qué cocina la señora? --No sé, pero es delicioso. 5. ¿Ésta es su alcoba? --Sí, y mi cama. 6. Éste es el baño. --¡Qué barbaridad! ¡No entren! ¿No ven que tomo un baño?

p. 62 (top) ¿Desean un apartamento muy grande Bárbara y su esposo? --*No, no desean. . .* ¿Cuántos cuartos desean? --*Tres.* ¿Tiene alcoba este apartamento? --*No, no tiene alcoba.* ¿Tiene cocina? --*No, . . .* ¿Y tiene baño? --*No, . . .* ¡Caramba!

p. 63 (bottom) Mini-diálogos: 1. (. . . Soy de Buenos Aires.) Es argentino. 2. (. . . son de Panamá. --Y nosotras somos de Guatemala.) 3. (¡Ay, qué frío! . . .) ¿Qué estación del año es -- el verano, el invierno o la primavera? 4. (. . . Tomo el bus. . .) ¿Cuál es más rápido, el tren o el bus? --*El tren . . .* ¿Cuál es más conveniente para Ud.? -- *El . . . es más conveniente para mí.*

p. 65 (bottom) En realidad, de todas las personas en este mundo, ¿quién es su mejor amigo? -- . . . *es mi mejor amigo (-a).* ¿Y quiénes son sus parientes favoritos? -- *Mis padres (mi madre y mi hermano mayor, etc.) son. . . favoritos (-as).* ¿Pasa Ud. mucho tiempo con ellos? --*Sí (No, no) paso . . .*

p. 67 ¿Qué opina Ud.?: (*These are the questions that are asked.)* 1. ¿Es bueno para los jóvenes vivir siempre con los padres? 2. En su opinión, ¿es posible vivir feliz sin su familia? 3. ¿Es posible vivir feliz sin dinero? 4. Si hay un problema grave, ¿habla Ud. con su ministro? 5. O en su opinión, ¿es mejor hablar con su madre? --*En mi opinión, sí, (no) es mejor hablar con ella.*

Actividades individuales

p. 68 <u>Experiencias visuales</u>

(1) 25% - 50% discounts (2) Free response (3) En la cama (4) tapestry, fabrics; printed cretonne (cloth); cortinas (curtains) --en las ventanas; Es para una ventana grande

p. 69 <u>Palabras en uso</u>

A. la cocina: cuatro sillas pequeñas, el refrigerador, la estufa, una mesa grande, el televisor
la sala: un sofá, una silla grande, el televisor, lámparas, un escritorio
la alcoba: una mesita de noche, lámparas, el televisor, la cama, un escritorio, una cómoda

B. refrigerador -- frío, abrir y cerrar, comer; alcoba--cama, leer de noche; baño--lavatorio; ventana--aire fresco, abrir y cerrar, subir y bajar; sala -- fiestas; escalera --subir y bajar; escritorio -- escribir; puerta -- entrar, abrir y cerrar; lámpara -- leer de noche

pp. 69-70 <u>Ejercicios suplementarios</u>

#4. <u>Ser</u>

1. es -- es 2. son -- es 3. somos -- ¿Son. . . (Lat. Am.)? ¿Sois. . . (Spain)? 4. son -- es 5. son -- Son 6. es -- es 7. ¿Son. . .? -- son 8. soy -- son 9. somos -- son 10. eres -- eres

#5. Possession: 1. Son mis sobrinas 2. Tienen ocho 3. Managua 4. Es canadiense 5. Es rica.

#6. Pronouns that follow a preposition

1. Es para ti. 2. Es de ella. 3. Trabajo con Uds./vosotros. 4. Ud. sube (Tú subes) conmigo. 5. Coméis con nosotros. 6. Entramos contigo. 7. Viven con él. 8. Hablan de ti / de Ud.

Tape

pp. 72 - 74   Enigmas

I. ¿Qué cosa es? Pistas: (*These are your clues.*) 1. ¿Es muy grande? --Depende. A veces es grande, otras veces, no. 2. ¿Es una cosa muy práctica, o sólo decorativa? --Es una cosa muy práctica. 3. ¿Usamos esta cosa para escribir? -- Normalmente, no. 4. ¿Esta cosa es de papel? -- Sí, siempre. 5. ¿Usamos esta cosa para leer? -- Sí, definitivamente. 6. ¿Hay una nueva edición de esta cosa todos los días? -- Sí, todos los días. . . ¿Qué es? --Un periódico.

II. ¿Cuál es mi coche? Pistas: ¿Es un coche muy elegante? --No, . . 2. ¿Cuántas puertas tiene? --Dos. 3. ¿Es un modelo nuevo o viejo? --Es muy viejo. 4. ¿Cuántas personas hay en él? -- No hay nadie. ¡No funciona! . . . ¿Cuál es mi coche? -- El coche número dos.

III. ¿De dónde somos? Pistas: 1. ¿Ud. y su familia son de los Estados Unidos? --Sí, somos . . . 2. ¿Son del este o del oeste? -- Somos del este. 3. Donde Uds. viven, ¿hace calor o frío en el invierno? --Hace mucho calor. . . ¿Sabe Ud. de dónde somos? -- De Miami.

IV. ¿Cuál es mi cumpleaños? Pistas: 1. ¿Hay clases en su escuela aquel día? --No. Es un día de fiesta muy importante. 2. ¿Celebramos esa fiesta todos los años? -- Siempre. En los Estados Unidos. 3. ¿Es en la primavera? -- No. Después. 4. ¿Es en el invierno? --No. Antes. 5. Después de su cumpleaños, ¿viene pronto la Navidad? --No. Es el verano todavía. . . ¿Cuándo es mi cumpleaños? El 4 de julio.

p. 75   Mini-diálogos

1. "Hoy hay examen. ¿Por qué no está en clase María? --No sé. Está en casa toda la semana." ¿Está en la escuela hoy María? . . . En su opinión, ¿por qué está ausente? ¿Está enferma o no está preparada? (*Free response*)

2. " (. . .) --¿Por qué no, señor? --Porque está frío. Y hace mucho frío hoy." ¿Por qué no le gusta al señor el café? . . . Según eso, ¿en qué estación del año estamos-- en el verano o en el invierno? -- *Estamos en el invierno.*

3. "(. . .) Entonces, ¿mañana? --Ah, no, Carlos . . ." ¿Por qué no va Lisa al cine esta noche? . . . ¿Y mañana? . . . En su opinión, ¿Lisa está muy interesada en Miguel? -- *No, no está muy interesada en él.*

p. 76   ¿De quién hablamos? Pistas: (. . .) 4. No está preparado para sus exámenes . . . 5. La pobre está ausente de todas sus clases. . . 6. Él está muy poco interesado en sus estudios. . . 7. Este joven es demasiado industrioso. 8. Ella es muy generosa y simpática.

p. 77   ¿Qué opina Ud.? (*Free response.* These are the questions.) 1. ¿Es mejor ser el hijo mayor o el hijo menor de la familia? 2. En una casa, ¿es más importante una cocina hermosa o un comedor elegante? 3. ¿Le gustan más a Ud. los muebles modernos o antiguos. -- *Me gustan más los* . . . 4. En su opinión, ¿son mejores los coches americanos o los coches japoneses? 5. ¿Es mejor un coche grande o un coche pequeño?

p. 78   Conversaciones al instante. 1. (. . .) Ahora conteste: De verdad, ¿Ud. va a otra clase ahora? --*Sí (No, no) voy* . . . ¿Va a estar en clase mañana? --*Sí (No, no) voy a estar* . . . Pues si su profesor(a) da un examen mañana, ¿Uds. van a estar preparados? -- *Sí (No, no) vamos a estar preparados.*

2. (. . .) Díganos: ¿Ud. da muchas fiestas en su casa? --*Sí (No, no) doy* . . . ¿Uds. dan muchas fiestas aquí en la universidad? -- *Sí (No, no) damos* . . .

p. 80 Palabras en uso

    1.¿Dónde va a ser . . . ? -- Aquí, en el salón grande.   2. ¿Por qué no hablas. . . ? -- Porque estoy nervioso.   3. ¿Quiénes son . . . ? -- Mis vecinas.   4. ¿Cuántas personas . . . ? -- ¡Demasiadas!   5. ¿Cuánto tiempo . . . ? -- Muy poco.   6. ¿De dónde son . . . ? -- De Chile.   7. ¿Cuándo van a ir? ¿Mañana . . . ? --No, antes.   8. ¿Qué tienes . . . ?-- Un televisor pequeño.   9. . . ., ¿cuáles le gustan más? -- Aquéllos.   10. ¿Cómo hablan . . . ? --Muy rápidamente.

pp. 80-82   Ejercicios suplementarios

#7. Estar

    A. (*Free response*) For example: Las alcobas están en el piso de arriba /en el piso segundo, etc.; El cuarto de baño está en el piso primero, cerca de mi alcoba, etc. La estufa está en la cocina. El refrigerador está en la cocina. El televisor más grande está en la sala, en el estudio, etc. Mis papeles y libros están en mi cuarto, en mi escritorio, etc. El estéreo está en . . . Mi ropa está en mi armario, en mi cuarto, alcoba, etc.

    B.   Bogotá está en Colombia.   Buenos Aires está en la Argentina.   Lima está en el Perú.   La Habana está en Cuba.   San Juan está en Puerto Rico.   Quito está en el Ecuador.

#8. Ser or estar?

    1. es -- es   2. es -- estoy -- es   3. están -- ¿Están. . .?   4. eres -- Estoy   5. están -- están   6. ¿Está . . .?/ Está . . . -- No, ése es . . .   7. somos / somos -- Uds. son (vosotros sois)   8. están

#9. Adjectives and their position

    1. No, vivimos en una ciudad pequeña.   2. No, mi familia prefiere un clima frío. 3. No, vivo en una casa vieja/antigua.   4. Ay, no. Siempre dan exámenes difíciles. 5. No. Ahora usan estos muebles nuevos.   6. No. Tiene una hermana mayor, y dos hermanos mayores.

#10. ir and dar

    1. No, doy el examen mañana.   2. No, voy a la biblioteca.   3. No, vamos al gimnasio. 4. Sí, da un poco. 5. Sí, damos lecciones. . . 6. No, Uds. van a ser/ Vosotros vais a ser . . .   "Ahora díganos": (Free response.) Los padres dan . . . Los hijos dan . . .

Lección IV

Tape

p. 83   Palabras ilustradas: The illustrations should be numbered in this order:
     4, 2, 8, 7, 3, 1, 5, 6

p. 84 (bottom)   A propósito, ¿sabe Ud. cocinar? . . . ¿Quién cocina en su familia?

p. 86   ¿Qué tienen estas personas?:   1. ¿Tiene mucha hambre o mucha sed esta persona? -- *Tiene mucha sed.*   2. (. . . ¿No hay aire acondicionado aquí?) ¿Qué tiene esta persona--frío o calor? --*Tiene calor.*   3. ¿Qué tiene esta muchacha? --*Tiene miedo.* 4. (. . .) *Tiene sed.*   5. (. . . y tengo que trabajar a las ocho. Por favor, chicos, un poco de silencio, ¿eh?) ¿Qué tiene esta persona--frío, sueño o miedo? --*Tiene miedo.*

Mini-diálogos: 1. ¿Van a tener música clásica o música popular en la fiesta? (Free response--probably "música popular".) 2. ¿Linda y Toño conocen a todos los invitados? 2. ¿Sale temprano o tarde mañana Conchita?--*Sale temprano.* ¿Sabe Ud. quién habla con ella? (*Free response*--probably "Su padre", etc.) 3. ¿Tiene mucha o poca confianza esta persona? --*Tiene mucha confianza. . .* En su opinión, ¿es una profesional o una mujer de negocios? (*Free response*)

Actividades individuales

. 91 Palabras en uso

¿Para qué sirven?: Place the numbers from column A in the blanks of Column B in the following order: 7, 12, 14, 2, 1, 8, 3, 5, 4, 6, 9, 13, 15, 10, 11

¿Cuáles de estas cosas no son eléctricas?: tenedor y cuchillo, una cuchara, un vaso, una taza . . . ¿Cuáles usa Ud. todos los días? (Free response) ¿Cuáles tienen que ser de metal?: una aspiradora, un ventilador, un calentador, un acondicionador de aire, un tocadiscos, un radio, un televisor, una estufa, una nevera/un refrigerador, un lavaplatos eléctrico. ¿Cuáles son los más necesarios? (Free response)

p.92-94 Ejercicios suplementarios

#11. tener

1. Tenemos calor. -- Tenemos frío. 2. No tiene(s) razón. -- Sí, tiene(s) razón.
3. Yo soy mayor. --Mi madre tiene . . . años ahora. 4. Tiene hambre. -- Tienen sed.
5. Tiene(s) miedo. 6. Tenemos sueño. --Tenemos prisa. 7. Tenemos que limpiar la casa. --Tenemos que usar la aspiradora.

#12. venir, decir, oír

A. 1. oigo -- ¿Ud. no oye nada? 2. viene -- vienen 3. dices -- digo 4. vienes -- Vengo 5. venís 6. dice --oímos / dicen

B. 1. (Vengo . . .) Mati y yo venimos de nuestra cosa, ¿Tú vienes de tu casa? ¿Los chicos vienen de su casa? ¿Vosotras venís de vuestra casa?
2. (No dicen . . .) Yo no digo mi nombre. Nosotros no decimos nuestros nombres. Niño, ¿no dices tu nombre? ¿Por qué no dice Ud. su nombre?

#13. Verbs with special "yo"- forms

A. Place the numbers from Column 1 in the blanks of Column 2 in the following order: 3, 4, 1, 7, 2, 5, 8, 6

B. 1. El señor Alonso García viene a visitar . . . 2. Viene el diez de febrero. 3. Lo sabe porque el señor García es su padre. 4. Sí, (No, no) conozco a . . .

#14. The double negative

A. 1. No sé nada. No preparo, escribo, como, traigo nada. 2. No hay nadie aquí. No entra, trabaja, vive, sube nadie aquí. 3. No comemos eso nunca. No admitimos, hacemos, oímos, decimos eso nunca. B. Yo nunca . . . (Free response)

Lección V

Tape

p. 99 Palabras ilustradas: First row: la boca, los dientes, el ojo, la cabeza, la nariz
Second row: la pierna, el pie, el brazo, la mano

p.100 Asociaciones: 1. la boca -- comer, hablar   2. los ojos -- ver, mirar   3. los pies -- caminar   4. los dedos -- tocar el piano   5. el oído -- oír y escuchar   6. la cara -- bonita, fea   7. el pelo -- rubio, moreno

A propósito, ¿de qué color es su pelo? --*Mi pelo es rubio/ moreno/ rojo.* Y sus ojos, ¿de qué color son? --*Mis ojos son azules/ verdes/ pardos, etc.*

p. 101 (middle) Dígame. . . : En su opinión, ¿es posible ver el carácter de una persona en su cara? . . . Entonces, ¿hay personas con "ojos furtivos" o "labios crueles"?

p. 103 Situaciones: 1. (. . . porque mi clase comienza a las ocho de la mañana. . .) --*Ud. pide cereal con una banana.*   2. (. . . y no queremos cosas de muchas calorías.) --*Pedimos una ensalada de vegetales.*   3. (Tengo un pequeño problema. Mi mejor amiga viene esta tarde a comer conmigo. Pero mi estufa no funciona.) --*Ud. sirve un sándwich frío con un coctel de frutas.*   4. (Uds. están en la clase de español. En este momento aprenden los verbos de cambios radicales.) -- *Repetimos el verbo "comenzar". Repetimos el verbo "contar". Repetimos el verbo "querer".*

p. 105 Relaciones humanas

1. ¿Te ama realmente tu novio (-a)? -- *Sí (No, no) me llama. . . me presenta . . . me invita . . . me miente. . . me ayuda con mis problemas . . . me consuela . . . me trae regalos . . . me dice siempre que me quiere.*

2. ¿Nos estiman nuestros amigos? -- *Sí (No, no) nos invitan a todas sus fiestas . . . nos llaman frecuentemente. . . nos consultan cuando tienen problemas . . . nos piden dinero todo el tiempo . . . nos cuentan sus secretos . . . tratan de ayudarnos si pueden.*

3. (. . .) -- *Sí (No, no) os considero buenos maestros. . . os comprendo siempre . . . os escucho con atención . . .*

Actividades individuales

p. 108 Palabras en uso

A. La palabra intrusa: 1. corazón   2. pierna   3. cara   4. alto

B. Asociaciones: 1. un tocadiscos -- escuchar, tocar música, discos, oír   2. la boca-- comer, dientes, labios, grande, pequeña   3. tiempo -- horas, días, semanas, meses, años, mucho, poco   4. poner o apagar --las luces, la radio, la televisión

pp. 108-109 Ejercicios suplementarios

#15-16. Stem (or Radical) changing verbs

1. Ud. recuerda . . . Tú recuerdas, Juan recuerda, Uds. recuerdan, nosotros recordamos, vosotros recordáis   2. Comienzan . . . Sirven, Piden, Repiten . . . 3. Pienso ir . . . Laura piensa, ¿Tú piensas, ¿Vosotros pensáis . . . ? , Anita y yo pensamos . . .   4.Pueden venir . . . Quieren, Sienten, Piensan, Comienzan a . . . 5. No entendemos . . . Yo no entiendo, Ud. entiende, ¿Tú entiendes?, ¿Vosotras entendéis. . . ?'

#17. Object pronouns: *me, te, nos, os*

A. 1. Sí, me traes el periódico. . .   2. Sólo te pido tu amor.   3. ¡Qué va! No te doy nada.   4. Me gusta muchísimo.   5. No, me muero de fatiga.   6. Con mucho gusto os invitamos.   7. Sí, os recuerdo muy bien. 8. No, me siento mejor.   9. Sí, nos llaman todo el tiempo.   10. No, escúcheme Ud. a mí.

282

1. Vamos después de comer.   2. Yo voy a pagar.   3. Mis primos vienen sólo a visitar.
4. Al salir de mi casa, apago las luces.   5. Sin estudiar, es normal sacar notas malas.
6. Es más fácil aprender a leer una lengua.

Lección VI

Tape

p. 112 (after the "story"):   Dígame: En su opinión, ¿hay personas de verdad como éstas?
(*Free response*)

¿Verdad o falso? (Here are the clues.) 1. Al principio de este episodio, hay mucha
conmoción, y una persona pide una ambulancia. . . *Verdad.*   2. El problema es que
la policía no quiere venir. . . *Falso.*   3. Un testigo dice que hay dos personas heridas,
pero el otro dice que hay más. . . *Verdad.*   4. Los dos hombres comienzan a pelear. .
Verdad.   5. Finalmente, todos los testigos están de acuerdo. . . *Falso.*

p. 113 Mini-diálogos

1. ¿Por qué no está muy contento aquí Luis? --*Porque no conoce a muchas
personas*. . .   A propósito, ¿conoce Ud. a muchas personas en esta escuela? --*Sí
(No, no) conozco a muchas personas* . . .

2. ¿Es grande o pequeña la familiade mi esposo? --*Es muy grande*. . .   Y Ud., ¿tiene
muchos tíos y primos? -- *Sí (No, no) tengo* . . .

3. (. . .)   En su opinión, ¿es mejor llamar primero al médico o al hospital? --*En
mi opinión, es mejor* . . .

p. 114 (top) Entonces, ¿no vas a usar el televisor? --No, no voy a usarlo. No lo voy a usar.

(middle) Recomiendan Uds. estos platos? --Ah, sí, los recomendamos.
¿Uds. van a comer esos sándwiches? --Sí, vamos a comerlos. Los vamos a comer.

(bottom)   ¿Ponéis las otras? --Sí, las ponemos en seguida.

p.116 Gustos y disgustos

1. ¿Le gusta el baloncesto . . . el tenis . . . el boxeo? -- *Sí, me gusta muchísimo el
baloncesto, etc. / No, no me gusta nada el* . . .

2. ¿Le gusta la pizza . . . la fruta?--*Sí, me gusta muchísimo la pizza/ la fruta. --No,
no me gusta nada la* . . .   ¿Le gustan los dulces? --*Sí, (No, no) me gustan* . . . ¿Le
gusta la cerveza . . . el vino? --*Sí (No, no) me gusta* . . .

3. ¿Les gusta a Uds. cuando tienen que limpiar la casa? --*Sí, (No, no) nos gusta.*
¿Les gusta cuando tienen que lavar los platos . . . cuando sus amigos vienen
tarde . . . cuando otras personas usan sus posesiones personales . . .cuando
los profesores les dan exámenes? --*Sí, (No, no) nos gusta* . . .

4. ¿Les gustan a sus padres los amigos de Ud.? --*Sí (No, no) les gustan (mis
amigos)*. . . A propósito, ¿les gusta a sus amigos visitar la casa de Uds.? --*Sí (No,
no) les gusta (visitar nuestra casa)*. . . ¿Les gustan a sus hermanos las mismas
cosas que le gustan a Ud.? -- *Sí, (No, no) les gustan (las mismas cosas)*. . .
¿Le gustan a su madre las mismas cosas que le gustan a su padre? --*Sí, (No, no)
le gustan (las mismas cosas).*

Actividades individuales

p. 118-119 <u>Palabras en uso</u>

A. Correspondencias: 1. fuerza 2. descansar 3. avisar / pedir 4. salud 5. doloroso
B. Es lo mismo: cansado--fatigado; auxilio--ayuda; fuego--incendio; dolor--sufrimiento;
en seguida--inmediatamente; enfermería--hospital; avisar--notificar

pp. 119-120 <u>Ejercicios suplementarios</u>

#19. The personal "a"

1. Conozco mejor a Miguel. 2. Visito a mis padres esta semana. 3. Voy a llamar a
Esteban ahora. 4. Vemos más a Elena. 5. Debemos invitar a Mario también.
6. Me llaman a mí. 7. Escogemos a Marisol. 8. Tenemos más primos.

#20. Third person object pronouns

1. No, no la veo. 2. Ya las tengo cerradas. 3. Sí, lo (le) conozco muy bien. 4.
Siempre la digo. 5. Los termino ahora mismo. 6. La mantienen limpia. 7. No, no
lo (le) conocemos. 8. Las recibo todos los días. 9. No lo recuerdo. 10. No, no le
hablo nunca. 11. Claro, les escribo todas las semanas. 12. Siempre le comunico.
mis planes. 13. No, no le doy nada. No le tengo compasión. 14. Dígale que le
mando todo mi amor.

#21. How to use *gustar*

1. Sí, me gustan enormemente. . .   2. Sí, nos gusta muchísimo la música nueva.
3. No, no me gusta nada ;a comida aquí. 4. A mis padres no les gustan siempre mis
compañeros. 5. Sí, a veces me gustan sus amigos /los amigos de mis padres. 6.
Claro que me gustan las mujeres independientes. 7. No, no me gustan los hombres
muy agresivos. 8. Nos gustan más las lecciones en la clase.

Lección VII

Tape

p. 121 ¿Cuál es el regalo?

These are the numbers that correspond to the illustrations:
(1st row) 6, 1, 4, 5   (2nd row) 3, 7, 2, 8

Pues vamos a adivinar. (Pistas).
1. ¿Hay una sola cosa en el paquete? --No, hay más. 2. ¿Usamos este regalo
solamente en la casa? --No. 3. ¿Voy a usar estas cosas para caminar?--No
exactamente. 4. ¿Usamos estas cosas solamente cuando hace frío? --Las
usamos normalmente cuando hace frío. 5. ¿Estas cosas me cubren el cuerpo
entero o solamente la parte superior? -- Le cubren el cuerpo entero, hasta
los pies. . . ¿Qué hay en el regalo? -- Levis y una camiseta.

p. 123 (top) Dígame, ¿Ud conoce a una chica como Alicia? --*Sí (No, no) conozco a una
chica como ella* . . . A propósito, ¿le interesa a Ud. mucho la ropa? --*Sí (No, no)
me interesa mucho* . . . ¿Compra mucha ropa? --*Sí (No, no) compro* . . .

pp. 123-124 Situaciones:

1. Díganos: ¿Compró solamente ropa, o compró otras cosas también?--*Compré*. . .
. . . ¿Pagó con dinero o con tarjeta de crédito? --*Pagué con* . . .   ¿Le costó
más, o menos, de cien dólares? --*Me costó más/menos de* . . .

2. (. . .) ¿Avisaste a la policía? --*Sí (No, no) avisé a . . .*   ¿Llamaste una ambulancia para las víctimas? --*Sí, (No, no) llamé . . .*   ¿Las llevaste en tu coche al hospital? --*Sí , (No, no) las llevé en mi coche . . .*

3. (. . .) ¿Estudiaron para un examen? --*Sí, (No, no) estudiamos . . .*   ¿Completaron todo el trabajo? --*Sí, (No, no) completamos todo . . .*   En fin, ¿descansaron un poco esta mañana? -- *Sí, (No, no) descansamos . . .*

4. (¿Qué excusas le ofreciste al profesor?) ¿Que saliste tarde de casa? --*Sí, que salí tarde de casa.   No, no salí tarde. . .*   ¿Que perdiste el autobús?--*Sí, que perdí . . .   No, no perdí . . .*   ¿Que recibiste una importante llamada telefónica? --*Sí, que recibí . . .   No, no recibí . . .*

5. ¿Uds. aprendieron a usar el pretérito en español? --*Sí (No, no) aprendimos a usar. . .*   ¿Leyeron algo interesante en el periódico? -- *Sí, leímos algo . . ., No, no leímos nada . . .*   ¿Oyeron algo interesante en la radio? -- *Sí, oímos algo . . .   No, no oímos nada . . .*

Actividades individuales

p. 129 Palabras en uso

A. Combinaciones: corbata / camisa; sombrero /abrigo; zapatos /calcetines; saco / pantalones; impermeable / paraguas; pijama (piyama) / bata y zapatillas; falda / blusa; camiseta o jersey/ levis; bufanda / guantes

B. Español-inglés: fiesta;   mal, malo; bien; mano; recibir; conocer; vestir, vestido; brazo; camisa

pp. 129 - 131 Ejercicios suplementarios

#22. The preterite tense of regular verbs

A. Frases paralelas

1. (Compré . . .) Vi / Recibí / Usé / Manejé un coche nuevo ayer.
2. (¿Dónde aprendiste eso?) ¿Dónde presentaste/ compraste/ comiste/ viste eso?
3. (Lo comprendió . . .) Lo llamó/ apagó/ abrió/ cerró inmediatamente.
4. (Comimos . . .) Comenzamos/ Terminamos/ Descansamos/ Salimos a la una.
5. (¿Las llamasteis?) ¿Las avisaste/ contestaste/ entendiste/ conociste?
6. (Uds. los contaron. . .) Uds. los limpiaron/ movieron/ escribieron/ encontraron, ¿verdad?

B. Conversaciones al instante

1. (. . .)   2. Sí, la avisé en seguida.   3. No, viví allí por un mes.   4. Sí, le escribí la semana pasada.   5. No, José las cerró.   6. Sí, me gustó muchísimo.   7. No, les hablamos en inglés.   8. No, sólo compramos unas zapatillas.   9. No, comimos muy poco.   10. No nos gustaron los precios.   11. No, no te llamamos.   12. Sí, la recibimos el lunes.

#23. The preterite of *ser, ir, dar*

1. Fui a la escuela/ Pasé el día en casa.   2. Nos dio mucho/poco trabajo.   3. Fuimos al laboratorio/ Solamente estudiamos en la clase.   4. Fui a una escuela pública / privada.   5. Fui un(a) estudiante mediano (-a)/ excepcional.   6. Mis padres me dieron dinero. . . / lo gané yo.

#24. Using two object pronouns together

A. "Sí, se lo . . . No, no se lo . . ."

1. Sí, (No, no) se lo paso. 2. Sí (No, no) se la digo. 3. Sí, (No, no) se los doy. 4. Sí, (No, no) se la mando. 5. Sí, (No, no) se la indico. 6. Sí, (No, no) se los copio. 7. Sí, (No, no) se lo limpio. 8. Sí, (No, no) se las digo. 9. Sí, (No, no) se las abro. 1o. Sí, (No, no) se lo pago.

B. "Ya te lo . . ."

1. Ya te la compré. 2. Hombre, ya te lo expliqué. 3. Ya te lo conté. 4. Ya te las repetí diez veces. 5. Ya te lo escribí. 6. Ya te los pedí. 7. Ya te lo pregunté.

C. "Sí, nos lo . . ."

1. Sí, nos la contó. 2. Sí, nos la dio. 3. Sí, nos los pagó. 4. Sí, nos la leyeron. 5. Sí, nos lo llevó. 6. Sí, nos la sirvió. 7. Sí, nos la compraron.

Lección VIII

Tape

p.133 Combinaciones: 1. chile con carne 2. lechuga con tomate 3. jamón con huevos 4. pan con mantequilla 5. hamburguesa con papas fritas 6. pastel de manzana con helados 7. café con crema 8. té con limón 9. cereal con banana 10. fideos con albóndigas

p. 135 ¿Qué dice Ud.?: (El camarero le habla. *Free response*) Buenas tardes. . . *Muy buenas*. . .¿Qué desea Ud. para comenzar--un coctel de frutas o un coctel de camarones? -- *Deseo . . .* ¿Y después? ¿Quiere sopa de cebolla o sopa de pollo?-- *Quiero . . .* Ah, muy bien. Ahora, para el plato principal, ¿qué prefiere Ud. -- carne o pescado? --*Prefiero. . .* Pues, ¿qué vegetal prefiere --coliflor o espinacas? --*Prefiero . . .* Y para terminar, ¿le gusta más el pastel de manzana o un helado? --*Me gusta más . . .* ¿Y lo toma con té, café o leche? --*Lo tomo con . . .* Excelente. Se lo traigo en seguida. Buen provecho.

p. 138 Mini-diálogos

1. (. . .) c. Dígame, ¿qué piensa Ud. de este jefe? (*free response --for example:"No me gusta, etc.*) 2. a. *No, Sarita y Edgar no estuvieron muy ocupados.* b. *Sus primos vinieron a verlos.* c. *Les trajeron arroz con pollo.* d. *Tuvieron una buena comida. . .* e. Según esta conversación, ¿qué día de la semana fue ayer? --*Ayer fue sábado o domingo.*

(bottom) A propósito, ¿cómo se llaman sus padres? --*Mis padres se llaman . . .*
Y sus hermanos, ¿cómo se llaman? --*Mis hermanos se llaman . . .*

p. 139 Perfil psicológico: (*Free response*) 1. ¿Se considera Ud. una persona serena o nerviosa? --*Me considero . . .* 2. *Me considero una persona egoísta/ generosa.* 3. *Me divierto más solo(a)./ Me divierto más con otras personas.* 4. *Sí, (No, no) me cuido mucho.* 5. *Sí, me pongo a veces en peligro.. . . No, no me pongo nunca . . .* 6. *Sí, (No, no) sé controlarme en momentos de crisis.* 7. *Sí, me siento capaz de comprender a otras personas.*

p.139 Psicólogo por un momento: (These are the clues.)

1. Ramiro Salazar se considera mejor que las otras personas. No tiene amigos, porque se considera demasiado inteligente para nosotros.   2. Miguel Romero, por otra parte, se estima muy poco. Se considera feo y estúpido.   3. Ofelia Cajal es una joven bonita y talentosa. Pero tiene miedo de expresarse cuando hay otras personas presentes.   4. Lucho Ortega tiene muy buena salud. Pero siempre se atribuye todas las enfermedades imaginables.   5. Rosalía Pereda se siente melancólica todo el tiempo. En efecto, una vez quiso suicidarse.

Actividades individuales

p. 142 Palabras en uso

A. ¿Qué nos sirvieron?: lechuga con tomate; huevos con tocino; pan y mantequilla; sopa con galletas; una hamburguesa con papas fritas. . . ¿Qué comidas piensa Ud. que tomamos con esos amigos? --(*Probablemente -- el desayuno y el almuerzo.*)

B. La palabra intrusa: 1. langosta . . . Tema: carnes; 2. maíz . . . Tema: bebidas 3. cebolla . . . Tema: frutas 4. pastel . . . Tema: los vegetales 5. guisantes . . . Tema: postres

pp. 143-144 Ejercicios suplementarios

#25-26. The preterite of -*ir* stem-changers and of irregular verbs

A. Frases paralelas

1. (. . .) Las víctimas murieron. Nosotros casi morimos. Tú casi moriste.
2. (. . .) ¿Quién lo dijo? ¿Quién lo pidió? ¿Quiénes lo pidieron?
3. (. . .) ¿Ya estuvieron/ lo hicieron/ lo trajeron?
4. (. . .) Yo no lo hice. Nosotros no lo hicimos. Nosotros no lo supimos.
5. (. . .) ¿Viniste con él? ¿Ud. vino con él? ¿Uds. vinieron con él?
6. (. . .) El jefe no quiso verme. ¿Tú no quisiste verme? ¿Tú no pudiste verme?

B. Un poco de lógica

1. Gerardo y Rufo se lo dijeron, pero . . . (. . .) Porque . . .   mintieron. 2. ¿ . . . pidió . . .? --Porque no quisimos . . .   3. ¿Quién vino . . . ? -- Yo vine primero, pero tuve que salir temprano.   4. Nadie pudo dormir . . . . -- Porque vosotros hicisteis mucho ruido.   5. Y tú, ¿cuándo supiste . . . ? --Cuando estuve . . .   6. ¿Qué hizo Ud. . . . ? -- Fui al cine.

#27. Introducing the reflexives

1. Si uno . . . , tiene que prepararse . . .   Tiene que educarse. Tiene que acostumbrarse . . .   Tiene que aprender a defenderse . . . -- ¿Y tú? ¿Ya te preparaste . . . ? --¡Qué va! Yo me considero . . .   Díganos: ¿Ud. se considera . . . ? --*Me considero . . . todavía.*

2. ¿Se divirtieron Uds. anoche? --Pues, nos divertimos . . .   Pero pronto nos cansamos . . . , y decidimos encontrarnos . . .   Díganos: ¿Se cansa . . . ? --*Sí, me canso a veces . . . No, no me canso nunca . . .*

3. Tú te llamas . . . -- Sí, pero prefiero llamarme . . .   Me siento más confortable así. . . . Díganos: ¿Cómo prefiere llamarse? --*Prefiero llamarme . . .*

Tape

p. 150   Analogías: 1. sentimiento   2. casar / casado   3. dudar / dudoso   4. desear/ deseado   5. pensar / pensador   6. preocupado / preocupar   7. soñar / sueño   8. olvidar / inolvidable   9. alegre / alegría   10. triste / tristeza

p. 151   ¿Bueno o malo? (Here are the clues and the answers.) 1. (...)   2. "Veo que Uds. están muy alegres. --Más que alegres. Somos felices."   --*Bueno*.   3. ¿Sabes? Estoy muy preocupado por Luis." --*Malo*.   4. "Rodolfo es una persona odiosa." -- *¡Qué horror!*   5. "Miguelito teme mucho a sus padres." -- *¡Ay, qué mal!*   6. Espero sacar "A" este semestre en todas mis clases." --*Ah, me alegro*.   7. "No sé por qué, pero hoy estoy muy triste." --*Ay, lo siento*.

p. 152   ¿Recuerda Ud.? : 1. ¿Recuerda Ud. cuando era muy joven? --*Sí, recuerdo cuando era*...   2. Cuando Ud. tenía diez años, ¿le gustaba mucho la escuela? --*Sí, (No, no) me gustaba*...   3. ¿Veía Ud. mucha televisión? --*Sí, (No, no) veía*...   4. ¿Caminaban Uds. a la escuela, o tomaban el autobús? -- *Caminábamos* ... */ Tomábamos*...   5. ¿Vivía su familia en la casa donde vive ahora? --*Sí, mi familia vivía* ... *No, mi familia no vivía*...   6. ¿Era una casa de apartamentos o una casa particular? -- *Era*...   7. Hablando entre amigos, dime: Cuando tú estabas triste, ¿ibas a tu mamá o a tu papá? -- *(Yo) iba*...   8. ¿Hablabas mucho con tus abuelos. -- *Si, (No, no) hablaba*...   9. Finalmente, ¿eras un niño (una niña) feliz? --*Sí, (No, no) era*...

p. 153   ¿Qué pasaba cuando ...?

(Here are the questions you heard on the tape.) 1. ¿Qué estación del año era cuando llevé este abrigo y guantes?   2. ¿Hacía frío o calor cuando me puse este suéter?   3. ¿Qué tiempo hacia cuando me puse estos vestidos?   4. ¿Adónde iba yo cuando me puse esta blusa y falda?   5. ¿Adónde iba Bárbara cuando se puso la pijama y zapatillas?

p. 154   (top) #5. ¿Cuándo les escribió Andrés--hace unos días o hace semanas? --*Les escribió hace semanas*.

Actividades individuales

p. 156   Palabras en uso

A. Equivalencias: The numbers from Column A should be placed in the blanks of Column B in the following order: 3, 6, 5, 2, 1, 7, 8, 4

B. Inglés-español: 1. vida   2. odiar, odio, odioso   3. desear, deseo   4. amar, amable   5. pensar   6. fin, final   7. perdón, perdonar   8. sorpresa   9. seguro, seguridad   10. pena   11. maravilloso   12. felicidades, feliz   13. sueño, soñar   14. enamorado   15. signs of life -- vida   16. Es buena. Felicitous = feliz.

pp. 156-158   Ejercicios suplementarios

#27.   The imperfect tense

A.   Presente-imperfecto

1. Qué hacías? -- Me preparaba...   2. Dónde estaban --Estábamos   3. Lo guardaba --Debías olvidarlo.   4. Gritaba y lloraba ...-- Siempre era así. 5. Estábamos ...-- Claro, porque no os cuidabais.   6. Me sentía ... --¿Y no tenía ...? 6. ¿No ibas ...? --Sí, pero tenía ...   7. No las veíamos ....--¿Es que no querían o que no podían?

B.   Diálogos al instante: 1. Era grande.   2. No, vivíamos en otro estado.   3. Sí, teníamos muchísimos.   4. Sí, nos gustaba a veces.   5. Ibamos a la Florida.   6. (Yo)

Tenía diecisiete años.   7. Eran las tres de la mañana.   8. Sí, estaban jugando a las cartas.   9. Nos sentíamos felices.

#29. Imperfect or preterite?

Mini-cuento:
Ayer cuando yo caminaba. . . , vi . . .   Se llamaba . . . y era . . .
Le grité . . . , y le saludé . . .   Pero no me contestó. No volvió la cabeza . . .
Pues bien, yo no estaba dispuesto. . .   Y así, comencé a . . .   "Marcos", le dije . . .
Esta vez sí volvió . . . y me vio. Pero en lugar de sonreír, me dirigió . . . , y
se fue corriendo . . .   Ahora no lo entiendo: ¿Era él o era ora persona? ¿Quién más
podía ser? Pero, ¿por qué no quiso . . . ?

#30. Two special time expressions

A. hace

Conteste: 1. Murió hace sólo un mes.   2. Sí, estuvimos en México hace dos semanas.
3. No, nos dio el examen hace casi quince días.   4. Aprendí a jugar al tenis hace
muchos años.   5. Nos graduamos hace un semestre.

B. acabar de

Frases paralelas:

1. (. . .) ¿Tú acabas de subir? ¿Uds. acaban de subir? ¿Uds. acaban de saberlo?
2. (. . .) Acabábamos de verla. Elisa acababa de . . . ¿Vosotros acababais de. . . ?
3. (. . .) ¿Uds. acababan de hacerlo/ traérselo/ dárselo?
4. (. . .) Acaban de avisarle. Acababan de avisarle. Pío y yo acabábamos de avisarle.

Lección X

Tape

p. 159. Palabras ilustradas:
     crema dental y un cepillo; un espejo; una toalla; jabón; un peine

   ¿Qué busco? 1. Acabo de comer y ahora necesito esas cosas para limpiarme los
   dientes. --*Crema dental y un cepillo.* 2. Ay, mi pelo está tan feo. Tengo que usar
   esta cosa en seguida. -- Un peine.   3. Ahora necesito otra cosa para ver mi cara.
   -- *Un espejo.*   4. Tengo las manos y la cara muy sucias. Pero no encuentro con
   qué lavarlas. -- Jabón.   5. Salgo ahora de la ducha y necesito esta cosa para
   secar mi cuerpo. -- *Una toalla.*

p. 160. ¿Verdad o falso? (Here are the clues you heard on the tape.)
   1. Fernando está preocupado porque hay dos mujeres enamoradas de él. 2. Su
   amigo Ramiro le recomienda un perfume masculino.   3. La fórmula Suprima
   Doble Potencia sirve para solamente una persona entre cien.   4. Si Fernando
   usa Suprima, las chicas lo van a amar en seguida.   5. Ramiro dice que Fernando
   tiene que comprar otros productos también.

   A propósito, díganos: (*Free response*) ¿Qué crema dental usa Ud.? --*Uso* . . . ¿Qué
   jabón prefiere? --*Prefiero* . . . ¿Y con qué champú se lava el pelo? --*Me lavo
   el pelo con* . . .

p. 161 ¿Qué están haciendo estas personas? 1. (. . .) 2. *Se está duchando.* . . Dígame: ¿A
   Ud. le gusta más ducharse o bañarse? --*Me gusta más ducharme/ bañarme.*   3. --*Se
   está limpiando los dientes.* . . . En su opinión, ¿cuántas veces al día debemos
   limpiarnos los dientes? --*Debemos . . . al día.*

289

p. 162 ¿Qué estaban haciendo?: 4. (. . .) ¿Qué nos dice? ¿A Ud. le gusta acostarse temprano o tarde? --(A mí) me gusta acostarme . . .   5. (. . .) ¿Qué piensa Ud.? ¿Qué hora era de la mañana? --Eran las . . . de la mañana.   6. (. . .)

p. 163 Preferencias: 1. (. . .) El mío es viejo y no funciona. y el suyo es nuevo. Ahora, ¿cuál prefieres?   2. (. . .) Pero escucha: La nuestra es grande y moderna. La suya es pequeña, y de estilo antiguo. ¿Cuál prefieres ahora?   3. (. . .) ¿Cuáles escuchamos--los míos o los suyos? --(free response) Escuchamos los tuyos/ los suyos (los de ellos) .

4. (. . .) ¿Cuáles te interesan más -- las mías o las de ella?
      -- (Free response) Me interesan más las tuyas/ las de ella.

p. 165 (top) Díganos: ¿Cuántas lenguas, más o menos, se enseñan en esta universidad? --Se enseñan . . .   ¿Se ofrece un curso de verano? . . . Pues hablando de esta escuela, díganos: ¿Se construyó hace mucho o hace poco tiempo? --Se construyó hace . . . Y Ud., ¿cuándo se va a graduar? --Me voy a graduar en . . .

   (bottom) Mini-diálogos: 1. ¿Para quién compró Lisa los diez vestidos? --Los compró para sí misma.   En su opinión, ¿Lisa piensa más en otras personas o en sí misma? --Piensa más en sí misma.   2. ¿Cómo lo hicieron Carmen y Pepe? --Lo hicieron todo por sí mismos. . . Según esto, ¿prefieren depender de otras personas o de sí mismos? --De sí mismos.

Actividades individuales

p. 168 Palabras en uso

   A. Asociaciones (Free response. Here are some possibilities.)

   bañarse: baño, jabón agua caliente, toalla, por la mañana. . .
   levantarse por la mañana: temprano, ducharse. lavarse la cara, limpiarse los
      dientes. . .
   acostarse: la medianoche, cama, pijama,temprano, tarde . . .
   una botella: leche, soda, líquidos, plástico, romper . . .
   anteojos--lentes, leer, ver, costosos, para el sol . . .
   una caja: poner varias cosas, de chocolates, de huevos, etc.

   B. ¡Al contrario!: casarse; levantarse; despertarse; encontrar; creer;, recordar; muerto

pp. 168-171 Ejercicios suplementarios

#31. Using the present participle

   Conversaciones al instante
   1. No. Estoy preparando el almuerzo. 2. Sí, están pidiendo demasiada ayuda. 3. No, estamos levantándonos. 4. Sí, estaba sintiendo el frío muchísimo. 5. No, estaba mirándola (la estaba mirando) a ella. 6. No, estábamos descansando, nada más.

#32. The possessives mío, tuyo. . .

   A. Frases en serie

      1. (. . .) Estos cuartos son nuestros. Aquellos cuartos son nuestros. Aquellos cuartos son suyos (de Uds.). Aquellas alcobas son suyas (de Uds.).
      2. (. . .) Unos amigos míos llamaron ayer. Unos amigos nuestros llamaron ayer. Una vieja amiga tuya llamó ayer. Una vieja amiga vuestra llamó ayer.

   B. Alternativas: 1. Es suya. / Es de ella. 2. Es tuyo. 3. Son suyas. /Son de él. 4. Es mío. 5. Eran míos. 6. Eran nuestros. 7. Son suyos. /Son de Uds. 8. Son vuestras. 9. Son suyas./ Son de ellos. 10. Eran míos.

#33. More about the reflexives

    A. Conversaciones al instante

        1. ¡Qué va! Siempre nos cuidamos... Me preparé huevos con tocino.   2. Sí, me divertí bastante... Por supuesto, me alegré de verla... No sé si se alegró de verme a mí. 3. Sí, me estoy vistiendo (estoy vistiéndome) ahora mismo... Me voy a poner (Voy a ponerme) la corbata verde... Sí, me voy a cambiar (voy a cambiarme) la camisa azul.

    B. Bancos de verbos.

        1. a. se levantó -- no me levanté en seguida   b. te acuestas   c. se sientan   d. ¿Se abren...? --Sí, y se cierran...

        2. a. me dormí -- se siente   b. te enojas -- me pongo furiosa   c. ¿Se cansaron Uds.   d. irse -- perdernos

    C. Un poco de lógica

        1. Debes acostarte. 2. Tienen miedo de perderse. 3. Uds. deben casarse. 4. Va a romperse. 5. Ud. se quita el abrigo.

    D. A pensar, y contestar: 1. Se abre la ventana. 2. Se toma el elevador. 3. Se come mal allí... Se sube de peso. 4. Se debe hablar español. 5. Se deben llevar impermeable y paraguas.

#34. Reflexives that follow a preposition

    1. Sí, (No, no) hablo mucho de mí mismo (-a). 2. Sí, (No, no) compré toda esta comida para mí mismo (-a). 3. Sí, (No, no) estoy muy contento (-a) conmigo mismo (-a). 4. Sí, (No, no) tenemos mucha confianza en nosotros mismos. 5. Sí, (No, no) hicimos todos estos ejercicios por nosotros mismos.

Lección XI

Tape

p. 173 ¿Dónde está la llave? (Pistas) 1. ¿Está encima de la mesita de noche?--No, no está encima de ella. 2. Está junto al televisor? --No, no está junto a él. No está cerca de la silla tampoco. 3. ¿Está detrás de las cortinas? --No, no está detrás de ellas. No está cerca de la ventana. 4. ¿Está dentro del escritorio? --No. No está dentro de nada. 5. ¿Está delante del espejo? --No. Ni está sobre la cómoda... Solución: *Está debajo de la alfombra.*

p. 175 Situaciones

    1. a. (Está haciendo frío.) "Ven acá y ponte un suéter."   b. *Free response, but probably: "Por favor, diles que no pueden."*   c. (El niño está muy sucio.) *"Lávate primero la cara y las manos."*

    2. a. *Free response, but probably: "Descansa por un rato, y después vuelve a estudiar."* b. Tu novio (-a) dice que no te puede ver este fin de semana porque quiere ir a una fiesta con sus amigos. (*Free response*) *"Llévame a mí también."/ Muy bien, vete -- ¡para siempre!"*

p.176 Una situación más: Unos adolescentes están a punto de cruzar el camino en el medio de la calle. -- a. *"Muchachos, cruzad en la esquina."*   b. *"Mirad por ambos lados."*

p. 177 Un poco de lógica: Here are the clues:
    1. (...) Los estoy guardando para el 25. --*Para la Navidad.* 2. (...) Salimos para Caracas (Venezuela). --*Se van para Sudamérica.* 3. (...) Ud. dijo que lo iba a tener dos días antes. --*Para el jueves.* 4. ... producía solamente ropa para caballeros. -- *No, no pudo comprar allí una falda para su hermana.* 5. ... para su edad. --*Es viejo.*

p. 178 (past the middle) Dime: ¿Tú hablas mucho por teléfono? --*Sí (No, no) hablo* . . .
¿Sabes mandar documentos por Fax? --*Sí (No, no) sé* . . .

(bottom) A propósito: ¿Tú funcionas mejor por la tarde o por la mañana?--*Yo funciono* . . .

p. 179 (top) Dime: ¿Cuánto se paga ahora por una motocicleta buena? --*Se paga* . . . , *más o menos*.

Actividades individuales

p. 181 <u>Palabras en uso</u>

A. "Go, go, go:: ir; irse, marcharse; subir; bajar; enrar; salir; seguir, continuar; volver, regresar

B. Direcciones opuestas: 1. No. Dobla a la izquierda. 2. No. Vuelve para atrás. 3. Camine calla abajo. 4. Pasa detrás del cine. 5. Está muy lejos de aquí. 6. Se encuentra fuera de la Plaza. 7. Está al otro lado/ al fin/ al comienzo de la calle.

C. Lógica lingüística: 1. Vive en un área suburbana.   2. De la "familia extendida". 3. Es el chófer. 4. Van al mismo tiempo. 5. Tiene poca capacidad tecnológica.

pp. 182-184 <u>Ejercicios suplementarios</u>

#35. Affirmative commands to <u>tú</u> , and <u>vosotros</u>

A. Hazlo, amigo
1. Acompáñame. Permítele ir también.   2. Levántate a las seis. Acuéstate temprano. . . 3. Hazme un favor. Lávame el pelo. 4. Sal ahora mismo. Y vuelve pronto. 5. Ven a nuestra fiesta. Diviértete con nosotros. 6. Vete para Cali. Ten mucho cuidado allí. 7. Dánoslos. Mándamelos por vía aérea.

B. Vosotros. . .
1. Acompañadme. Permitidle ir . . . 2. Levantaos . . . Acostaos. . . 3. Hacedme un favor. Lavadme . . . 4. Salid . . . Volved. . . 5. Venid . . . Divertíos . . . 6. Idos . . . Tened . . . 7. Dádnoslos. . . Mandádmelos . . .

#36. Equal comparisons

A. ¿<u>Tan</u> or <u>tanto</u>?: 1. tanto 2. tan -- tanto 3. tantas   4. tantos -- tan -- tan 5. tan

B. ¿Más? ¡No, igual!

1. a. No, pero vivo tan cerca como Uds./vosotros. b. No, pero llego tan temprano como Uds./vosotros. 2. a. No, pero hicimos tanto como ellos. b. No, pero creo que sabían tanto como nosotros. 3. a. No, pero visitamos tantos lugares como la otra vez. b. No, pero ahora conocemos España tan bien como tú /Ud.   4. a. No, pero estoy tan preparada como ayer. b. No, pero tengo tantas cosas para mañana como de costumbre.

#37-28. The uses of <u>por</u> and <u>para</u>

A. ¿Cómo se relacionan? (*Free response, such as:*)

Para tener éxito, uno debe trabajar, tener buenas conexiones, ser honesto, etc.

Para ganar el amor de otra persona, uno tiene que tratarla con consideración, etc.

292

B. Conversaciones al instante

1. No, pienso acabarlo para el lunes. 2. Sí, es para ti /Ud. 3. Sí, era muy alto para mi edad. 4. No. Nos íbamos para Guatemala. 5. No, los uso sólo para leer. 6. No, estudió para ingeniera. 7. Al contrario, son para engordar.

C. Por or para?

1. por prestigio -- por amor. 2. por -- El diez por ciento 3. Para -- Por favor
4. Para estar seguros, . . . por correo certificado. -- Y vamos a mandar una copia por Fax 5. para vino -- para agua 6. Por Dios . . . ve por el médico. -- Por favor

Lección XII

Tape

p. 185 (top) Pero primero, dígame: ¿Tiene Ud. su propio coche? --Sí,(No, no) tengo mi propio coche. . . ¿Cuántos coches hay en su familia? --Hay . . . en mi familia.

Un poco de lógica:

1. Creo que tenemos un desinflado. --No te preocupes. En seguida cambio la llanta. . . . Lógico. 2. Acabo de ver un accidente en el camino. (. . .) Dos vehículos chocaron --un carro y un camión. . . Lógico. 3. ¿Qué piensas? ¿Debemos tomar la carretera principal? --No. Hay demasiado trafico en esos pequeños caminos rurales. . . Ilógico. 4. Señor, ¿por qué no paró Ud.? ¿. . . ? -- (. . .) Y no paré porque la luz estaba roja. . . Ilógico. 5. Mi coche está descompuesto. No sé si es la batería o la transmisión. --Pues posiblemente en esta estación de servicio te lo pueden arreglar. . . Lógico.

p.186-187 Situaciones: 1. (. . .) 2. (. . .) Dele muchos líquidos y métalo en la cama. 3 - 5. (. . .) 6. Free response.

p. 189 Más situaciones

1. ¡Ay, me voy por un año, y te amo tanto! Por favor, María. . .No me olvides. --Pero Carlos, no te marches. No me dejes sola.

2. Oyeme, Riqui. Tengo que ir al mercado por una hora. Por favor, hijo, . . . no toques nada en mi cuarto. . . Si te duchas, no acabes toda el agua caliente. . . Si sales de la casa, no dejes las ventanas abiertas.

3. Una maestra está hablando con sus estudiantes. . . "Muy bien, clase, vamos a comenzar ahora el examen. . . Cerrad los libros, y no los abráis durante el examen. . . . No miréis los papeles de vuestros compañeros. . . Guardad silencio y no le habléis a nadie.

p. 191 ¿Verdad o falso?

1. La señora Arenas acaba de tener un accidente con su coche. . . Falso. (Su hermano lo tuvo, no ella.)
2. La señora le pide al mecánico: "Arréglemelo para esta tarde. . . Verdad.
3. Canarias le dice que no hay problema, porque el coche no está en muy mala condición. . . Falso.
4. En realidad, el hermano menor de la señora chocó con el camión de su esposo, y con otros coches también. . .Verdad.
5. La policía nunca va a saber quién lo hizo. . . Falso. (Tienen el número de la placa.)

Actividades individuales

p. 193 <u>Palabras en uso</u>

A. ¿Cómo se relacionan?

semáforo -- luz roja, verde, o amarilla/ parar
carretera -- mucho tránsito/, varias pistas/ coches y camiones
distancias -- milla / kilómetros
estación de servicio -- arreglos y reparaciones/ gasolina y aceite/ coches y
 camiones
chófer -- licencia de manejar/ seguir los reglamentos de tránsito/ tener cuidado
chocar -- accidente/ descompuesto/ coches y camiones

B. Turista: The signs should read as follows:
1st row: Pare/ Alto . . . Curva / Doble a la derecha . . . Peatones, no pasen/ No
 caminen . . . Una vía/ Un sentido
2nd row: No parar ni estacionar / Estacionamiento prohibido . . . Ceda el paso . . .
 Velocidad máxima 100 Km. (kilómetros) . . . No doblar

C. Proyecciones

1. No. No está permitido estacionar. 2. A la estación de servicio o a una mecánica
3. Truck driver 4. gasolina y aceite 5. local 6. change . . . collision . . .
shock

pp. 194-196 <u>Ejercicios suplementarios</u>

#39. Commands to <u>Ud.</u> and <u>Uds.</u>

A. A practicar

(que) . . . Ud. maneje bien; Adela doble a la derecha; Nando pase la luz roja; tú leas
las señales; yo ceda el paso; el tráfico pare; Uds. se cuiden; el motor
funcione mal; las luces se apaguen; las llantas se desinflen; el espejo se
rompa; el precio del aceite suba siempre; Cuco y yo paguemos una multa;
vosotros busquéis un coche; yo lo abra

B. ¿Cuál es la conclusión correcta?

1. a. límpiela 2. b. Bébala. 3. c. levántense en seguida 4. a. Muéstreme su
licencia de manejar 5. a. Olvídense de ellos y traten de hacer mejor en el futuro.

C. Singular --> Plural
1. Ayúdenme. 2. Sálvenlo. 3. Mándenselas. 4. Avísennos. 5. Dénmela.
6. Escríbanles. 7. No nos miren así. 8. No se enojen conmigo. 9, Léanselo.
10. No se lo permitan.

#40. Commands to "nosotros"

A. ¡Es una orden!

1. Caminemos. 2. Subamos. 3. Descansemos. 4 Escribámosle. 5. Contestémosles.
6. Esperémosla. 7. Contémoslas. 8. No lo creamos. 9. No los perdamos.
10. Sentémonos aquí. 11. Casémonos en junio. 12. Ayudémonos.

B. En otras palabras:
1. Vamos a caminar. 2. Vamos a subir. 3. Vamos a descansar. 4. Vamos a
escribirle. 5. Vamos a contestarles. 6. Vamos a esperarla. 7. Vamos a contarlas.
10. Vamos a sentarnos aquí. 11. Vamos a casarnos en junio. 12. Vamos a
ayudarnos.

#41. Negative commands to "tú" and "vosotros"

    A. "Te digo que no, amigo"

      1. No lo dejes como está. 2. No le arregles el motor. 3. No les compres nada. 4. No te olvides. 5. No le permitas ir. 6. No le laves el carro hoy. 6. No cuentes conmigo. 7. No lo recuerdes nunca. 8. No la toques. 9. No escojas un coche usado. 10. No le pagues más de diez mil.

    B. "Os digo que no, amigos"

      1. No subáis ahora. 2. No volváis a la derecha. 3. No paréis aquí. 4. No lo cortéis con esas tijeras. 5. No me las deis. 6. No se la cambiéis. 7. No los dejéis conmigo. 8. No os quedéis con ellos. 9. No los abráis inmediatamente. 10. No lo metáis en esa caja.

Lección XIII

Tape

p. 197. ¿Cómo vamos a viajar?

  Pistas: 1. ¿Es un vehículo pequeño o grande? --Depende. A veces son pequeños, pero pueden ser bastante grandes. 2. ¿Pueden ir cuatro personas en ese vehículo? --Ah, sí. Naturalmente. 3. ¿Sirve para cuarenta personas? --Sí, frecuentemente. Aun para más. 4. ¿Tiene ruedas? --Sí, definitivamente. 5. ¿Tenemos que ir al aeropuerto para cogerlo? -- Normalmente, no. 6. ¿Anda sobre el agua? ¿Cruza el mar? --Por sí solo, no. 7. ¿Hace muchas paradas? --Sí, hace muchísimas. 8. ¿Los pasajeros suben y bajan siempre en una estación? -- No. En la esquina, o en la terminal... ¿Cómo vamos a viajar? --*En autobús.*

p. 198 Práctica, y un poco más.

    1. (. . .) Contesta: Si se anuncia un concierto para las siete de la tarde. ¿a qué hora recomiendas que lleguemos? --*Yo recomiendo que lleguemos para las . . . (Free response*)
    2. (. . .) Contesta: ¿Tu medico insiste en que vigiles la dieta? --*Sí, mi médico insiste en que (yo) vigile la dieta. . . No, . . .*
    3. (. . .) Contesta: Oye, ¿quieres que te esperemos afuera después de esta sesión? --*Sí, (No, no) quiero que me esperen (esperéis) . . .*

p. 199 Situaciones

    1. ¿Quieres saber un secreto? Prometí que no te lo iba a contar, pero . . . (*Free choice of response.*)
    2. Unos amigos tuyos quieren viajar a México. ¿Qué les dices? . . . (*Free choice*) A propósito, ¿les pides que te traigan unos discos mexicanos, o que te traigan un sombrero de charro? --*Les pido que me traigan . . . (Free choice)*
    3. Acaban de anunciar en la radio que va a nevar fuerte mañana. ¿Qué nos recomiendas? . . . (*Free choice*)
    4. Tu mejor amigo se va a entrevistar para un trabajo. ¿Qué le aconsejas? . . . (*Free choice*)
    5. Tú quieres ir a la Florida con tus amigos durante las vacaciones de invierno. ¿Qué crees que te van a decir tus padres? (*Free choice*)

p. 203 ¿Verdad o falso?

    1. La noche antes de su viaje, Alberto soñó que estaba en un tren electrónico . . . *Falso*. 2. Al llegar al hotel, me dijeron: "Es lástima que no podamos honrar su reservación." . . . *Verdad*. 3. Según el director, Alberto no recibió el telegrama porque murió poco antes en un accidente. . . *Verdad*. 4. Comencé a gritar y Marisa aquí me despertó. . . *Falso*. 5. Cuando le conté el sueño a mi esposa, ella dijo: "Yo recomiendo entonces que no vayamos en ese viaje." . . . *Falso*.

p. 205 <u>Palabras en uso</u>

A. ¿Qué pasa aquí?
The fragments of conversation go with the drawings as follows:
1 -- f   2 -- b   3 -- d   4 -- e   5 -- a   6 -- c

Ahora describa cada situación ... *Free response.*   For example:
1. Estamos en la Recepción de un hotel (grande, pequeño, español, etc.) El recepcionista está atendiendo a un cliente. Tiene el Registro delante de él. El hotel (no) está muy lleno en este momento, etc.

B. Hotel :   1. un cuarto doble (o de matrimonio) con baño.   2. El ascensor o elevador.   3. En la Recepción.   4. El botones   5. Soy el (la) conserje.   6. La criada/ camarera/ gobernanta   o el criado / camarero

pp. 206 -208 <u>Ejercicios suplementarios</u>

#42. The first concept of subjunctive--indirect command
A. Alternativas

1. Recomiendo que Uds. cierren/ que vosotros cerréis / que(nosotros) cerremos las ventanas.   2. Es mejor que . . . (*free choice*)   3. Te aconsejo que pases unos días sin comer/ que hagas una dieta poco a poco.   4. Le recomiendo que lo perdone/ que ya no sean amigos.

B. Frases paralelas

1. (. . .) No quiero que lo mires/ ayudes/ rompas/ permitas.
2. (. . .) Nos ruega que la olvidemos/ recordemos/ creamos/ busquemos.
3. (. . .) Le voy a pedir que suba/ baje/ termine/ se levante temprano.
4. (. . .) Preferimos que le hable/ escriba/ avise/ espere Ud.
5. (. . .) Es necesario que se lo expliquen/ paguen/ vendan/ abran Uds.
6. (. . .) Insisto en que trabajéis/ os preparéis/ leáis/ respondáis más.

#43. ¿Cómo se relacionan?

The numbers of Column A should be placed in the following order in the blanks of Column B: 3 , 4, 1, 7, 6, 2, 5

#44. The second concept of the subjunctive: Emotion

1. (. . .) Me alegro de que Elda venga/ salga/ se encuentre mejor de salud ahora. ¿En qué condición estuvo? --*Estuvo enferma.* ¿De dónde crees que acaba de salir? --*Del hospital, etc.*

2. (. . .) Nos sorpende que Ramón les diga/ pida/ traiga una cosa tan mala. ¿Pensaban bien o mal de Ramón antes?--*Pensaban bien de él antes.*

3. (. . .) Es lástima/ Sentimos/ Me enoja que sea tarde. . . ¿Es muy puntual la persona que nos habla. --*Sí, es muy puntual.*

4. (. . .) ¡Ojalá que no te diga eso a ti./ que no les diga eso a Uds. (ellos, ellas)/ que nos nos diga eso a nosotros! ¿Cree que les va a contar una cosa buena o mala? --*Cree que les va a contar una cosa mala.*

Tape

p. 213 Categorías
   la ciudad: congestión de gente/ ruido y tráfico, el metro, teatro y museos
   las afueras: casas individuales con garaje/ poca distancia de la ciudad
   el campo: aire limpio/ agricultura/ animales

p. 215 (near bottom) A propósito, ¿tú eres una persona romántica? --*Sí (No, no) soy* . . .
   ¿Estuviste enamorado (-a) alguna vez? --*Sí, estuve enamorado (-a) una vez/ varias
   veces. . . No, no estuve enamorado (-a) nunca.* ¿Puedes recordar el primer amor
   de tu vida? --*Sí, (No, no) puedo recordar . . . de mi vida. / El primer amor de mi vida
   era . . .*

p. 217 ¿Qué opinas?: ¿Tú crees. . . ? -- *1. Sí, creo que el hombre es más fuerte que la
   mujer. / No, no creo que el hombre sea más fuerte. . . 2. Sí, creo que el hombre
   trabaja más que la mujer. / No, no creo que el hombre trabaje más . . . 3. Sí, creo
   que los atletas profesionales ganan demasiado dinero. / No, no creo que . . . ganen
   demasiado dinero. 4. Sí, creo que la música "rock" va a ser popular siempre. / No,
   no creo que la música "rock" sea (vaya a ser) popular siempre. 5. Sí, (No, no)
   es posible que yo sea famoso (-a) algún día.*

p. 219 Descripciones: 1. (. . .) Era un famosísimo escritor dramático. / Era nuestro primer
   escritor dramático.

Actividades individuales

p. 222 <u>Palabras en uso</u>

   A. Definiciones: a. una iglesia b. un edificio (comercial), un rascacielos c. el
      metro, el subterráneo d. la biblioteca e. el centro

      Ahora contesta: 1. un edificio 2. la biblioteca 3. el centro 4. el metro
         5. una iglesia, un templo, una sinagoga

   B. Paralelos naturales

      1. lunático 2. flor (asoleado -- sunny; floreado -- flowery, full of flowers)
      3. montaña -- arenoso (Si el clima es lluvioso, la tierra es húmeda.)

pp. 223-224 <u>Ejercicios suplementarios</u>

#45. The third concept of the subjunctive -- unreality

   A. Con un poco de duda

      1. ¿Cree Ud. que vuelvan hoy? 2. ¿Crees que lo sepan ya? 3. ¿Creen Uds. que sea
      el mejor? 4. ¿Creéis que se vayan tan pronto? 5. ¿Cree Ud. que valga tanto dinero?

   B. Mini-conversaciones

      1. No, no es posible que Eduardo lo haga. 2. No, no es cierto que vengan. 3. No,
      no es probable que llueva hoy. 4. No, no estoy segura de que se vayan. 5. No, no
      niegan que la conocen. 6. No, no dudo que son capaces de hacerlo. 7. No, no
      creo que podamos /que Uds. puedan/ que vosotros podáis ganar. 8. No, no es
      verdad que el jefe quiera hablarte/ hablarle.

#46. The present subjunctive of stem-changing verbs

      1. repitan . . . mienta. . . .mintamos 2. Les ruego que cierren las
      ventanas. . . -- (. . .) Es probable que durmamos toda la tarde. 3. Es posible que
      los Alvarez te pidan ayuda. -- (. . .) No quiero que se sientan ofendidos. 4. ¿. . . que
      os sirvamos el almuerzo? -- . . . , si no queréis que nos muramos de hambre.

#47. Indefinites and negatives

Diálogos al instante

1. (. . .) No, nadie fue conmigo.   2. (. . .) No, no ocurrió nada de importancia.
3. ¿. . .) -- Sí, conozco a algunos de ellos.   4. (. . .) Sí, algunas amigas tuyas te
llamaron.   5. (. . .) Yo nunca hablo mal de nadie.   6. (. . .) A nosotros no nos
gustó tampoco.   7. (. . . ? --No, no venía ninguno de ellos. -- ¿Ni Pepe? --No, ni
Pío tampoco.

1. (. . .) No, nunca viajamos en avión.   2. No, nada le/me sorprende.   3. No,
nadie lo usaba.   4. No, jamás van a acabar.   5. No, ninguno de ellos pide que yo
vaya.

#48. More about adjectives--shortening and position

¿Cómo vamos a describirlos?

1. su primera obra dramática   2. el tercer autor más importante inglés /el tercer
autor inglés más importante   3 una aventura peligrosa, increíble y fascinante/
una increíble aventura peligrosa y fascinante   4. un famoso poeta moderno
cubano / un famoso poeta cubano moderno   5. un buen análisis psicológico y social

Lección XV

Tape

p. 226 (middle) Pero en serio, ¿qué dices? ¿Te gusta la idea de tener un autómata en tu
casa? --*Sí (No, no) me gusta la idea de* . . . ¿Te gusta la idea de tener un robot como
profesor? . . .

(bottom) ¿Verdad o falso?

1. Estamos escuchando un noticiero del siglo XXVI. . . *Verdad.*
2. González López Hermanos es una compañía que produce comidas instantáneas.
   . . *Falso. (Produce autómatas.)*
3. Según el noticiero, el viejo "Edificio del Estado Imperial" va a ser destruido en
   seguida. . . *Falso. (Va a ser reconstruido.)*
4. Se teme que la atmósfera de los dos planetas haya sido contaminada por la
   guerra nuclear. . . *Verdad.*
5. Según este programa, hay autómatas que pueden hacer todo nuestro trabajo. . .
   Verdad.

p. 227 ¿Quién soy? (Pistas)

1. Soy el número uno de mi país, y no permito ninguna intervención en mi
gobierno. ¡Democracia, bah! . . . ¿Quién soy?-- *El dictador.*
2. Soy la representante diplomática de mi nación ante las Naciones Unidas y en
otros países. . . ¿Quién soy? --*La embajadora.*
3. La justicia está en mis manos. Yo escucho el testimonio de los testigos y decido
los casos. . . ¿Cuál es mi título?--*El juez.*
4. Yo presento el caso de mis clientes ante la corte. . . ¿Cómo me llaman? --*La
abogada.*
5. Yo soy el líder de mi partido político, y la fuerza dirigente del Parlamento. . .
¿Quién soy? -- *El primer ministro.*

p. 228 Con un poco de lógica: 1. casada   2. cerradas   3. roto   4. hecha   5. dormidos

p. 229   Interludio personal: Dinos, en tu opinión, ¿quién le está hablando a Roni? --
Free response: Su madre, su hermana mayor, una amiga, etc. . . . ¿Por qué
desatendió sus estudios cuando fue admitida a la universidad? --*Porque fue
invitada a muchas fiestas, etc. / Porque quería ser aceptada por los otros
estudiantes.* . . . ¿Y qué consecuencia sufrió? --*Fue suspendida* . . . ¿Qué crees

tú? ¿Fue admitida esta persona de nuevo a la universidad? --(*Free response*)
Probablemente fue admitida de nuevo. . . ¿Tú fuiste suspendido (-a) alguna vez
en una clase? *--Sí, fui suspendido (-a) una vez* . . . *No, no fui supendido (-a)
nunca* . . . ¿Fue suspendido algún amigo tuyo? *--Sí, un amigo mío fue suspendido/
Una amiga mía fue suspendida/ No, nunca fue suspendido ningún amigo mío* , etc..

Actividades individuales

p. 232 <u>Palabras en uso</u>

A. Noticias del día

1. Son agentes de policía./ Son policías./ Son miembros de la policía. . .
Su trabajo consiste en proteger al público, prender (coger) a los criminales,
dirigir el tráfico, etc.
2. Es un ladrón. Acaba de robar algo/ de cometer un robo. . . Creo que ha robado
dinero, joyas, etc. (*Free response*)
3. Ha ocurrido un incendio. . . Los bomberos han salvado la situación.
4. Estos empleados han declarado una huelga. . . Sí (No, no) he tomado parte nunca
en una huelga.

B. Paralelos: 1. Parlamento 2. cuerpo diplomático 3. ejército 4. monarquía 5. paz
6. estado

C. Español –Inglés: rey; mar, marina ; guerra; muerte, morir; paz, pacífico; ciudad,
ciudadano; fuerza; asesino; testigo; libre, libertad; cárcel; gobierno, gobernador;
bajo; alto; próximo, aproximado; edificio' cine; biblioteca; iglesia, eclesiástico;
cuadra; avenida; juntos; salida

pp. 233-234 <u>Ejercicios suplementarios</u>

#49. The past participle and its uses

A. ¿Cómo se relacionan?: The phrases of Columns A and B should be linked as
follows: 1 -- g; 2 -- e; 3 -- a; 4 -- c; 5 -- b; 6 --f; 7 -- d; 8 -- i; 9 --j; 10 --h

B. Miscelánea: 1. Es elegido por el Colegio Electoral. 2. Fue escrito por Cervantes.
3. Fue establecida . . . (*Free response*) 4. Los . . . fueron construidos primero.
(*Free response*) 5. Sí, he sido asaltado (-a) en la calle. / No, no he sido
asaltado (-a) jamás /nunca en la calle. 6. Sí, mi casa ha sido robada. /No, mi casa
no ha sido robada jamás/ nunca.

C. "Este programa fue presentado por . . . Las escenas dramáticas fueron dirigidas
por . . . La música fue arreglada por . . . y los ballets fueron coreografiados por
. . ." (. . .) No hay problema. En dos semanas va a ser repetido. . . ¿Qué tipo de
programa es? *--Un programa dramático (y) musical.*

#50-51. <u>Haber</u> and the compound tenses

1. No, la hemos vendido. 2. No, he trabajado todo el día. 3. No, lo han dudado.
4. No, se lo he preguntado. 5. No, se ha despertado. 6. No, ya había terminado/
acabado. 7. No, la había cerrado. 8. No, habíamos salido. 9. No, se habían odiado.
10. No, me lo había quitado. 11. No, es probable que se hayan muerto. 12. No, temo
que no hayan enseñado nada. 13. No, me molesta que las hayan apagado. 14. No,
es posible que les haya tomado algo. 15. No, les disgusta que nos hayamos/ que Uds.
se hayan/ acostado tan tarde.

Lección XV

Tape

p. 235 (top) (. . .) Dime, ¿está libre esta tarde? *--Sí, (No, no) estoy* . . . ¿Te gusta ir de
tiendas? *--Sí, (No, no) me gusta ir* . . . ¿Te gusta comprar comida? . . . ¿O ropa? . . . ¿O
discos? . . . ¿O aparatos para la casa?

p. 235 (middle) ¿Qué tienda será?

The illustrations should be numbered in this order: 3 -- zapatería; 4 -- joyería; 2 -- almacén; 5 -- ropería; 1 -- farmacia

Pistas: 1. Aquí venden cepillos dentales, aspirinas, antibióticos y mucho más. . .-- *Será una farmacia.* 2. Siempre me ha gustado esa clase de tienda, porque hay de todo en un solo lugar. . .-- *En un almacén grande.* 3. ¡Caramba! Dicen que mañana va a nevar, y mis botas viejas no sirven para nada. ¿dónde podré encontrar unas lindas botas nuevas? . . .-- *En una zapatería.* 4. Cuando yo me casé, le compré a mi esposa un anillo de oro. Y ella me compró un reloj de plata. . . -- *En una joyería.* 5. Me gusta estar bien vestida, y por eso visito con bastante frecuencia este lugar. . . --*Una ropería.*

p. 236 ¡Es lo mismo!

1. ¿Cuánto vale? -- ¿Me puede decir cuánto cuesta? 2. Uds. cobran mucho en esta tienda. -- Sus precios son demasiado altos. 3. Créame, señor, se lo ofrezco a un precio muy barato. -- La verdad, es una ganga. 4. Alguien me dio esto para mi cumpleaños. ¿Puedo cambiarlo por otra cosa? -- ¿Me permite devolver este regalo? 5. Gasté todo mi dinero. --¡Ya se acabó mi pobre capital!

p. 238 A.: Pregúntale, por favor, dónde vivirás en el futuro.
Tú: *¿Dónde viviré en el futuro?*
M.: Dependerá. . .
A.: Pregúntale cuándo te graduarás.
Tú: *¿Cuándo me graduaré?*
M.: Cuando termines tus estudios . . .
A.: Pregúntales con quién te casarás?
Tú: *¿Con quién me casaré?*
M.: Con tu esposo o . . .
A.: Pregúntale qué nota sacarás en esta clase.
Tú: *¿Qué nota sacaré . . .?*

p. 239 (top) M.: (. . .) Dime primero: ¿Trabajarás mucho? --*Sí (No, no) trabajaré* . . . ¿Prepararás bien todos los ejercicios? --*Sí (No, no) prepararé* . . . ¿Escribirás todos los ejercicios? --*Sí, (No, no) escribiré* . . . ¿Aprenderás todo el vocabulario? --*Sí, (No, no) aprenderé* . . . ¿Vendrás temprano siempre a clase? --*Sí,(No, no) vendré* . . . Contestarás todas las preguntas del profesor? --*Sí, (No, no) contestaré* . . . Y más que nada, ¿estudiarás bien el Uso Activo? --*Sí, (No, no) estudiaré* . . .

p. 239 (bottom) Cuestionario personal

1. ¿Tú trabajas más de ocho horas al día? --*Sí, (No, no) trabajo más de* . . . 2. ¿Duermes menos de ocho horas cada noche? --*Sí (No, no) duermo menos de* . . . 3. En el año 2000, ¿tendrá más, o menos de veinte años de edad? -- *Tendré más/ menos de* . . . 4. A propósito, ¿tú eres el / la menor de la familia?--*Sí, (No, no) soy* . . .

p. 240 Mini-diálogos

1. (. . . para el 20 de diciembre) ¿Habrán vuelto al Canadá antes o después de la Navidad? --*Habrán vuelto antes.* . . ¿Hará frío o calor en esa estación del año? --*Hará frío.*

2. (. . . se habrá enojado con nosotros.) ¿Qué piensas tú? ¿Víctor le habrá dicho la verdad o una mentira a Miguel? --*Le habrá dicho una mentira.* . . ¿Le habrá contado una cosa buena o mala? --*Le habrá contado una cosa mala.*

Actividades individuales

p. 244 <u>Palabras en uso</u>

A. De tiendas (*Free response: Here are some samples*)

ropa: ropería, zapatería, sombrerería, almacén (bazar--España)
comida: lechería, frutería, mercado, carnicería, quesería, bodega, tienda de
    comestibles
servicios personales: salón de belleza, peluquería (barbería), agencia de
    viajes, de seguros, de bienes raíces
artículos caseros: mueblería, ferretería, tienda de aparatos eléctricos, almacén
farmacia: droguería, botica

B. Lógica lingüística: valor--*value* ; muestra --*sample* ; venta, compra --*sale,
purchase* ; máquina vendedora -- *vending machine* ; oferta -- *offer* ; gasto --
expense; pago --*payment* . . .

El comprador paga dinero. El vendedor lo recibe.

C. Inglés --español
costar, costoso, costo, coste;   ganar;   regalo, regalar; vender, vendedor(a);
valor, valer, valioso; mostrar, demostrar; seguro, seguridad; bien,
beneficio

pp. 244-246 <u>Ejercicios suplementarios</u>

#52. The future tense

1. (. . .) Yo se lo presentaré/ arreglaré/ daré/ diré
2. (. . .) ¿La castigarás/ servirás/ descubrirás/ acompañarás
3. (. . .) Alvaro y yo lo haremos/ nuestro club lo hará/ los otros lo harán/ ¿tú lo
harás?
4. (. . .) Los haremos/ tendremos/ sabremos/ pondremos en seguida.
5. (. . .) ¿Vosotros iréis? ¿Nosotros iremos? ¿Uds. irán? ¿Ud. irá?
6. (. . .) ¿No podrás/ querrás/ tendrás que hacerlo?

#53. Using the future to venture a guess

1. Será. . . 2. Servirán . . . 3. Traerán. . .   4. Ganará . . .   5. Tomará . . .
6. Pensará . . . 7. No lo querrán . . . 8. Vendrán . . .

#54. Unequal comparisons and superlatives

1. (. . .) 2. más grande que 3. más larga   4. más delgado que . . . más gordo que
5. la mejor estudiante de la escuela   6. el/la peor de la clase. 7. más grandes del
mundo   8. mejores jugadores de la Liga.

#55. The future perfect tense

1. En realidad, habremos regresado mucho antes.   2. Sí, se habrá graduado en junio.
3. No, la habrán recibido por fax.   4. La habrá dejado algún millonario. 5. Sí, con
un poco de suerte, lo habremos acabado para mañana.   6. No, no la habrá(s) perdido
hasta el fin de la semana. 7. No, habrá chocado con un tanque.   8. Se lo habrá
dicho algún vecino suyo.

Lección XVII

Tape

p. 247   "Bienvenidos al mundo de los negocios": These are the numbers that correspond to
the illustrations: 1st row: 4, 3, 2, 1; 2nd row: 7, 8, 6, 5

¿Banco, fábrica o correos?: 1. una planta industrial--fábrica 2. cartas y paquetes --
correos 3. depositar y retirar dinero -- banco 4. producción --fábrica 5. buzón --
correos 6. sellos --correos 7. préstamos --banco 8. obreros --fábrica 9. tarjetas
postales -- correos

p. 249 Situaciones

(*Choice of response*) Pistas:

1. Unos amigos tuyos te invitaron a comer. No sabiendo que estabas a dieta, te prepararon una comida muy rica en calorías. ¿Qué harías? ¿Comerías o les dirías que no podías? --*(Yo) Comería./ Les diría que no podía.*

2. Estando en el metro un día, tú enconraste a un niño de seis años que estaba perdido. ¿Qué harías? ¿Lo ayudarías a encon trar a su mamá, o seguirías tu camino? --*(Yo) lo ayudaría . . ./ seguiría mi camino.*

3. Tú encontrasteuna cartera en la calle, con el nombre del dueño, y un boleto de lotería. Al día siguiente descubriste que se boleto valía un millón de dólares. Dime, ¿lo devolverías a su dueño o reclamarías el dinero para ti? -- *(Yo) Lo devolvería . . ./ reclamaría el dinero para mí.*

4. Un gángster notorio ha matado a uno de sus enemigos -- ¡y tú viste el homicidio! Te gustaría denunciar el crimen, pero tienes miedo de él y de sus amigos. Dime: Irías a la policía, o callarías? --*(Yo) Iría . . . Callaría.*

p. 249 Dilemas de negocios

(*Choice of response*) Pistas:

1. Nuestra compañía estaba buscando un nuevo gerente. El mejor candidato era Juan García, pero tenía sesenta años de edad. . . ¿Tú lo habrías empleado, o habrías preferido un hombre menor? --*Yo lo habría empleado. . ./ habría preferido . . .*

2. Uno de los productos de Martínez y Compañía era defectuoso, pero sólo los dueños de la fábrica lo sabían. . . ¿Tú lo habrías retirado del mercado o lo habrías vendido? --*(Yo) Lo habría . . .* En tu opinión, ¿la mayor parte de los fabricantes lo habrían retirado, o lo habrían vendido? --*En mi opinión, . . .*

3. Nosotros recibimos una carta de un cliente importante diciendo que ya no estaba satisfecho con nuestros servicios. ¿Qué habrían hecho Uds.? ¿Le habrían respondido por correo, o le habrían hablado personalmente? -- *(Nosotros) Le habríamos . . .*

4. Un empleado de nuestra firma, un hombre de treinta años de edad, heredó un millón de dólares. En seguida, dejó su trabajo y se retiró permanentemente. . . ¿Uds. habrían hecho la misma cosa, o habrían seguido trabajando? -- *(Nosotros)* habríamos . . .

pp. 250-251 Preferencias

1. Estás planeando una gran fiesta de cumpleaños para tu novio (-a). Dime:

¿Usarías platos de porcelana o de plástico? --*Yo usaría . . .* ¿Usarías servilletas de tela o de papel? A propósito, como regalo de compromiso, ¿te parece más bonito un anillo de oro o un anillo de diamantes?--*Me parece más bonito . . .*

2. Es un día caliente de verano. ¿Tú prefieres llevar ropa de algodón o de poliéster? --*Prefiero . . .* Ahora imagina que estamos en el mes de diciembre. ¿Te parece mejor un abrigo de lana o de pieles? --*Me parece mejor . . .*

3. Imagina por un momento que tú puedes tener una casa de vacaciones. ¿Escogerías una casa de verano o de invierno? --*(Yo) Escogería . . .* ¿Sería una casa de campo o de playa? --*Sería . . .* ¿Sería una casa de ladrillos o de madera?--*Sería . . .*

p. 255 <u>Palabras en uso</u>

A. Es lo mismo

puesto-- empleo; jefe -- patrón; dueña -- propietaria; fábrica -- planta; fabricación -- manufactura; trabajador -- obrero; hombre o mujer de negocios -- comerciante; mecanógrafa-estenógrafa -- oficinista

B. Extensiones

1. un manufacturero   2. De secretaria. (Typist)   3. El destinatario es la persona que la recibe.   El remitente la manda.   4. Le ponemos un sello. (We stamp it.)   5. An IOU

pp. 255- 257   Ejercicios suplementarios

#56. The conditional

1. (. . .) ¿Qué harías tú . . . ¿Qué dirías tú . . . ¿Qué diríamos nosotros. . .? ¿Qué valdríamos nosotros . . .?
2. (. . .) ¿Les gustarían unos muebles hermosos? ¿Te gustarían . . . ? ¿Te interesarían . . .? A nosotros nos interesarían . . .
3. (. . .) Yo serviría . . . Nosotros serviríamos . . . Les escucharíamos . . . ¿Vosotros les escucharíais . . . ?
4. (. . .) ¿Los trabajadores saldrían de . . . ¿Tú saldrías de. . . ¿Tú volverías a . . . ¿Tú querrías trabajar en esa fábrica?
5. (. . .) ¿No dijo que me los echaría al buzón? ¿No dijiste que me los echarías . . .? ¿No prometieron que me los echarían . . . ? ¿No prometieron que me los mandarían por correo aéreo?

#57. The conditional to make a guess

1. Pagarían . . .   2. Lo llevarían. . .   3. No, la mecanógrafa la pasaría . . .   4. El tenedor de libros las haría.   5. Sí, pero funcionaría mal.   6. El banco se lo prestaría.

#58. The future perfect

1. No, no se lo habría prestado jamás.   2. Con el mayor gusto las habría invitado.
3. Claro que no no habríamos peleado . . .   4. No, habríamos ido al dueño mismo.
5. No, habría comprado una máquina de escribir más pequeña y portátil.   6. No, no te habrían (habríamos) empleado . . .   7. ¡Antes habría trabajado con el demonio!

#59. The English double noun

Asociaciones: una raqueta de tenis; un encuentro de boxeo, de lucha libre; un partido de béisbol, fútbol, tenis, básquetbol (baloncesto); una pelota de béisbol, fútbol, tenis, básquetbol (baloncesto); un campo de béisbol, fútbol; un bate de béisbol; una cancha de tenis

Lección XVIII

Tape

p. 258 Cartelera

1st row: un partido de básquetbol; una función de variedades
2nd row: un concierto; el circo; un baile

(Pistas) 1. ¿Te gusta ir con mucha gente? --Sí, me gusta. . .   2. ¿Te importa que haya ruido? -- No. No me importa el ruido.   3. ¿Quieres que sea una función exclusivamente musical? --No.   4. ¿Te gustaría participar en esa función o asistir como espectadora? --Asistir como espectadora, no más.   5. ¿Te molestaría si hubiera muchos niños pequeños en ese lugar? --¡Uf! No me gusta estar con niños pequeños ni con animales.   6. ¿Es importante que figuren grandes astros en ese espectáculo? --Me gusatría, pero no es necesario que tenga grandes astros.   7. ¿Te gustaría ver a dos buenos equipos en un espectáculo deportivo? --Ah, sí, sí. Definitivamente.

¿Adonde recomiendas que Pati vaya? --*A un partido de básquetbol*. . .   Entre todos esos lugares, ¿adónde te gustaría más a ti ir? --*A mí me gustaría más ir a* . . .

p. 261 Mini-conversaciones

1. -- . . . que nuestro regalo les llegara tarde. -- (. . .) Si los mandáramos siempre por avión . . .
2. -- . . . yo le pedí que hablar con . . . --(. . .) Si su número estuviera en el Directorio, . . . a. ¿Con quién quería el jefe que Pati se comunicara? --*Quería que se comunicara con Germán González.* b. ¿Quéria que lo contactara por correo o por teléfono? -- *Quería que lo contactara por teléfono.* c. ¿Cuál habría sido la única manera de llamarlo? --*Si su número estuviera en el Directorio.*

p. 262 Un poco de lógica

1. (. . .) Si hubiéramos escuchado ese programa, habríamos oído las noticias. . . *Ilógico.* 2. (. . .) Si "Los Boliches" hubieran ganado hoy, estarían todavía en el primer lugar. . . *Lógico.* 3. (. . . que una película tan mala hubiera sido tan bien recibida por el público. --Sí. Con otros actores, tal vez habría sido popular. . . *Ilógico.* 4. Si me hubieras dicho que ibas al concierto, yo habría asistido también. --Lo siento. Yo no sabía que te interesaba esa clase de música. . . *Lógico.* 5. (. . .) Si nos hubiera dado su dirección, le habríamos escrito una carta. . . *Lógico.*

Actividades individuales

p. 266 <u>Palabras en uso</u>

A. Asociaciones

(Many of the ideas in Group 2 can apply to several of the subjects of Group I. Here are some of the possibilities.)

televisión: varios canales, programas de noticias, circuito cerrado, cable, películas, pantalla, astros y estrellas . . .
teatro: astros y estrellas, función, obras dramáticas, cantantes, baile . . .
reír: chistes, comediante . . .
deportes: partidos, jugadores, el esquí, equipos, juego . . .
ópera: orquesta, cantantes, obras dramáticas o cómicas . . .
natación: piscina, lago o mar, traje de baño

B. Lógica lingüística

1. a recording 2. dancer; ballerina 3. singer 4. a toy 5. athlete, sportsman, sportswoman / sports car

pp. 266 - 268 <u>Ejercicios suplementarios</u>

#60. The imperfect subjunctive

1. (que) la tienda bajara los precios; los ladrones nos robaran; eso significara algo; yo soñara contigo; las bombillas se apagaran; tú cruzaras el camino con cuidado; nosotros jugáramos fútbol; vosotros ganarais el partido; Linda y yo nos cuidáramos

2. (que) la alfombra cubriera todo el piso; la cabeza me doliera; las fotos salieran bien; el espejo se rompiera; nosotros lo perdiéramos de vista; todos me entendieran; yo lo creyera

3. (que) la niña durmiera más; Ud. siguieran nuestros consejos; tú me pidieras

algo; nosotros se lo dijéramos todo; Pío y yo fuéramos los únicos; Marta y tú vinierais/ vinieran

#61. Uses of the imperfect subjunctive

A. Diálogos al instante

1. No, querían que lo devolviéramos. 2. No, era probable que se equivocaran.
3. Sintieron que yo fuera escogido. 4. No, me pidieron que se los repitiera.
5. No, me rogaron (rogasteis) que no lo dijera. 6. No, le dijimos que no manejara si estuviera nevando.

B. ¿Cuál es la conclusión más lógica?

1. ayudaría a mi familia   2. funcionara tan mal como el tuyo   3. si no tuviéramos tanto trabajo que hacer   4. haríamos un largo viaje   5. Si tuviera un dolor de cabeza tan fuerte como el suyo   6. si nos interesara de veras dominar la lengua española   7. pediría un préstamo en el banco

62.   The pluperfect subjunctive

¿Qué falta?

1. Si tú hubieras salido de casa a tiempo. . .   2. Si Uds. hubieran sonreído . . .   3. Si yo no lo hubiera lavado . . .   4. Si nosotros hubiéramos aceptado su oferta, . . .
5. Si tus padres no te hubieran amado tanto, . . .

#63.   Which tense of the subjunctive do we use?

1. Quiero que Uds. vengan en seguida.   2. Quería que Uds. vinieran. . .   3. Dudamos que sea él.   4. ¿Dudamos que fuera él.   5. ¿No te decimos siempre que no lo hagas?   6. ¿No te dijimos cien veces que no lo hicieras?   7. No es verdad que esté enamorada de él.   9. Es lástima que no podamos hacerlo.   10. Era lástima que no pudiéramos hacerlo.   11. ¡Ojalá que no se vayan!   12. ¡Ojalá que no se fueran/ se hubieran ido!